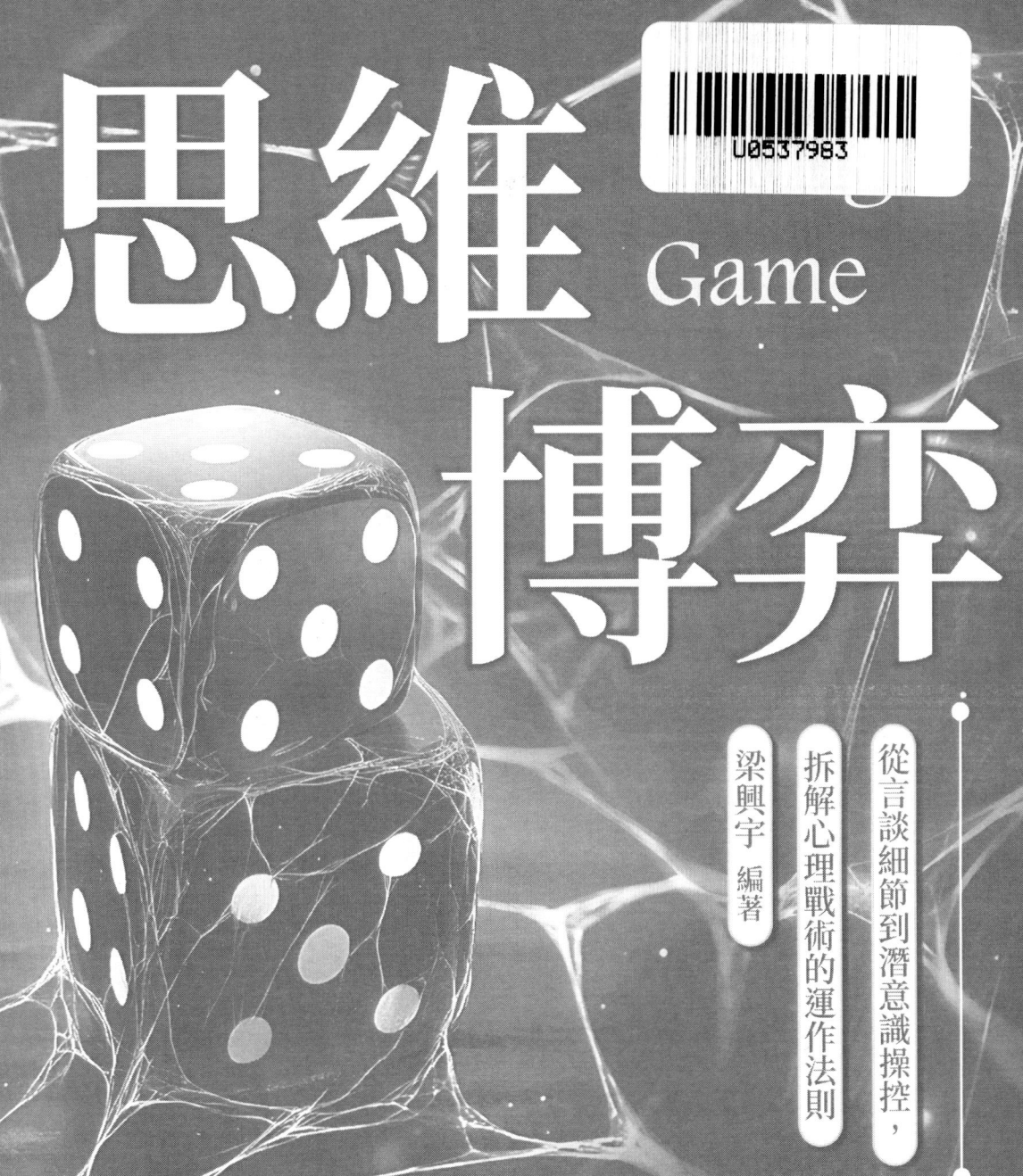

思維博弈

Game

從言談細節到潛意識操控，
拆解心理戰術的運作法則

梁興宇 編著

掌握心理戰術，讀懂人心細節

言談之間藏機鋒，察言觀色定勝負

讓你在職場與社交中無往不利，成為局勢主導者

Thought

目錄

前言　　擺脫焦慮，善用心理學——
　　　　現代人必學的自我調適術……………………005

第一章　讀心有術——
　　　　洞察人性，才能掌控全局……………………007

第二章　成功心法——
　　　　拆解心理機制，打造致勝優勢………………043

第三章　人際密碼——
　　　　精準解讀情緒，讓溝通更順暢………………079

第四章　銷售攻心——
　　　　掌握顧客心理，成交變得簡單………………125

第五章　領導心態——
　　　　影響人心，打造高效團隊……………………175

目錄

第六章　職場策略 ──
　　　　運用心理學，讓工作成就夢想 225

第七章　談判心理 ──
　　　　善用話術與情報，掌握談判主導權 291

前言
擺脫焦慮，善用心理學
── 現代人必學的自我調適術

在現代社會，競爭越來越激烈，生活節奏飛快，工作壓力也與日俱增。相比疾病，疲勞對學習與工作的影響更為普遍。如果我們無法透過良好的生活習慣或適當的放鬆來恢復身心，長期處於超負荷狀態將導致身體機能下降，甚至出現短暫性功能障礙。世界衛生組織曾在報告中指出：「工作壓力已成為威脅上班族健康的重要因素。」隨著經濟發展加速，「太累」、「過勞」成了日常生活的高頻詞，而心理疲勞更是現代人的「隱形殺手」。

心理疲勞：不可忽視的健康警訊

醫學與心理學研究發現，心理疲勞源自長期的精神緊繃、重複的心理刺激及負面情緒的累積。如果未能適時紓解，長期下來可能引發心理障礙、情緒失控，甚至導致精神崩潰。常見的影響包括：

- ◈ 心理層面：焦慮、失眠、記憶力衰退、注意力渙散。
- ◈ 生理層面：頭痛、蕁麻疹、高血壓、胃潰瘍、哮喘、內分泌失調。

這些身心問題不僅影響個人健康，也可能削弱生活品質與工作表現。

外在調適 vs 內在調適：哪種方式更有效？

面對壓力，許多人選擇透過物質享受來紓壓，例如健身、旅遊、購物，甚至換更舒適的床或住進豪宅。然而，這些方式往往無法真正解決內

前言　擺脫焦慮，善用心理學──現代人必學的自我調適術

心的困擾——健身無法消除焦慮，旅行回來依舊身心俱疲，昂貴的床墊也不保證一夜好眠。因此，現代人需要學習一項關鍵技能——當自己的心理醫生，學會主動化解壓力與負面情緒。

擁抱正向心理學，讓自己快樂起來！

心理學研究顯示，與一般人相比，擁有正向思維的人更容易適應社會環境，並能在壓力、逆境中保持穩定情緒。正向心理學強調，人類天生具備內在的正向能量，這種能量不僅幫助我們在競爭激烈的社會中站穩腳步，也讓我們能與世界和諧共存。近年來，這股「正向心理學」風潮正席捲全球，幫助無數人改善心理健康、提升幸福感。

如何培養正向心態？

- 學會調適情緒：面對不如意的事情，換個角度思考，你可能會發現不同的解決方式。
- 尋求支持系統：與親友聊天、分享心事，有助於釋放壓力。
- 適時放鬆自己：參加運動或休閒活動，讓身心獲得喘息。
- 建立良好人際關係：積極參與社交活動，與他人保持良好互動，生活自然更有動力。

正向，是最強大的心理力量

正向，是內心強大的表現；正向，是健康快樂的關鍵；正向，是人際關係的潤滑劑；正向，是迎向成功的重要基石。當你開始改變思維模式，學會轉念與調適，你將發現，每一天都可以過得更自在、更有活編者

第一章

讀心有術──
洞察人性，才能掌控全局

　　做人做事要懂得靈活應變，關鍵在於思想上的變通。俗話說：「千萬不要吊死在一棵樹。」無論做什麼事，都應該動腦筋，嘗試不同的方法與角度，或許換個思維，就能發現新的機會，達到「柳暗花明又一村」的境界。

　　做事切忌走極端，過於執著反而容易讓自己陷入困境。就像有些人執意要騎著同一匹馬跑完全程，卻沒注意到前方可能是懸崖，最終落得無法挽回的後果。因此，保持彈性思考，懂得適時調整方向，才能在人生道路上走得更遠、更穩。

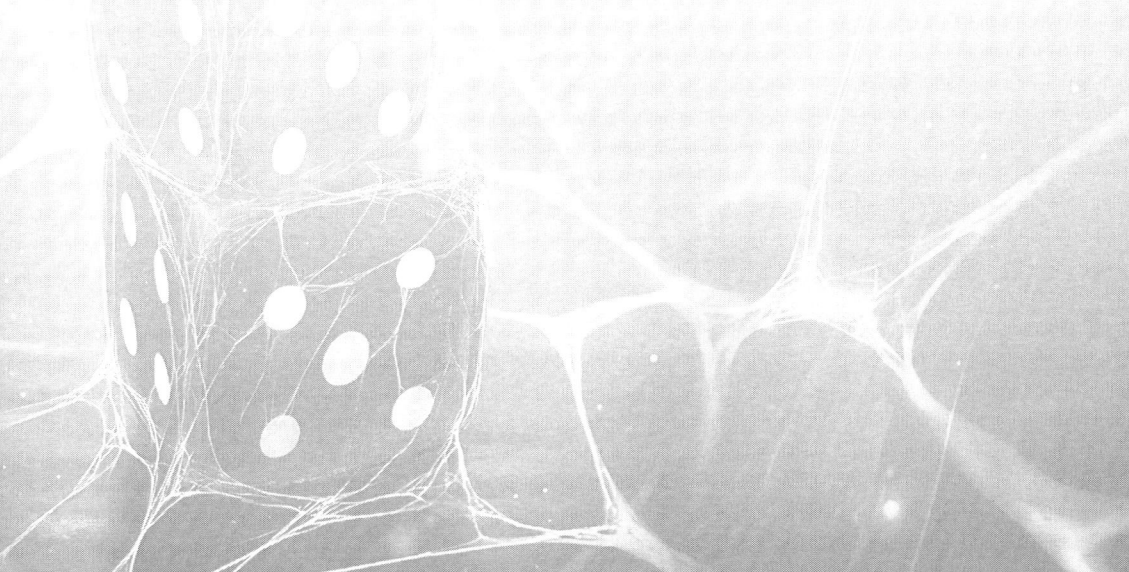

第一章　讀心有術—洞察人性，才能掌控全局

■ 思維轉個彎，人生就有更多可能

在這個變化快速的時代，成功與否，往往不在於資源的多寡，而在於是否具備靈活變通的思維。有些人天賦異稟，卻遲遲無法實現理想，並非因為知識不足，而是因為被固有的思維模式困住，無法跳脫框架，去探索新的可能性。

■ 靈活變通，才能找到突破口

還記得烏龜與兔子的賽跑故事嗎？傳統的版本告訴我們：「慢而穩才能贏得比賽。」但如果換個角度思考呢？

想像一下，兔子輸了第一場比賽後不服氣，要求再來幾場，烏龜依然一敗塗地。連輸三次後，換作一般人可能早已放棄，但烏龜並沒有氣餒，而是開始思考：「單靠努力是不夠的，畢竟兔子的速度遠勝於我，我需要找出自己的優勢！」

於是，當輪到烏龜選擇比賽路線時，牠聰明地挑了一條必須穿越水域的路線。結果可想而知，兔子被小河擋住，烏龜則輕鬆游過終點，終於逆轉勝！

這個故事告訴我們，努力固然重要，但若能靈活變通，運用自身優勢，成功的機會才會大大提升。

機會總是留給懂得變通的人

生活中,不乏因思維僵化而錯失機會的例子,但也有人憑藉靈活應變,成功扭轉局勢。例如,早期臺灣夜市裡的小吃攤經常被取締,許多攤販被迫搬遷,生意大受影響。但有些人並未因此放棄,而是轉變經營模式,將夜市美食搬進店面,甚至發展成知名連鎖品牌,成功打入國際市場。這些創業者的成功,並非因為運氣特別好,而是他們懂得適時調整策略,順應環境變化。

思維的突破,往往決定了人生的高度

在 18 世紀的歐洲,馬鈴薯一度被視為「毒物」,農民對它敬而遠之。但有位農學家靈機一動,請求政府派軍隊看守馬鈴薯田,讓它顯得「彌足珍貴」。結果農民因為好奇,趁機偷種,最終讓馬鈴薯成功在歐洲普及。這個聰明的策略,展現了思維轉變的威力。

再看看臺灣,早期許多傳統產業面臨國際競爭,許多老字號品牌因此走向衰退。然而,也有企業選擇轉型,例如某些傳統糕餅業者,不再只依賴本地市場,而是將產品精緻化、包裝高級化,成功打入海外市場,甚至成為觀光客來臺必買的伴手禮。這些企業之所以能成功,就是因為他們不被舊思維侷限,願意調整方向、創新突破。

換個角度,世界會變得更寬廣

有句話說:「當上帝關上一扇門時,也會為你打開另一扇窗。」面對挑戰時,如果只是一味抱怨、原地踏步,那麼機會自然會與你擦肩而過。但

第一章　讀心有術─洞察人性，才能掌控全局

如果願意換個角度思考，尋找新方法，就可能發現更好的出路。

因此，在人生的道路上，我們不必執著於單一解決方案，而應該學會轉念，找到更適合自己的方式。不論是學業、職場或人生抉擇，思維的靈活度，往往才是決定成敗的關鍵。走不出自己思維的迷思，就等於將自己束縛在思維的囚籠之中，無法從更廣闊的視角看問題，無法用更新穎的方式探索問題，這樣是不可能靈活變通地解決問題的，也就不可能順利地走向成功。

突破思維枷鎖，開創新人生

在這個變化快速的世界裡，最難超越的障礙往往不是環境，而是我們自己的思維定式。當一個人習慣於固定的思考模式，便容易陷入「照本宣科」的死胡同，無法突破現狀，更難以發掘新的機會。而真正聰明的人，懂得打破框架，以靈活應變的思維迎接挑戰，從不同角度思考問題，進而找到最佳解決方案。

打破慣性，才能找到生機

想像一艘船翻覆，所有船員都落入水中。大部分人拚命掙扎，試圖浮上水面，卻因強勁的水流被困在船底，最終因缺氧而喪命。但其中有一人，選擇順應水流，讓自己先沉入水中，再等水勢減弱後伸展四肢，輕鬆浮出水面，成為唯一的生還者。

這個故事告訴我們，當面對困境時，若一味用傳統方式應對，可能反而陷入死局。唯有靈活變通，才能找到生存之道。

突破常識，才能創造奇蹟

在臺灣，一些傳統產業曾因市場變遷而瀕臨淘汰，例如早期的手工製鞋業，在機械化生產的衝擊下，許多鞋匠被迫轉行。然而，有些品牌選擇轉型，將傳統手工技藝與現代設計結合，打造成高端客製化品牌，反而成功打入國際市場。這些企業之所以能突圍，不是因為運氣，而是因為他們敢於打破「手工鞋已無市場」的既定思維，勇敢探索新的可能。

另一個例子來自飲食業。許多人認為「臺灣小吃就是街邊美食」，但有些業者反其道而行，將夜市小吃搬進高級餐廳，透過品牌包裝與精緻化經營，吸引國內外饕客，甚至進軍米其林評鑑。這些成功案例證明了，當一個人願意突破慣性思維，原本看似無解的困境，可能會變成新的契機。

勇於嘗試，才能發現機會

在生活中，我們經常因為「理所當然」的觀念而錯失機會。例如，海水向來被認為是無法飲用的，但假設你被困在孤島，面臨極度缺水的危機，你還會堅守這個「常識」嗎？曾經，就有一名船員在生死關頭決定嘗試喝島邊的海水，結果發現那裡其實是地下泉水的出口，水質清甜可口，讓他順利存活，最終獲救。而與他一起漂流的夥伴，因為害怕打破「海水不能喝」的常識，選擇等待救援，卻最終渴死在島上。

這個故事告訴我們，面對未知時，適度質疑既有經驗，並勇於嘗試新方法，才能發現意想不到的機會。

第一章　讀心有術—洞察人性，才能掌控全局

思維突破，決定人生高度

美國體操選手西蒙・拜爾斯（Simone Biles）不僅以無與倫比的技術奪得多次世界冠軍，她還創造了許多「以她命名」的高難度動作。例如，她在 2023 年成功完成 Yurchenko double pike vault（尤爾琴科屈體兩周），這是一項極為危險且難度極高的動作，成為史上首位女性完成此動作的運動員。她的突破讓女子體操的標準再度提升，激勵後輩勇於挑戰極限。他的故事告訴我們，當所有人都循規蹈矩時，敢於挑戰傳統，往往能創造新的可能。

拋開偏執，學會變通

偏執與堅持僅有一線之隔。堅持是建立在理性思考的基礎上，而偏執則是對舊有觀念的盲目執著，甚至不惜自我毀滅。有一則寓言說，一隻擁有兩個頭的鳥，因為其中一個頭心生怨恨，決定吞下毒果報復另一個頭，結果整隻鳥都死去了。這正是偏執帶來的毀滅性後果。

生活中，許多人因為固守既有想法，導致自己陷入無法自拔的困境。例如，一個習慣晚起的人，為了不被公雞的晨鳴打擾，竟選擇將公雞全部宰殺，卻從未想過改變自己的作息。這種做法看似解決了問題，實則只是一種短視近利的處理方式，最終可能付出更大代價。

適時放棄，才能獲得更多

人生不是只有「得到」，適時放棄也是一種智慧。美國石油大王洛克斐勒年輕時極度追求金錢，甚至為了一筆小小的保險費而煩惱不已，導致

身心俱疲。直到後來,他開始將財富投入慈善事業,才發現捨得之間的平衡,從此活得更加自在與快樂。

有時候,放棄舊有的執念,才能迎來新的轉機。老鷹為了延續生命,會在 40 歲時拔掉自己衰老的喙、爪與羽毛,經歷痛苦的重生過程,最終獲得更長久的生命。這告訴我們,當現有模式已無法帶來成長,我們必須勇敢做出改變,才能展開更廣闊的未來。

跳脫思維框架,活出無限可能

世界唯一不變的,就是「變」。當我們願意突破思維框架,擺脫固有的限制,並嘗試新的方法時,才有可能發現更大的機會。無論是事業、學業或人際關係,與其固守舊有觀念,不如適時調整方向,尋找更適合自己的道路。

人生的成功,不取決於天賦,而在於能否勇於變通。下一次當你遇到難題時,記得問自己:「我還有沒有其他可能的選擇?」或許,一個轉念,就能為你打開全新的世界。

深藏不露,掌控人生主導權

在這個資訊爆炸、人際關係錯綜複雜的時代,過於坦露自己的想法,反而容易讓自己陷入被動。17 世紀西班牙思想家葛拉西安曾說:「千萬不要讓人了解你的全部。」當你能看透別人,就能掌握局勢;但如果被別人看透,主導權便不在自己手中。因此,真正聰明的人,懂得適時隱藏自己,保留神祕感,讓人難以捉摸,反而更能贏得尊重與優勢。

第一章　讀心有術―洞察人性，才能掌控全局

保持神祕感，才能掌控局勢

法國前總統戴高樂曾說：「僕人眼裡無偉人。」意思是，當一個人太過透明、毫無保留，便容易失去威嚴與影響力。因此，他始終刻意維持神祕感，讓人無法完全揣測他的想法與行動，這也是他成功領導法國的重要策略之一。

現實中，許多人習慣毫無保留地分享自己的計畫與想法，有些是因為天性直率，有些則是渴望獲得認同。然而，過於坦白並不總是好事，尤其是在競爭激烈的環境中，讓別人知道你的底牌，反而可能成為你的弱點。適度隱藏自己的意圖，才能掌握更多主動權，甚至影響別人的決策。

低調藏拙，才能累積實力

歷史上，許多成功人士都擅長「藏巧露拙」，表面上低調謙遜，實則暗中籌謀。例如，德國政治家俾斯麥年輕時極力主張和平，甚至公開讚揚敵國奧地利，讓眾人誤以為他並無戰意。然而，這只是他爭取時間、累積軍力的策略。一旦條件成熟，他迅速發動戰爭，成功統一德意志。

如果俾斯麥當初表露自己的野心，他不僅無法獲得國王信任，甚至可能遭到打壓，德國的統一也將遙遙無期。這個歷史案例告訴我們，在尚未具備足夠實力前，切忌輕易暴露自己的真正目標。

關鍵時刻，適時隱忍才能反敗為勝

明朝的「靖難之役」中，燕王朱棣因擔心被削藩，決定發動兵變推翻建文帝。然而，在力量尚未壯大前，他選擇「裝瘋賣傻」，讓朝廷誤以為他

已失去行動能力,從而降低防備。當建文帝放鬆警惕後,朱棣趁機發動戰爭,最終成功奪位,成為明成祖。

這場戰爭的勝負,關鍵在於朱棣的隱忍與偽裝。如果他在早期便直接展露敵意,恐怕還未集結軍隊便已被剷除。這證明了,在形勢不利時,適時「藏拙」,甚至佯裝無害,才能避開風險,伺機而動。

職場、社交場合中的「深藏不露」策略

在現代社會,人際關係複雜,無論是職場還是日常生活,懂得「話到點為止」、「不輕易暴露全部底牌」,才能避免不必要的風險。例如:

- 職場競爭:當你有一個創新點子,與其立刻公開分享,不如先觀察環境,確保自己能夠掌握主導權,避免被他人竊取成果。
- 社交場合:與人交談時,不必將所有想法和盤托出,適度保持神祕感,反而能讓人對你產生更多興趣與敬畏。
- 談判策略:在商業談判或合作洽談中,先試探對方的底線,再決定自己的策略,而不是一開始就亮出全部條件。

裝傻,是高級智慧

在某些情況下,適時「裝傻」,其實是最高明的策略。當你被捲入辦公室政治或無謂的爭執時,與其據理力爭,不如裝作無知,讓自己置身事外,避免成為矛盾的中心。

此外,在面對強敵時,「裝傻」更能讓對方放鬆警惕,甚至低估你的實力,讓你有更多機會翻盤。正如俗話所說:「大智若愚,深藏不露。」

聰明的人，從不讓人看透

在人生這場棋局中，最重要的不是你有多聰明，而是別人以為你有多聰明。當你讓人難以捉摸，你便擁有更大的主導權。無論是職場、社交，甚至面對競爭對手，懂得適時隱藏自己的實力、目標與想法，才能在關鍵時刻掌控全局，實現真正的成功。

別讓別人看穿你，讓你的行動總是出乎意料，你將擁有無可比擬的優勢。

如何面對死亡？學會與它共存

人對死亡的恐懼，似乎是與生俱來的。從我們誕生的那一刻起，死亡就像影子一樣，伴隨我們走過短暫的一生。許多人害怕死亡，甚至刻意迴避這個話題，但這份恐懼本身，反而可能讓我們活得更加焦慮，甚至削弱了對生命的珍惜與熱愛。

童年對死亡的懼怕

小時候，曾聽過一種迷信的說法：「一個人的生辰八字，決定了他的生老病死。」據說，何時生病、何時康復、甚至何時離世，一切都是命中注定的。這些話在我幼小的心靈裡埋下了對死亡的恐懼，讓我開始思考：「我總有一天也會死嗎？」

幾乎每個人在童年或少年時期，都會經歷這樣的時刻——當自我意識開始覺醒，我們會驚訝地發現：死亡不只是發生在別人身上，而是所有

人，包括自己，終究都會走向生命的終點。這種認知，就像內心發生了一場地震，讓我們開始質疑生命的意義，甚至影響我們對未來的信心。

然而，當孩子們開始問起死亡的問題時，許多家長往往會顯得不知所措，甚至試圖轉移話題：「別亂想！」、「這些事還早呢！」但事實上，死亡是人生中最重要的課題之一，無人能迴避。

與孩子談論死亡，不是禁忌，而是成長

許多孩子其實很早就對死亡產生困惑，無論我們如何避諱，他們終究會從生活中的點點滴滴，甚至從大人的態度中，察覺死亡的存在。有些孩子或許不會直接表達出來，但內心仍會悄悄經歷這場「震盪」。

在面對孩子關於死亡的提問時，最糟糕的做法有三種：

◆ 裝作沒聽見。
◆ 直接否定或打斷。
◆ 編造謊言或給出一個簡單的答案。

這些方式不僅無助於孩子建立對生命的理解，反而可能讓他們對這個議題產生更深的恐懼與迷惘。

最好的做法，應該是鼓勵孩子思考，與他們一起討論，讓他們對生命與死亡保持開放的態度，而不是試圖給出一個標準答案。這不僅能培養孩子的獨立思考能力，也能讓他們學會以更坦然的心態面對生命的流轉。

生與死，是兩個相依的概念

中國的哲人說：「未知生，焉知死？」意思是，人生還沒弄清楚，怎麼談論死亡呢？而西方的哲學家可能會反過來說：「未知死，焉知生？」意思是，唯有理解死亡，才能真正理解生命的價值。

無論是哪種觀點，死亡都是人生不可避免的一部分。從我們出生的那一刻起，死亡便已經在倒數計時，只是我們從未意識到它的腳步。等到它真正來臨時，我們才發現自己毫無準備，甚至覺得它來得過於突然。

許多哲學家主張，人應該提早開始「練習面對死亡」，讓自己對這件事逐漸習以為常，如此一來，當真正面對終點時，我們才不會驚恐失措，反而能夠坦然接受。

如何以平常心看待生死？

有一則古老的故事：

三位隱士子桑戶、孟子反與子琴張是至交好友，他們對生死之事看得極為透徹。當子桑戶去世後，孟子反與子琴張不僅沒有悲痛欲絕，反而圍坐在他的屍體旁，一人彈琴，一人哼唱：「子桑戶啊，你現在已經回到最純粹的狀態，我們仍暫留人世。」

當孔子的學生子貢聽聞此事，震驚地質問：「你們是最好的朋友，如今他去世了，為何如此冷漠？」

兩人卻笑了笑，回答：「你根本不懂生命的真諦。我們的朋友不過是從一種形態轉變成另一種形態，他並沒有真正『消失』，所以我們不需要哀悼。」

當子貢將這件事告訴孔子時，孔子嘆道：「他們的境界已超越世俗，而我仍然受世俗拘束。他們已經超越了生死的界線，而我們仍困於其中。」

這個故事，或許有些理想化，但它提醒我們 —— 當我們不再執著於生命的形態變化，生與死便不再是截然對立的概念，而是同一條河流上的不同階段。

學會與死亡共存，而非恐懼它

真正看透生命奧祕的人，既不會過度喜悅於生命的擁有，也不會過度悲傷於死亡的來臨。生與死不過是生命的不同形態，當我們不再視死亡為一種「終結」，而是一種「轉變」，我們的內心才能真正獲得平靜。

這種態度，聽起來簡單，但要真正做到，卻極為困難。畢竟，我們都習慣於「活著」的狀態，很難想像自己有一天會「不存在」。但正因如此，我們更應該學習如何面對死亡，如何與它和平共存。

或許，當我們開始思考死亡的同時，才能真正學會如何好好活著。

懂得進退，才能走得更遠

做任何事情，過猶不及。人生不是一蹴可幾，而是需要懂得取捨，給自己留有餘地，才能找到最適合的前進方式。學會掌握進退之道，不僅能讓自己在競爭中保持優勢，更能在關鍵時刻找到突破點，達成最終目標。

第一章　讀心有術—洞察人性，才能掌控全局

適時放手，才能擁有更多

有個小孩把手伸進一個裝滿糖果的罐子裡，他一把抓住滿滿的糖果，卻發現拳頭太大，無法從瓶口抽出來。他不願放棄任何一顆糖，結果進退不得，急得大哭。旁邊的長輩笑著對他說：「孩子，如果你只拿一半，就能輕鬆把手拿出來了。」

這個故事告訴我們，過度執著反而會讓自己陷入困境，適時放手，才能真正獲得更多。許多時候，面對一個遙不可及的目標，如果一味地硬拼，反而會讓自己筋疲力盡、焦慮不安。但若能換個角度思考，或許會發現更輕鬆的解決方案。

以退為進，找到成功捷徑

有一家科技公司，曾競標一項政府大型系統建置案。當所有競爭對手都開出高額報價時，這家公司卻做了一個令人意想不到的決定——用「超低價」搶下標案，甚至幾乎接近零利潤。

許多人不解，覺得這家公司在做虧本生意。然而，這家公司早已做足市場調查，知道政府未來幾年內還會陸續推出相關計畫，且這個案子的得標者，極可能被選為後續擴建案的首選廠商。果然，憑藉第一階段的合作經驗與技術優勢，他們順利拿下後續更高額的標案，獲得豐厚利潤。

這正是「以退為進」的典型案例。在許多競爭中，聰明的人不會一味爭搶眼前的利益，而是懂得計算長遠收益，願意暫時退讓，等待更好的機會。

競賽中的逆向思考

有一所小學，每年都會舉辦一次智力競賽。今年的參賽者眾多，經過幾輪篩選後，最後留下了八名最聰明的學生進入決賽。

決賽的挑戰是這樣的——校長把這八名學生分別關進不同的教室，並告訴他們：「只說一句話，讓警衛願意放你出去，且不能讓警衛跟著你。」

兩個小時過去了，沒有人成功。就在大家還在苦思對策時，一名學生低聲對警衛說：「警衛叔叔，這場比賽太難了，我不想參加了，可以讓我出去嗎？」

警衛聽了，便開門讓他出去。這名學生走出大門後，馬上回到大廳對校長說：「校長，我按照您的規則成功了！」

校長笑著擁抱了這個學生，宣布他是當年的冠軍。

這名學生表面上看似放棄了比賽，但實際上，他用逆向思維找到了唯一可行的方法，反而成為最後的贏家。這就是「以退為進」的智慧，有時候，看似退縮的行動，實則是通往成功的捷徑。

放棄不代表失去，而是為了更好的選擇

人生路上，有些人執著於當下的目標，害怕錯過任何機會，結果反而讓自己寸步難行。然而，有些人懂得適時放手，不糾結於眼前的得失，反而擁有更廣闊的選擇權。

有時候，放棄一棵樹，你才能擁抱整片森林；放棄一滴水，你才可能擁有整片海洋。這不代表你沒有努力，而是你選擇了更適合的方向，讓自己走得更遠。

學會進退，才能在人生中找到最佳解答

在競爭激烈的時代，懂得「進」固然重要，但懂得「退」更是一種智慧。當你面對瓶頸時，不妨試著換個角度思考，是否有更輕鬆的方式達成目標？當你遇到強勁的對手時，是否可以暫時退讓，等待更有利的時機？

有時候，選擇退一步，不是妥協，而是為了下一步走得更穩、更遠。人生不只是一場直線衝刺的賽跑，更是一場需要策略的馬拉松。學會進退之道，你會發現，真正的勝利往往屬於那些懂得「該進則進，該退則退」的人。

學會轉彎，找到更適合自己的路

有些人相信：「如果一輩子專注於一件事，十年、二十年……再笨也能成為專家。」這句話不無道理，但前提是 —— 這條路適合你。如果方向錯了，執著和自信反而會讓自己陷入泥沼，難以自拔。

成功並非一條筆直的高速公路，而更像是一條蜿蜒的山路。我們總以為最短的路就是最快的捷徑，但現實卻不一定如此。學會轉彎，懂得調整方向，才能走出屬於自己的一條康莊大道。

適時調整，比盲目堅持更重要

許多人以為，成功來自不懈的努力，但有時候，關鍵不在於努力的程度，而在於方向是否正確。

有個年輕人，從小立志當作家，堅持每天寫 500 字，不間斷地寫了 10

年。然而，無論他怎麼努力投稿，從未收到任何回應。直到 29 歲那年，他終於收到了一封退稿信。信中雖然婉拒了他的文章，但編輯卻意外稱讚了他的鋼筆字寫得極為優美。

這封信讓他恍然大悟，於是他決定放棄寫作，轉而專研書法，最終成為知名的硬筆書法家——張文舉。他感嘆：「理想、勇氣和毅力固然重要，但更重要的是，懂得何時轉彎。」

這個故事告訴我們，堅持本身並不是成功的保證，方向才是。當努力沒有結果時，或許該換個跑道，看看自己是否在錯的領域耗費精力。

以彈性思維迎接挑戰

二戰期間，許多猶太人在納粹集中營中生存下來，戰後卻在各自領域取得驚人的成就。專家研究發現，這些人的成功關鍵在於一種共同特質——他們不怕改變，並能隨時調整方向。

這些人沒有執著於「我要在某個領域成為第一」，而是根據環境和機會，靈活應對，不斷學習新技能、適應新挑戰。這種彈性思維，正是他們事業成功的最大助力。

在現代社會，這種能力顯得尤為重要。市場變化快速，科技日新月異，過去的專業知識可能很快就被淘汰，唯有願意學習新技能、調整策略，才能保持競爭力。

繞道而行，有時反而更快

人生中，直路未必是最快的道路，懂得繞道，才能避開障礙，順利到達終點。

第一章　讀心有術—洞察人性，才能掌控全局

曾經有兩名樵夫在山中發現兩大包棉花，高興地揹著回家。走了一段路後，他們又發現了一匹細麻布，其中一人決定換掉棉花，改揹麻布，但另一人覺得自己已經揹了這麼久，捨不得放棄，仍堅持帶著棉花前行。

後來，換麻布的樵夫再度發現了一批黃金，果斷放下麻布，改挑黃金回家。而仍執著於棉花的樵夫，卻因為一場突如其來的大雨，導致棉花吸水變重，最終只能無奈地把棉花丟棄，空手而歸。

這個故事提醒我們，若只是因為「不想浪費過去的努力」，而不肯改變方向，最後可能反而失去更多。適時放手，才能換來更大的收穫。

改變，不代表放棄，而是尋找更好的路

曾有人問生物學家：「為什麼有些物種能存活數千年，而有些卻滅絕了？」

他的回答很簡單：「能存活下來的物種，不是最強壯的，也不是最聰明的，而是最能適應變化的。」

人生亦是如此。太多人並非沒有能力，而是方向錯了，卻不願改變。真正的成功者，會不斷檢視自己的選擇，當發現自己走入死胡同時，勇敢轉彎，而不是一條路走到黑。

學會轉彎，才能走得更遠

世界每天都在變化，我們的計畫往往趕不上變化。如果不懂得隨機應變，堅持再久，也可能只是徒勞。

與其執著於原來的路線，不如勇敢轉彎，找到更適合自己的道路。這

不是逃避，而是一種智慧。當你願意放下固執，保持彈性，你會發現，通往成功的路其實有很多條，只看你願不願意去嘗試新的可能。

所以，當你感到卡住、受挫時，不妨停下來想想——是否該換個方向，繞個彎，讓自己走得更輕鬆、更順利？

活在當下，別讓回憶成為枷鎖

有人曾說過：「記性不好的人，永遠覺得生活清新有趣。」這句話乍聽之下似乎有些幽默，卻道出了深刻的哲理。健忘的人不會過度糾結於過去，因此他們的思想像湧動的泉水，永遠清澈流暢，總能發現生活的新鮮與美好。而相反地，若總是沉溺於回憶，無論過去是美好還是遺憾，都可能讓自己錯過當下的幸福。

懷舊可以，但別活在過去

懷舊是人之常情，古人也用「舉頭望明月，低頭思故鄉」來表達對故土的思念。然而，有些人卻將懷舊變成了一種對現狀的不滿，總覺得「今不如昔」，甚至把自己困在過去的回憶裡，與現實脫節。這樣的懷舊，反而讓人停滯不前，無法好好享受當下的人生。

若我們每天都在回憶過去的光輝歲月或沉湎於曾經的遺憾，那麼，現在的美好時光，也將成為未來的「遺憾」。當你回頭發現自己錯過了當下的幸福，是否又會感嘆：「要是當時沒有一直沉浸在過去該有多好！」

第一章　讀心有術─洞察人性，才能掌控全局

人生是一條不斷向前的河流

有則寓言故事這樣說：

一條河流從高山奔騰而下，穿越無數村莊與森林，最後來到一片沙漠。它以為，像過去那樣繼續前進就能順利抵達大海，卻發現水流總是被沙子吸收，不論怎麼嘗試都無法穿越沙漠。

正當它感到絕望時，沙漠告訴它：「如果微風能越過沙漠，那麼河流也可以。你必須讓自己蒸發，隨著微風穿越沙漠，到了另一端，你將重新降落為雨水，繼續奔向大海。」

河流起初抗拒，因為它害怕改變，覺得「蒸發」等同於「消失」。但後來它想起，自己本就是從雲雨而來，如今不過是再一次轉變形態。最終，它勇敢地放棄了當下的形態，隨風飛越沙漠，成功抵達了大海。

這個故事提醒我們：改變並非消失，而是讓自己以另一種方式繼續前進。許多人總是執著於過去的自己，不願調整腳步，最終讓自己卡在原地。其實，真正能走得遠的人，往往是那些願意順應變化、懂得適時調整方向的人。

回憶是財富，但不能成為枷鎖

人類的記憶是珍貴的，它承載著我們的成長、情感與經歷。然而，若我們讓回憶占據了心靈的主舞臺，就會錯失當下的美好。例如：

◆ 懷念過去的榮耀，卻因此停滯不前，不願再挑戰自己。
◆ 後悔曾經犯下的錯，卻因此裹足不前，不敢再嘗試新事物。
◆ 沉溺於逝去的感情，卻忽略了眼前珍貴的人與幸福。

過去的事，如同秋天落下的葉子，不管如何緊握，它都不會再變回嫩綠的春葉。偶爾回味往事，或許能帶來些許溫暖，但若長期沉浸其中，反而會讓自己錯過更值得珍惜的當下。

真正擁有的，只有「今天」

　　有句話說：「昨天像用過的支票，明天像未兌現的債券，只有今天是能夠真正使用的現金。」我們無法回到過去改變任何事，也無法預知未來，但我們可以選擇好好活在今天，珍惜當下的每一刻。

　　佛家有一個著名的寓言故事：

　　一名旅人走在荒野中，突然被一隻猛虎追趕，情急之下，他抓住懸崖邊的一條藤蔓，懸掛在半空，勉強逃過一劫。然而，當他往下看，卻發現懸崖下是洶湧的怒海，海裡還有數條張著血盆大口的毒龍。而更糟糕的是，兩隻黑白老鼠正在啃食藤蔓，隨時可能讓他墜落。

　　就在這千鈞一髮之際，他忽然發現頭頂的樹上有一個蜂巢，滴下幾滴甜美的蜂蜜。他伸出舌頭嘗了一口，竟然感受到無比的快樂，忘記了身陷險境。

　　這個故事象徵著人生：老虎代表過去的煩惱，深淵象徵未來的未知，而黑白老鼠則象徵日夜交替、時間流逝。然而，即便處於這樣的困境，我們仍然可以選擇品味當下的甜美──因為，真正能掌握的，只有此時此刻。

第一章　讀心有術──洞察人性，才能掌控全局

珍惜當下，才能活出精彩人生

回憶是人生的一部分，但它不應該成為我們的枷鎖。過去的成功與失敗，都是成長的養分，而非阻礙前行的負擔。我們不能改變昨天，也無法預知明天，唯有把握現在，才能讓未來的自己少一點遺憾，多一點回味。

請記住──不要做回憶的奴隸，而要成為當下的主人。過去的無法改變，未來的還未發生，但此時此刻，才是你真正擁有的財富。

人學會適應，才能走得更遠

我們常說：「適者生存。」但真正的適應力，並非只是忍耐與順從，而是在面對不可改變的困境時，找到新的出口，調整自己的心態，讓自己繼續前進。

人生充滿未知與挑戰，許多事情並非我們能掌控，但我們可以選擇如何面對它們。學會接受無法改變的事，適應現實，才能讓自己擁有更大的彈性，走得更遠。

學會接受，才能放下

一位心理學教授曾在課堂上展示了一個精美的咖啡杯，當學生們讚嘆它的美麗時，他卻故意失手，讓杯子掉到地上摔得粉碎。教室裡響起一片惋惜聲，但教授微笑著說：「你們覺得可惜，可是這份惋惜，能讓咖啡杯恢復原狀嗎？」

他接著告訴學生：「人生中總會發生一些無法挽回的事情，與其沉浸

在遺憾中，不如學會接受，然後重新出發。」

這就像我們生活中的挫折與失去，當事情已無法改變時，我們要做的不是緊抓不放，而是適應新的現實，找到繼續前進的方法。

執著於過去，只會讓自己更痛苦

有位馬老太太，擁有一只祖傳三代的玉鐲，視若珍寶，愛不釋手。但有一天，她不小心摔碎了玉鐲，從此茶飯不思，日漸憔悴。一年後，她帶著無限遺憾離開人世，而她臨終時，手裡仍然緊緊握著那只破碎的玉鐲。

我們都會對失去的事物感到不捨，但如果一直活在痛苦中，只會讓自己陷入更深的折磨。醫學研究顯示，情緒與健康息息相關，憂鬱與焦慮可能引發高血壓、胃腸疾病，甚至影響免疫系統。執著於無法改變的事，只會讓自己身心俱疲。

試著這樣想：

◆ 如果已經無法挽回，那麼繼續難過，是否真的對自己有幫助？
◆ 與其糾結過去，為何不試著接受現實，尋找新的可能？

有時候，放手才是最好的選擇

一位樵夫在山上砍柴時，不慎從懸崖跌落，情急之下，他抓住了一根橫出的樹幹，懸掛在半空中，進退兩難。

這時，剛好有位老僧經過，對他說：「放手吧。」

樵夫驚恐地反駁：「放手？那我不是會摔死嗎？」

老僧只是淡淡一笑：「繼續這樣吊著，最終你還是會力竭而亡。但

如果你放手，也許下方有能緩衝你墜落的東西，或者有其他機會讓你生還。」

樵夫猶豫再三，最後鼓起勇氣放開雙手，結果發現，自己掉落的地方其實並不深，底下還有一片柔軟的草地。

有時候，放手並不代表放棄，而是選擇相信未來可能會有更好的安排。如果我們一直執著於過去，不願意放開雙手，那麼我們終將被困在原地，無法前進。

失去不代表結束，而是新階段的開始

有位禪師，人生陷入困境時，母親又不幸去世，對他來說無疑是雙重打擊。然而，在母親的葬禮上，他卻面帶微笑地送別親人，讓身邊的人感到不可思議。

有人質問他：「你失去了最親的家人，為何還能如此淡定？」

禪師答道：「母親已經離開，不管我多麼悲傷，她都不可能回來。與其陷入痛苦，不如選擇快樂地活下去，這才是她希望我做的。」

禪師的樂觀心態，讓他最終走出低潮，迎來人生的新轉機。

這個故事告訴我們：失去不代表結束，而是人生另一個階段的開始。我們無法阻止生命中的遺憾與分離，但我們可以選擇如何面對它。

接受現實，才能擁抱未來

我們無法控制人生的每一件事，也無法預測未來的發展，但我們可以選擇用什麼樣的心態去面對。

如果無法改變,就學會接受;如果改變不了過去,就專注於當下。

試著問問自己:

- ◆ 這件事,真的值得我一直糾結嗎?
- ◆ 如果已經無法改變,還有沒有其他新的可能?
- ◆ 過去的傷痛,是否能讓我變得更堅強?

接受不代表認輸,而是讓自己擁有更大的彈性,適應生活的變化,走向更寬廣的未來。當你願意放下,你才會發現,原來前方還有無限可能等待著你。

快樂與成功,其實沒那麼難

保持快樂的心情,是我們生活中不可或缺的一部分。如果一個人完全沒有快樂,那麼他便無法真正地生存下去。儘管悲傷偶爾會籠罩我們,但那終究只是暫時的。

當你感覺不到快樂時,不妨詢問身邊的朋友或同事,他們或許能提供一些有趣的點子。其實,每個人都會找到讓自己快活的方法,關鍵在於心態。真正快樂的人,往往心胸開闊,不會因為小事而困擾自己。

學會獨處,擁抱內心的寧靜

我們無法離群索居,卻也需要適時地與自己獨處。每個人都會遇到開心或不開心的事情,有些情緒適合與人分享,但有些時刻,我們需要一個私密的空間來沉澱思緒。在這片屬於自己的小天地裡,我們可以修復受傷的心靈,坦然面對自己的脆弱,或是靜靜地享受片刻的寧靜。

第一章　讀心有術—洞察人性，才能掌控全局

獨處能療癒內心的創傷，也能激發我們的鬥志。想像自己獨自站在山頭俯瞰風景，或是在夜晚靜靜地閱讀一本書，那種寧靜帶來的滿足感，能讓人重新找回內心的平衡。

照顧自己的方法其實很簡單，泡個熱水澡、散步、給自己買束花、寫信、與家人相處、玩遊戲、甚至只是關上浴室的門，短暫與世界隔絕幾分鐘，這些都是最基本、最容易獲得快樂的方式。

快樂來自寧靜，讓自己與世界共好

快樂的生活，在某種程度上是一種寧靜的生活。真正的歡樂，只有在平靜的心境中才會駐足。如果我們總是被忙碌與壓力填滿，而忘了讓自己快樂，那將是人生的一大遺憾。

快樂不僅僅是自己的事，當你能讓自己過得快活，也會讓身邊的人感受到你的正能量。快樂的人更容易感染他人，讓世界變得更美好。

成功，其實沒有想像中那麼難

許多人覺得成功遙不可及，認為那是一條充滿艱難險阻的道路，但事實上，很多時候並不是事情本身難，而是我們不敢嘗試，讓它變得困難重重。

1965 年，一名韓國學生到劍橋大學主修心理學。他習慣在學校的咖啡廳與茶座裡，聆聽諾貝爾獎得主、學術權威與企業家的對話。他發現，這些成功人士都把自己的成就視為順理成章，並不覺得自己經歷了什麼特別艱難的挑戰。

但當他回到韓國,卻發現國內的成功人士普遍把自己的奮鬥歷程描述得極為艱辛,甚至誇大創業的困難,彷彿成功是一件遙不可及的事。他開始研究這種心態,並發現,這些人有意無意地在用自己的故事嚇退那些正在努力追夢的人。

他把這個發現寫成〈成功並不像你想像得那麼難〉,作為畢業論文提交給著名心理學家布萊登教授。教授對這本論文驚喜萬分,甚至寫信給當時的韓國總統朴正熙,認為這本書的影響力甚至比政策還要來得深遠。

後來,這本書隨著韓國經濟的崛起而廣為流傳,激勵了無數人。它告訴人們,成功與「艱苦奮鬥」之間未必有必然的關係,關鍵在於你是否對某件事情感興趣,並願意長期堅持。只要你願意持續努力,上天賦予你的時間與智慧,足夠讓你完成一件偉大的事。

快樂與成功,其實是一體的

許多人認為,快樂與成功無法並存,覺得只有經歷無數苦難,才能換來最終的榮耀。然而,真正的成功往往來自於對生活的熱愛,來自於做自己喜歡的事情。

當你能夠找到內心的平衡,讓自己快樂地前行,成功往往就會隨之而來。與其讓自己被壓力與焦慮吞噬,不如學會享受當下,用輕鬆自在的心態迎接每一天。因為,當你快樂地走在自己的道路上,成功就已經在路上了。

第一章　讀心有術──洞察人性，才能掌控全局

撥開複雜情緒的迷霧，學會情緒管理

在我們的日常生活中，情緒影響著我們的判斷、行動與人際關係。然而，情緒的變化往往像一團糾結的毛線，讓人難以理清頭緒。想要有效掌控情緒，關鍵在於辨別「主要情緒」與「次要情緒」，並找到影響自己的核心情緒來源。

就像色彩學中的三原色（紅、黃、藍）能混合出無數種顏色，人的情緒也可由四種基本情緒——快樂、悲傷、憤怒、恐懼——互相影響並產生無數種變化。當我們感到煩躁或困惑時，若能準確分辨是哪種主要情緒在作祟，便能更有效地調適自己。

解析情緒，避免錯誤判斷

黃明剛出差回來，發現妻子麗麗悶悶不樂，總是說些奇怪的話：「你是不是不管我了？」、「你根本不在乎我吧？」黃明聽了後，心想：「她應該是因為前幾天寵物狗走失了，還沒從悲傷中走出來吧。」於是，他特地從朋友家抱回一隻相似的小狗，試圖讓麗麗開心。然而，麗麗的反應卻相當冷淡，情緒依舊低落。

黃明不解，向朋友抱怨：「女人真的難懂，這麼費心哄她，結果她還是不開心！」朋友聽完後，笑著說：「其實你搞錯了，麗麗悶悶不樂並不是因為小狗，而是因為她在你衣服口袋裡發現了一張你前女友的名片，心裡有了疑慮。」

黃明這才恍然大悟：「原來是這個原因，我竟然完全沒發現她話裡的暗示！」

這個故事反映出，在與人互動時，若我們無法準確判斷對方的核心情緒，便可能錯失溝通的契機，甚至讓誤會加深。

控制負面情緒，避免被情緒操控

每個人都會經歷情緒低潮，然而，真正影響我們生活品質的，不是負面情緒本身，而是我們如何應對這些情緒。

成功學家戴爾・卡內基曾說：「學會控制情緒，是成功與快樂的關鍵。」當我們感到焦慮、憤怒或沮喪時，與其壓抑這些情緒，倒不如用理性的方式面對它們。

負面情緒若無法適當調整，不僅會影響個人的思考能力，甚至可能破壞人際關係。一位正在經歷離婚的人，或是面臨家庭變故的孩子，往往難以專心於學業或工作，因為情緒已占據了他們的全部思維。

然而，那些懂得控制負面情緒的人，則能以開闊的心態來看待困境。他們明白，情緒是短暫的，不需要強迫自己立刻振作，而是允許自己經歷這些情緒，同時相信它們終將過去。

學會管理情緒，避免無謂的衝突

有一次，波爾與辦公大樓的管理員產生誤會，雙方關係惡劣。某天，波爾在辦公室加班時，管理員故意關掉大樓的燈，以表達不滿。這讓波爾怒不可遏，他氣沖沖地衝到地下室，對管理員破口大罵。然而，管理員卻不疾不徐地微笑著說：「呀，你今天有點激動，不是嗎？」

這句話像一把鋒利的劍，瞬間刺中了波爾的內心。他意識到，自己完全失去了理智，而對方卻沉著應對，反而贏得了這場對峙。

回到辦公室後，波爾懊悔不已，最終決定主動向管理員道歉。對方不僅欣然接受，還表示：「這事就當沒發生過吧，何必一直記著呢？」這件事讓波爾徹底改變了自己，他開始學會管理情緒，變得更有耐心，甚至結交了更多朋友。

情緒管理，是成功與快樂的關鍵

當我們無法掌控自己的情緒時，很容易成為情緒的奴隸，導致人際關係緊張、生活品質下降。然而，一旦我們學會掌控情緒，便能更加冷靜地面對挑戰，也能與他人建立更和諧的互動。

快樂的人並不是沒有負面情緒，而是懂得如何在情緒低落時，保持一顆穩定的心。他們不會讓一時的憤怒或悲傷影響長遠的決策，而是用智慧來化解內心的波瀾。

學會辨識自己的情緒，掌控負面能量，才能讓自己在生活與職場上走得更穩、更遠。畢竟，真正的強者，從來不是情緒的奴隸，而是能夠駕馭情緒的主人。

準確掌握表情密碼，讀懂人心的細微變化

在社交場合，我們經常需要透過對方的表情來推測其內心世界。表情就像一種「情緒密碼」，懂得如何解讀，便能更順利地與人溝通、建立良好的人際關係。然而，表情並非總是直接顯露情緒，有時甚至會與內心真實感受相悖。因此，真正的關鍵不只是「看懂」表情，而是要學會「讀心」。

察言觀色，是溝通的必備技能

有些人認為「看別人臉色」辦事會傷害自尊，但事實上，社交是一種互動過程，我們無法完全脫離群體而獨立存在。透過觀察對方的情緒變化，不僅能讓我們更得體地回應，也能避免不必要的誤解與衝突。

表情的發展源遠流長，從遠古時代簡單的喜怒哀樂，發展至今已演變出無數細微的情緒變化。透過表情的微妙變化，我們可以察覺對方的心情，並適時做出適當的回應。這並不是虛偽或討好，而是一種有效的溝通技巧。

善用表情密碼，讓互動更加順暢

李先生剛到美國，想寄一封信回臺灣，但對當地的郵寄規則不太了解。當他到郵局詢問時，發現現場擁擠混亂，員工忙得焦頭爛額。輪到李先生時，負責的郵局職員滿臉疲憊，顯得不耐煩。

李先生察覺到對方的情緒，靈機一動，在詢問信件郵資的紙條上，額外寫了一句：「你的金髮很好看，我很喜歡！」這句話讓那位金髮的職員愣了一下，隨即臉上浮現出笑容，態度也變得熱情許多。

「現在的金髮男士很少見了，真的很羨慕你的頭髮，太漂亮了！」李先生隨口補充了一句。

對方顯然被誇得有些不好意思，但也帶著幾分得意地回答：「是嗎？我的朋友也說過我的頭髮很好看。」

「我們臺灣有很多年輕人喜歡染金髮，覺得很酷！」

「哦？但我這是天生的，不是染的。」對方的語氣已經變得輕鬆許多，

原本的煩躁情緒也被轉移了。

幾句簡單的對話，不僅讓李先生成功獲得了所需的資訊，還讓對方對他留下了良好的印象，最後甚至得到了「KIND」（友善）這樣的評價。

這正是掌握表情密碼、順應情緒變化的高明之處。如果李先生只是冷冰冰地詢問，對方可能會敷衍了事；但他透過察言觀色，巧妙地運用情緒管理，讓彼此的互動變得輕鬆愉快。

透過表情，揭開內心的真實想法

表情就像天上的雲彩，變幻莫測。即使有人刻意掩飾內心情感，細微的表情變化仍可能洩露出蛛絲馬跡。

一名資深離婚法官曾說，當夫妻爭吵到最後，彼此不再大聲爭辯，反而變得過於禮貌、笑容和善時，婚姻往往已走到盡頭。這種「強裝和睦」的表情，往往比激烈爭吵更可怕，因為它代表雙方已經不願再溝通，連吵架的力氣都沒有了。

這說明，表情不一定總是真實反映內心，真正重要的是學會觀察細節，讀懂那些隱藏在笑容或沉默中的真相。

例如，在職場中，有些員工對上司的不滿不會直接表現出來，但若仔細觀察，他們的眼神可能會閃爍不定，手部微微顫抖，或者嘴角緊繃，這些都是壓抑情緒的表現。如果主管能及時察覺並開啟對話，或許能避免矛盾的進一步擴大。

不被表面情緒迷惑，學會深度觀察

在一些社交場合，我們常會遇到這種情況：對方微笑點頭，說著「你的提議不錯，我會考慮的」，但最終卻沒有下文。這說明，對方的表情與內心並不一致。

有些人習慣用笑容掩飾真正的想法，比如禮貌性地微笑，實際上心裡並不認同；或者表面上冷漠，實際上對你有好感。這種「表情與內心不符」的情況，需要我們透過細節來進一步判斷。例如：

- 眼神的流動：真正的微笑，眼神會呈現放鬆狀態，瞳孔可能微微放大；而禮貌性微笑，眼神通常較僵硬，甚至帶著防備。
- 肢體語言的配合：如果一個人說「很高興見到你」，但雙手交叉、身體微微後傾，那麼他可能只是出於禮貌，而非真心。
- 語氣與語調的變化：語氣過於平淡或機械化，可能意味著對方並不真正關心你說的話。

掌握表情密碼，提升人際溝通能力

透過觀察表情與肢體語言，我們可以更準確地理解他人的真實想法，進而調整自己的應對方式，讓溝通更有效率。

這不僅適用於職場，也適用於生活中的各種情境：

- 在人際關係中，察覺對方的情緒變化，可以避免不必要的誤會。
- 在職場談判中，讀懂對方的肢體語言，可以幫助你判斷對方的真實意圖。

◆ 在親密關係中，適時關注對方的表情細節，能夠讓感情更加和諧。

人與人的相處，很多時候並不是因為言語的衝突，而是因為我們沒有讀懂彼此的情緒密碼。學會察言觀色，理解表情背後的真相，將使我們在社交場合更加游刃有餘，也讓人際關係變得更順遂。

察覺他人的情緒，建立更深層的連結

當我們能夠尊重自己的感受，同時也尊重他人的情緒時，就不會再執著於爭論對錯，也不會試圖改變別人或強迫對方認同自己的觀點。相反地，我們會更有同理心，能夠理解別人對事情的感受，讓溝通變得更加順暢。

能夠敏銳地察覺他人的情緒變化，不僅能幫助我們避開不必要的衝突，還能讓我們在人際關係中更加得心應手，建立更深厚的信任感。

情緒的誤解，往往來自缺乏察覺

小娜最近發現，男友小明在阿輝的旁邊時，總是顯得有些不自在。她的直覺告訴她，小明可能有點嫉妒，雖然他表面上裝得雲淡風輕，甚至否認有這種情緒。

小娜不太明白，為什麼小明會有這樣的反應，畢竟她平時對小明一直很熱情，也從未忽略過他。她猜想，會不會是因為阿輝長相出眾，讓小明產生了不安全感？

於是，她決定直接問小明：「你是不是有點介意阿輝？」

小明馬上搖頭:「哪有,我才不會嫉妒這種事呢。」

小娜不放棄:「你確定?你可以誠實一點啊!」

小明沉默了一下,才低聲說:「好吧,也許有一點⋯⋯」

小娜笑了:「可是我喜歡的人是你啊。」

「我知道你喜歡我⋯⋯可是,阿輝這麼會聊天,風趣又自信,難道你不會被他吸引嗎?」

小娜認真思考了一下,回答:「他確實是個很有魅力的朋友,但我們單獨相處的時候,我覺得你更讓我自在、更有安全感。而且,就算以後還會認識其他人,我還是會選擇你,因為你才是我最重視的。」

這番話讓小明安心不少。他猶豫了一下,接著問:「那我能再問一個問題嗎?」

「當然可以啊!」

「每次我們三個人在一起的時候,你都會刻意和我保持距離⋯⋯老實說,這讓我有點不安,感覺你好像在疏遠我。」

小娜愣了一下:「真的嗎?我沒發現耶。」她仔細回想後才恍然大悟:「可能是因為我覺得,在沒有伴侶的朋友面前和男友太親密,好像有點不太禮貌。」

小明點點頭:「原來是這樣⋯⋯」

小娜思考了一下,接著說:「但我好像有點太小心了⋯⋯我們牽個手、坐近一點,應該不會讓阿輝覺得不自在吧?其實,我只是想讓你的朋友對我有好印象,所以才會特別注意。」

這次的坦誠溝通,讓明更能理解小娜的貼心,而小娜也開始意識到自

己的行為可能會讓小明產生誤會。經過這番對話，兩人的感情比以前更好了。

敏銳察覺他人的情緒，才能建立真正的理解

會察覺他人情緒的人，懂得觀察對方的言行舉止，並主動溝通，以避免誤解累積。

當我們尊重自己的感受，也願意尊重他人的情緒時，關係就會變得更加和諧。我們不再執著於「誰對誰錯」，而是能夠用理解的態度去面對彼此的情緒反應。

隨著我們的情緒管理能力提升，對他人的感受也會更加敏銳。我們能夠信任自己的直覺，也能以開放的態度傾聽對方的想法，這樣的相處方式，才能讓關係更穩固、更長久。

第二章

成功心法——
拆解心理機制，打造致勝優勢

　　「條條大路通羅馬」，人生的道路從來不只一條，當一扇門關上時，總有另一扇門為你而開。世界上的工作形形色色，對人的特質與能力要求各不相同，如果這條路走不通，不代表人生就此止步，換個方向，也許就能找到適合自己的發展舞臺。

　　關鍵在於經營自己的長處，發掘自身的優勢，並勇敢嘗試、全力以赴。成功不是單靠機運，而是來自於對自身的了解，以及不斷努力的累積。即使眼前的道路暫時受阻，也不要氣餒，因為天無絕人之路，每個人都能在人生舞臺上找到屬於自己的位置。

第二章　成功心法──拆解心理機制，打造致勝優勢

▍認識自我，找到最佳發展方向

「大路朝天，各走一邊」，選擇適合自己的方向，充分發揮所長，才能走出一條獨特的成功之路。與其困在無法突破的瓶頸，不如放開執念，勇敢開創新的可能。只要願意嘗試、敢於突破，就能在廣闊的世界中找到自己的發光點，創造屬於自己的輝煌。

自我評價，避免盲目選擇

自我評價是心理學中的一個重要概念，指的是人對自身條件、素養、才能等各方面的判斷。這不僅影響個人的職業選擇，也直接關係到事業的成功。正確的自我評價有助於發揮優勢，避免盲目選擇，從而找到最適合自己的發展道路。

通常來說，自我評價可以透過直接評價與間接評價兩種方式進行。

1. 直接自我評價：了解自身特質

直接的自我評價是從自身出發，認識自己的自然條件，例如健康狀況、心理狀態、興趣、專長、知識背景，以及個別技能（如表達能力、動手操作能力、抗壓能力等）。這種評估方式強調個人對自身優勢與不足的誠實審視，並透過過去的經驗與成就，確認最適合自己發展的領域。例如，「股神」華倫・巴菲特原本希望成為音樂家，但在學習過程中發現自己並不擅長，於是毅然轉向金融領域，最終成為舉世聞名的投資大師。這正是他透過直接自我評價，認清自身特質後做出的正確選擇。

2. 間接自我評價：對照與比較

間接的自我評價則是透過與他人比較，或是從不同領域的成就對比中，來檢視自己的優劣勢。許多人容易陷入自我認知的錯誤，一方面過於理想化，覺得自己無所不能；另一方面又可能低估自身能力，產生自卑心理。因此，藉由觀察與他人的差異，我們可以突破思維定勢，發現自己真正的優勢。例如，有人不擅長數理分析，卻在藝術創作上極具天賦；有人對文字無感，但卻能在組織與管理上展現出色能力。重要的是，透過對比找出自己的強項，而不是盲目追隨別人的道路。

全面發掘自我潛能

人的才能與知識常處於潛藏的狀態，需要透過探索與實踐來發掘。自我評價並非一蹴可幾，而是需要從興趣、思考方式、毅力、知識結構及個人特質等多方面進行測試與調整。例如，透過不斷嘗試新事物、接受不同挑戰、聆聽他人回饋，能夠更全面地了解自己，從而做出科學合理的職業與人生規劃。

最終，正確的自我評價不僅幫助我們確立奮鬥目標，更能讓我們走上一條適合自己、發揮最大潛能的成功之路。

認識自己，成就更好的未來

認識自己，就像擁有了一雙睿智的眼睛，能幫助我們看清方向、少走彎路，並對現實有更透徹的理解。當我們對自己有清楚的認知時，便能避

第二章　成功心法──拆解心理機制，打造致勝優勢

免許多日後讓自己追悔莫及的決定。學會自我省思，並不比盲目行動來得更費力，卻能讓我們活得更踏實、更有目標。

然而，真正了解自己，並非一件容易的事。許多人終其一生都未能真正認識自己，甚至因此做出錯誤選擇，徒留遺憾。在當今社會，不少年輕人因為對自己與環境缺乏清晰的認識，遇到一點挫折便悲觀失望，甚至陷入徬徨無助的狀態，讓寶貴的時光白白流逝。但要成長與成功，對自己有正確的認識是最基本的要求。

發掘自身優勢，找到真正的價值

對於某些人來說，他們的能力與特質，往往只有自己沒發現。因為缺乏一個客觀的參照標準，許多人可能在不自覺的情況下，做出錯誤的選擇，甚至錯過適合自己的發展方向。例如，你可能數理表現普通，但卻具備優秀的組織與溝通能力；你可能記不住大量的外文單字，卻擅長創作故事；你或許無法畫出精緻的畫作，卻擁有一副動人的嗓音。每個人都有其長處，關鍵在於找到自己的優勢，並善加發揮。

因此，與其羨慕他人的才華與成就，不如回頭檢視自己，找出最適合自己的發展道路。正如古人所說：「與其臨淵羨魚，不如退而結網。」唯有真正了解自己的特質與優勢，才能培養自信與韌性，成為能夠勇敢面對挑戰的強者。

認識自己，才能找到立足之地

世界之大，每個人都有自己的定位與價值。當你認識自己、充實自己，就不會感嘆找不到屬於自己的方向。與其在迷惘與猶豫中蹉跎歲月，

不如勇敢探索自己的潛力，確立目標，並持續精進。如此一來，你將不再是隨波逐流的人，而是能夠主宰自己人生的掌舵者。

探索自我形象，釋放潛能

美國 19 世紀著名牧師亨利・沃德・比徹曾說：「一個人需要思考的，不是自己應該得到什麼，而是自己是什麼。」這句話道出了自我認知對於人生的重要性。我們的自我形象不僅影響我們的行為，甚至決定了我們的成就。許多成功人士都曾談論過自我形象如何影響他們的選擇與努力方向，甚至有人認為這是決定一個人成敗的關鍵因素。

內在形象，比外在更重要

美國整型外科醫生馬克斯威爾・莫爾茲博士發現，有些病人在做過整型手術後，經歷了顯著的性格變化，變得更加自信、正向。然而，有些人即使經歷了戲劇化的外貌改變，內心仍然認為自己醜陋或無能。這說明，真正影響一個人自信與成功的，並不是外表，而是內在的自我形象。如果我們的內在信念不改變，無論外在條件如何提升，我們仍然會被自己的消極認知束縛。那麼，我們對自己的認識有多準確？這樣的自我形象是否幫助了我們的成長與成功？

簡單測試：揭開你的真實自我

我們可以透過一個簡單的書寫測試來了解自己的內在信念。

步驟 1：列出你的特質

請寫下所有能夠描述你的特徵、個性與能力的詞語或短句。例如：「自信」、「專心致志」、「擅長溝通」、「害羞」、「不善表達」等。這些詞語應該來自你的內心，而非來自他人對你的評價。

步驟 2：用非慣用手書寫

寫的時候，請改用你不慣用的那隻手（例如，習慣用右手的人，請改用左手）。雖然字跡可能會變得歪歪扭扭，但這樣做能降低左腦（負責邏輯與語言）對你的影響，讓潛意識浮現。你的真正想法，往往會從這樣的書寫方式中顯現。

步驟 3：分析矛盾點

對比你用慣用手與非慣用手寫下的詞語，看看是否有矛盾。例如，你可能在習慣的手寫下「聰明」，但在非慣用手時寫下「投機取巧」。這代表你內心對自己的看法，可能與你表面上的認知不同。這些「隱藏的信念」，往往才是真正影響你行為與決策的關鍵。

步驟 4：將詞語擴展成句子

如果某些詞語的意義不夠明確，你可以進一步用非慣用手寫下相關的敘述句。例如：

- 「友好」→「我喜歡邀請朋友來家裡聚會。」
- 「害羞」→「我在公開場合不太敢發言。」

這些句子能幫助你更具體地理解自己的信念，找出真正影響你行為的因素。

自我催眠：強化正向信念

我們的行為受到內在信念的影響，因此我們需要主動塑造正向的自我形象。以下是一個簡單的自我催眠練習，能幫助你調整內心的負面信念，建立更有利於成功的心態。

步驟1：想像正面的自我形象

選擇一個你希望強化的正面信念，並想像你正在成功地實踐這個信念。例如，如果你的強項是「擅長與孩子互動」，那麼你可以想像自己在說故事、唱兒歌，孩子們被你的表達吸引，現場充滿歡樂與掌聲。用視覺、聽覺、觸覺來讓場景變得更真實，感受自己正在做得很好，並享受這個成就感。

步驟2：對比負面信念的影響

接著，回憶一次你因為負面信念而失敗的經驗。例如，你在會議上不敢發言，或在人際互動中感到不自在。想像當時的場景，讓自己真切體會那種不舒服的感覺。然後，將這個負面信念寫下來，並問自己：「這個信念真的代表我嗎？它對我的發展有幫助嗎？」

步驟3：重塑你的信念

最後，回到你的正面信念，反覆告訴自己：「我可以改變這些限制，因為我擁有更多的可能性。」例如，將「我不善於表達」改成「我正在學習

第二章　成功心法──拆解心理機制，打造致勝優勢

如何表達自己」，或是將「我害羞」改成「我可以在熟悉的環境中自在溝通」。透過反覆練習，你可以逐漸改變自己內心對自我的認知。

塑造更強大的自己

這個測試與練習，能幫助我們探索自己的內心，發現真正影響我們行為的信念。當我們對自我形象有了更深刻的理解，就能塑造更正向的信念，進而開發自身潛能，創造更理想的未來。認識自己、突破限制，才是實現自我價值的關鍵。

釋放內在潛能，成就非凡人生

在一個養雞場裡，一隻誤以為自己是雞的小鷹，直到有一天仰望天空，看見一隻老鷹翱翔，才終於發現自己與眾不同。儘管從未展翅高飛，但牠內心深處有股強烈的渴望與信念，最終，牠鼓起勇氣展翅，突破限制，衝向藍天，證明了自己真正的身分。

這則寓言提醒我們：我們的極限，往往不是能力的極限，而是我們給自己的限制。

你如何定義自己？

許多人認為自己只是「平凡人」，因此從不期望做出不凡的成就。這種想法本身就是最大的障礙，因為我們往往被自己的自我期望困住了。

愛迪生曾說：「如果我們做出所有我們能做的事情，我們毫無疑問地

會使自己大吃一驚。」每個人都有巨大的潛能，但關鍵在於 —— 你是否願意相信自己並加以開發？

成功的關鍵：喚醒沉睡的潛能

任何成功者，都不是天生就卓越的，他們的祕訣在於主動開發自己的潛能，不斷突破自我限制。

如果你抱著積極的心態，勇於嘗試新挑戰，你會發現自己的能力比想像中更強大；反之，如果你選擇安於現狀，不去開發自己的潛能，那麼你只能嘆息命運的不公，卻無法改變人生。

當面對困難時，真正決定你能否克服挑戰的，不是天賦，而是你的心態 —— 只要你相信自己能行，你就能找到解決問題的方法。

別讓「心理柺杖」成為你的絆腳石

許多人習慣依賴外界的支援，而忽略了真正的力量來自內心。就像一個年輕人如果總依賴柺杖行走，時間久了，他的雙腿反而會退化，無法獨立行走。

人生亦然，精神上的「柺杖」—— 對外界的依賴、對變化的恐懼、對挑戰的逃避 —— 都會讓我們無法真正發揮潛能。真正的成功者，都是靠自己鍛造「開啟成功之門的鑰匙」，而不是等待別人遞上現成的機會。

第二章　成功心法──拆解心理機制，打造致勝優勢

如何釋放你的潛能？

如果你發現自己：

◆ 害怕與陌生人交流

◆ 害怕進入陌生環境

◆ 經常感到焦慮、緊張、不安

◆ 遇事容易退縮、不敢嘗試

這些都可能是你內心壓抑自己潛能的跡象。「壓抑個性」會讓人失去創造力與行動力，使人停滯不前。

突破這種狀態的關鍵在於：

◆ 接受挑戰：主動做一些讓自己不太舒服的事情，例如：公開發言、主動結識新朋友、嘗試新技能。

◆ 調整心態：告訴自己「我做得到」，用正向的思維取代消極的想法。

◆ 累積小成功：先從小目標開始，例如每天讀 10 頁書、學會一項新技能，當你不斷累積小成功，你的信心與潛能都會逐漸增加。

成功的關鍵，在於你自己

世界上唯一能真正決定你成敗的人，就是你自己。成功者與失敗者的最大差別，不是天賦，而是行動與信念。當你願意跳脫舒適圈，積極開發潛能，你將發現自己擁有無限可能。

就像那隻誤以為自己是雞的小鷹一樣，當你發現自己其實有能力飛翔，你還會願意一直待在地面嗎？

認識自己，找到最適合的道路

每個人都有優勢與劣勢

美國社會專家的研究顯示，人的智商與天賦在整體上是均衡的，也就是說，一個人在某方面或許有優勢，但在其他領域未必能勝過別人。每個人都有適合自己的方向，只要能夠發揮所長，就能創造自己的價值。

世界上沒有完美的人，每個人都在不同領域展現出獨特的天賦。有人擅長分析，有人富有想像力，有人精於謀略，有人天生適合表演。關鍵在於，你是否能準確發掘自己的優勢，並找到適合自己的道路。

迷惘時，先找到自己的長處

有些人在未發現自身才能時，總覺得自己能力不足，無論學習或工作都難以突破，甚至因此對自己產生懷疑。但這很可能只是因為環境不適合，或方向不對，導致才華無法發揮，就像在黑夜裡摸索，走得顛簸不平。

成功的關鍵在於客觀認識自己，找到自己的強項，並選擇適合自己的方向。若是執著於自己不擅長的領域，無論多努力，都可能事倍功半，甚至無功而返。

偉人如何認識自己的優勢與限制？

許多成功人士的經驗都證明，認識自己，是走向成功的第一步。

達爾文在自傳中提到，他深知自己擁有堅持不懈的精神、敏銳的觀察

力和豐富的資料整理能力,因此選擇專注於科學研究,最終提出了震撼世界的進化論。然而,他也坦然承認,自己的語言表達能力較差,評論與想像力平庸,這些都限制了他在其他領域的發展。

馬克思曾經熱衷於寫詩,但他很快意識到自己在詩歌創作方面並無天賦。他反思道:「我的詩是從腦子裡虛構出來的,修辭上的斟酌代替了詩的意境。」最後,他放棄寫詩,轉而投入政治經濟學的研究,並成為影響世界的思想家。

朱自清也曾嘗試寫小說,但他發現自己無法掌握小說的嚴密結構,也不擅長安排情節,因此最終選擇專注於散文創作,寫出了〈背影〉等經典作品。

這些例子說明了認識自己的優勢,選擇適合的方向,比單純的努力更重要。

接受他人建議,調整自我認識

有時候,自己未必能準確評估自身優勢,這時候可以聽取他人的中肯意見,適時調整方向。

比爾蓋茲(Bill Gates)年輕時對數學和電腦程式設計充滿熱情,但他一度考慮走法律之路,因為他的父親是一名成功的律師。然而,他很快意識到自己對法律並沒有真正的興趣,於是果斷輟學,創辦微軟,最終成為改變世界的科技領袖。

歐內斯特・海明威(Ernest Hemingway)年輕時曾想成為一名畫家,但他的作品從未獲得認可。他的導師建議他嘗試寫作,因為他擁有敏銳的觀察力與簡潔的表達方式。當海明威開始寫作時,他發現自己在這方面更有

天賦，最終成為世界級的文學巨匠，創作了《老人與海》、《戰地鐘聲》等經典作品。

這些故事告訴我們，當發現自己在某個領域無法發揮時，與其死守，不如換個方向，發掘自己真正擅長的領域。

認識自己，才能走得更遠

認識自己不是一蹴可幾的事，而是一個持續修正、動態調整的過程。它需要建立在自我回饋與他人評價的基礎上，並透過不斷的實踐來驗證與修正。

與其羨慕別人，羨慕別人的才華與成就，不如好好挖掘自己的潛能，發揮自己的強項。正如古人所言：「與其臨淵羨魚，不如退而結網。」唯有認識自己，才能做出最明智的選擇，找到真正適合自己的人生道路。

做真實的自己，不必迎合所有人的期待

世上觀看月亮的人各有不同的偏好：有人喜愛滿月，因為它象徵圓滿；有人偏愛弦月，因為它富有詩意。不同的人看同一個月亮，會產生不同的感受和聯想。然而，不論人們怎麼看待月亮，它仍然按照自己的軌跡前進，從不因為任何人的期待而改變。

同樣地，人活在世上，也無法滿足所有人的期望。別人如何看待我們，往往反映的是他們自己的心理狀態，而不一定與我們的真實情況有關。例如，有些人總是憤世嫉俗，無論遇到誰都持批判態度，對我們自然

也不例外；有些人過於主觀，僅憑第一印象就對我們下定論；還有些人根本不在乎別人，只是憑心情評價他人。如果我們過度在意這些人的看法，只會讓自己陷入無謂的焦慮與煩惱，失去做自己的自由。

聆聽重要的聲音，但做決定的還是自己

當然，我們不能完全忽略外界的意見，特別是來自真正關心我們的人，例如父母、長輩或朋友。他們的建議往往出於愛與關心，若能用心聆聽，確實能對我們有所助益。然而，即使是最親近的家人，也不一定能完全了解我們的需求。父母可能因為自身的經歷與價值觀，而對我們有某種過度的期待，甚至不自覺地將自己的遺憾投射到我們身上。更何況，除了家人之外，其他人的意見更是受到個人立場與局限的影響。因此，即使面對善意的建議，我們仍需經過自己的判斷與篩選，確保這些建議是否真的適合自己，而不是盲目地遵從。

這並不是說我們可以完全忽視所有人的想法，而是說我們要學會理性面對不同的意見，避免用情緒化的方式回應。當我們能冷靜地接受建設性的意見，同時對於無法接受或不合理的期待適時拒絕，我們才不會在別人的期望中迷失自己。事實上，適當的拒絕，往往能避免日後因勉強迎合而導致的矛盾與衝突。

做自己，但也要懂得溝通

有時，我們的選擇可能與關心我們的人發生衝突。也許我們清楚自己要的是什麼，也有明確的計畫和目標，但他人未必能理解。如果我們一味地固執己見，可能會讓關心我們的人感到被忽視或傷心。因此，當我們決

定走自己的路時，除了堅持理想，更要盡力向他們解釋我們的想法與決心，讓彼此的關係建立在理解與尊重的基礎上，而不是誤解與對立。

從他人的眼光中看見自己，但不為他人而活

人與人之間的互動中，別人對我們的評價，往往是他們個人價值觀與情感投射的反映。當我們聆聽他人的意見時，應該先了解他們對我們的態度，再仔細考量這些建議是否真正適合自己。

我們應該樂於聽取不同的意見，因為它們就像一面鏡子，讓我們更清楚地認識自己。但最終，我們活著的目的，不是為了符合別人的期待，而是成為最真實的自己。我們無法讓所有人滿意，但我們可以讓自己的人生充滿意義與價值。

學會接納自己，才能真正活出自我

每個人都是獨立的個體，然而，接納自己比接納別人更困難。我們時常對自己不滿，為自己的缺點感到煩惱，甚至試圖掩飾它們，害怕別人看見自己「不夠完美」的一面。但無論我們是否願意，自己始終伴隨著自己，無法逃避。

有些人能夠早早地接受自己，而有些人卻終其一生無法與自己和解。我們總希望自己能夠更完美，希望外貌更出色、性格更討喜，因為美好的事物不僅能帶來愉悅，還能讓我們感到自信。然而，事實是，我們無法選擇自己的容貌，也無法完全掌控自己的性格，而這些無法改變的事實，卻成為許多人自卑和痛苦的來源。

第二章　成功心法——拆解心理機制，打造致勝優勢

真正的接納，是理解自己

蘇格拉底說：「認識你自己。」接受自己，不代表放棄成長，而是理解自己的優點與缺點，然後選擇如何與它們共處。

我們對自己的優點往往樂於接受，甚至希望別人來讚美。但對於自己的缺點，卻總想要掩飾，害怕別人當眾指出。我們常說「人貴有自知之明」，真正的智慧不是把缺點掛在嘴上自嘲，而是在心裡覺察到問題，悄悄改進。改變自己，並不意味著我們要成為一個完全不同的人，而是在理解自己的前提下，讓自己變得更成熟、更自在。

接納不完美，才能擁有真正的自信

許多人對自己要求過高，內向的人想變得開朗，外向的人想變得內斂，直率的人希望自己圓滑，圓滑的人卻渴望單純。這樣的糾結並無意義，因為沒有任何一種性格是完美的，每種特質都有它適合的環境與價值。真正的自信來自於接納自己，而非強迫自己去符合別人的標準。

做人要誠實，不必掩飾自己，但也不必剛愎自用。我們既不應該活在「表裡不一」的虛偽之中，也不應該固執己見，拒絕成長。當我們能夠坦然地面對自己的優點與缺點，並以平和的心態對待自己時，才能真正擁有內在的力量。

接納自己，是成長的必經之路

接納自己需要勇氣，也需要時間。這是一個漫長且艱辛的過程，因為我們會逐漸發現，自己不是想像中的完美，也不可能成為理想中的自己。

然而，真正的成長，不是變成「更好的人」，而是成為「更完整的自己」。

當我們學會接納自己的優點與缺點，就能在生活中更加自信、自律、堅強，也能減少許多不必要的焦慮與煩惱。相反，如果我們總是執著於自己的缺點，不願原諒自己的失誤，便容易陷入自卑與消沉。

現實或許會粉碎我們對自己的幻想，但它同時也帶來一個更重要的課題：如何接受真實的自己。當我們能夠客觀地看待自己，不再一味苛求完美，而是學會欣賞自己的獨特性，我們才能真正善待自己，也才能在這個世界上找到屬於自己的位置。

戰勝自卑，發掘真正的自己

哲學家們千百年來都強調「認識自己」，然而，多數人卻只關注自身的缺點與不足。過於專注於負面的自我評估，容易導致自卑，而忽略了自身的優勢與潛力。自卑感並不是來自客觀事實，而是來自我們如何看待自己。

自卑的影響與根源

研究顯示，至少95%的人生中會受到自卑的影響，許多無法獲得成功與幸福的人，往往並非因為缺乏能力，而是因為缺乏自信。

自卑感的產生，不是因為一個人真的「不夠好」，而是因為他把自己放在一個低人一等的位置，總認為自己不值得被喜歡、不值得擁有成功。這種心理狀態會影響我們的判斷，讓我們失去前進的動力。

第二章　成功心法──拆解心理機制，打造致勝優勢

如何戰勝自卑，活出自信？

◆ 全面了解自己

建立一張自我優勢清單，列出自己的興趣、才能與特長，無論多麼微不足道，都應該記錄下來。然後，與同齡人進行比較，意識到每個人都有強項與弱點，沒有人是完美的。學會理性看待自己的缺點，避免因過度放大問題而產生焦慮與自卑。

◆ 轉移注意力

不要沉溺於自己的缺點與失敗，而是把精力放在自己擅長或感興趣的事情上。當你在某個領域獲得成就時，便能增強自信，減少對缺點的過度關注。

◆ 深入分析自卑的來源

很多自卑感源於童年經驗或某些過去的挫折。我們需要透過回憶與反思，找到這些心理陰影的根源，意識到這些負面感受往往並不反映真實的自己，從而學會放下過去，專注於當下與未來。

◆ 透過行動證明自己的能力

行動是建立自信的最佳方式。不妨從一件有把握的小事開始，完成後再挑戰更高的目標。每一次成功都能強化你的自信，而持續的成功則會讓你完全擺脫自卑。

◆ 發掘並發揮自身優勢

沒有人能夠擁有完美的條件，但每個人都可以找到適合自己的道路。世界上有許多身體或環境條件受限的人，依然能夠突破困境，成就非凡的

人生。例如：

貝多芬：失聰後依然創作出偉大的音樂作品。

羅斯福：身患小兒麻痺症，卻仍成為美國總統。

拿破崙：身材矮小，但成為叱吒風雲的軍事統帥。

霍金：全身癱瘓，卻在物理學界留下無可取代的貢獻。

成功不取決於你擁有什麼，而取決於你如何運用你擁有的一切。

◆ 改變對自我的固有認知

內向或自卑並不是天生的，而是我們習慣性的心理模式。如果你認為自己不擅長社交，不妨回想過去是否曾經與某些朋友建立良好關係。如果能做到一次，就能做到第二次，只要願意突破心理限制，就能改變自己的社交模式。

用自信迎接人生

上天給予我們的每一個特質，都是我們的資本，關鍵在於如何利用它們來實現自我價值。我們不需要埋怨現狀，而應該珍惜自己所擁有的一切。當我們開始專注於自身優勢，並且勇敢行動，就能夠逐漸擺脫自卑，走向自信與成功的人生。

真正決定你人生高度的，不是你的條件，而是你的心態。

成功的關鍵 ── 確立目標並勇敢前行

羅斯福總統曾被問及：「您能給年輕人一些成功的建議嗎？」他的回答耐人尋味。他回憶起年輕時求職時的經歷，當時他向美國無線電公司董事長薩爾洛夫將軍表達了「什麼工作都行」的態度。將軍卻嚴肅地告訴他：「世上沒有一類工作叫『隨便』，成功的道路是由目標鋪成的！」這句話對他影響深遠，讓他深刻理解到目標的重要性。

目標決定人生高度

哈佛商學院曾對一群智力、學歷與環境條件相似的年輕人進行長達25年的跟蹤研究，研究結果顯示：

- 3%的人有清晰且長期的目標 —— 他們成為社會的頂尖成功人士。
- 10%的人有清晰的短期目標 —— 他們生活在社會中上層，成為專業人士（如醫生、律師、工程師等）。
- 60%的人目標模糊 —— 他們安穩地生活，沒有特別成就，停留在社會中下層。
- 27%的人沒有目標 —— 他們過得不如意，常常失業、抱怨社會，生活在社會底層。

這項研究清楚地表明：目標決定了人生的方向與成就，成功從一開始就是一種選擇。

不要遠走他鄉尋找「鑽石」，成功就在你腳下

哈佛大學成功學教授理查‧波斯丁在演講中曾講過一則發人深省的故事：

一位農夫聽說擁有埋藏鑽石的土地就能變得富有，於是賣掉自己的土地，踏上了尋找鑽石的旅程。多年後，他耗盡積蓄，最後一無所獲，悔恨地結束了自己的生命。然而，後來接手他那塊土地的人，卻在農夫原來的土地上發現了世界上最大的鑽石礦藏。

這個故事告訴我們：成功並不在遙遠的地方，而是藏在我們自身的潛能之中。只要我們懂得發掘自己、發揮自身優勢，就能夠實現理想。

目標如何改變我們的命運？

理查‧波斯丁教授進一步指出，設定目標會帶來以下十大正面影響：

- 目標帶來積極的心態

  目標是努力的方向，當達成一個目標時，會產生成就感，激勵我們繼續前進。

- 目標讓我們產生動力

  當我們對未來有明確的圖景，就會更投入，集中所有資源與精力來實現它。

- 目標讓人生更有意義

  當我們覺得自己的目標重要，就會更加珍惜生命，讓努力變得更有價值。

- 目標讓我們關注結果，而非過程

  成功的衡量標準不是努力多少，而是達成了什麼成果。

第二章　成功心法──拆解心理機制，打造致勝優勢

◆ 目標幫助我們分清事情的輕重緩急

沒有目標的人，容易被瑣事困住，最終一事無成。

◆ 目標讓我們專注當下，把握現在

每個當下都是邁向未來的墊腳石，只有現在努力，未來才可能成功。

◆ 目標讓我們熱情高漲，並幫助評估進展

目標讓我們在行動中充滿熱情，同時提供衡量進步的標準。

◆ 目標培養自信、勇氣與膽識

了解目標及實現過程後，就能夠從容應對挑戰，不再害怕未知。

◆ 目標促使我們不斷成長與進步

透過不斷發展自身優勢，我們會變得越來越強大。

◆ 目標讓我們邁向成功

正如愛默生所說：「一心向著目標前進的人，整個世界都會為他讓路！」

如果你希望成就非凡，請先問問自己：你想成為怎樣的人？你的目標是什麼？

設定目標，勇敢行動，你將掌控自己的命運！

成功從確立明確目標開始

如果一艘輪船在大海中迷失了方向，它只會不停地在海上打轉，直到燃料耗盡，卻無法到達目的地。人生亦是如此，沒有明確的目標，就算再努力，也可能只是徒勞無功。

然而，現實中許多人並沒有清晰的目標。他們接受教育，找一份工作，然後順其自然地過日子。直到 30 歲、40 歲時，才開始為自己找不到合適的職業方向而苦惱，甚至一直對人生感到不如意。

你必須先確定自己想成為怎樣的人，然後才能造就那樣的自己。

本特的故事 —— 從模糊到清晰，從計畫到成功

1976 年，19 歲的本特（Benny Andersson）在休士頓太空總署的太空梭實驗室工作，並於休士頓大學主修電腦。他的時間幾乎被課業與工作占滿，但只要有片刻空閒，他就會把全部精力投入到音樂創作中。

他知道自己在寫旋律方面很有天賦，但寫歌詞並不是他的強項，於是他找到擅長填詞的好友凡內芮（Björn Ulvaeus）合作。

五年計畫的制定

一次週末，凡內芮邀請本特到她家的牧場烤肉。當兩人聊起未來時，凡內芮突然問他：

「你最希望五年後的自己在做什麼？你的生活會是什麼樣子？」

這個問題讓本特沉思了幾分鐘，然後他回答：

「五年後，我希望能發行一張受歡迎的唱片，並獲得許多人的肯定。」

「我希望生活在一個充滿音樂的地方，能天天與世界頂尖的音樂家一起工作。」

凡內芮聽後笑了，然後說：「很好，那我們就把這個目標倒推回來。」

◆ 第 5 年 —— 要有一張唱片發行，並獲得好評。

第二章　成功心法──拆解心理機制，打造致勝優勢

- 第 4 年 ── 必須與唱片公司簽約。
- 第 3 年 ── 要擁有一個完整的音樂作品，並且可以讓唱片公司聽到。
- 第 2 年 ── 應該開始錄製專輯。
- 第 1 年 ── 需要完成所有歌曲的編曲與排練。
- 第 6 個月 ── 修飾所有未完成的作品，篩選最佳歌曲。
- 第 1 個月 ── 完成目前手頭上的幾首歌曲。
- 第 1 週 ── 列出所有歌曲的進度清單，決定哪些需要修改、哪些需要完工。

凡內芮笑著說：「現在，你已經知道下週一該做什麼了！」

地點與人脈的選擇

接著，凡內芮又問：「你希望五年後住在充滿音樂的地方，和世界級音樂家一起工作，對嗎？」

本特點頭。

凡內芮繼續說：「那麼，我們再來倒推回來。」

- 第 5 年 ── 你應該已經和頂級音樂人合作了。
- 第 4 年 ── 你應該擁有自己的錄音室或工作室。
- 第 3 年 ── 你應該已經開始與音樂圈內的專業人士合作。
- 第 2 年 ── 你應該搬離休士頓，前往紐約或洛杉磯發展。

這個計畫讓本特感到前所未有的清晰。他不再迷茫，不再擔憂，而是開始一步一步朝著目標邁進。

從計劃到成功實踐

隔年,本特辭掉了太空總署的工作,搬到了洛杉磯,開始全心投入音樂創作。

六年後,也就是1983年,他終於發行了自己的唱片,並在亞洲市場獲得巨大成功。他的夢想變成了現實,他一天24小時幾乎都在與世界頂尖的音樂家合作,創作音樂。

這一切的成功,源於他在19歲時,清晰地確立了五年後的目標,並制定了詳細的行動計畫。

如何制定自己的目標?

如果你的人生沒有目標,不知道自己想做什麼,也不確定未來該如何發展,那麼你應該靜下心來問自己:

「五年後,我最希望自己在做什麼?」

一旦你確定了這個答案,你就可以像本特一樣,反向推導出自己應該做的每一個步驟。

如果你不確定自己未來五年的目標,你就無法得到命運的眷顧。

因為,上帝已經把「選擇」的權利交到我們自己手中了!

成功的關鍵:明確目標與進取心

所有表現傑出的人士,都遵循著一條不變的途徑達到成功。美國著名的潛能激發大師安東尼・羅賓(Anthony Robbins)將這條途徑稱為「必定

成功公式」，其中包含兩個核心步驟：

1. 清楚知道自己要追求什麼（明確目標）
2. 明確該怎麼做，並立即行動（執行計畫）

確立目標，打開成功之門

擁有明確的目標，是通往成功的第一步。在生活中，我們可以看到許多典型的成功案例。例如，肯德基（KFC）的創始人桑德斯，他在 60 歲退休後，決定追隨自己對美食的熱愛，開始研究炸雞的獨特做法，並在 61 歲開設了第一家炸雞店。由於他始終專注於自己的目標，肯德基迅速發展成全球知名的快餐連鎖品牌。這樣的例子不勝枚舉，顯示出確立目標對於人生發展的重要性。

然而，僅有目標還不夠，還必須擁有進取心，不斷推動自己向前邁進。許多人碌碌無為，最大的問題並非能力不足，而是缺乏積極進取的態度。他們習慣於安於現狀，缺乏實現目標的動力。久而久之，他們對於平淡的生活與有限的成就變得習以為常，最終只能接受現實的安排，而無法突破自身的潛能。

進取心 —— 推動成功的強大動力

進取心是成功的基石，它意味著主動去做該做的事，而非被動等待機會降臨。進取心不僅代表追求遠大的目標，更是對夢想的執著與實踐。沒有進取心，即使擁有再好的機會，也難以真正成就偉業。

美國娛樂業巨擘薩莫·雷石東（Sumner Redstone）便是進取心的最佳

典範。他在哈佛大學獲得法學博士學位，並在二戰期間因破解敵軍密碼而成為英雄。然而，他並未停滯不前，而是在 63 歲時開始打造自己的娛樂帝國。他成功收購美國三大廣播公司之一的哥倫比亞廣播公司（CBS），讓維亞康姆（Viacom）成為全球最大的娛樂企業之一，擁有《教父》、《阿甘正傳》、《鐵達尼號》等經典電影。

在一次訪談中，當記者問他為何選擇在 63 歲退休後仍然創業，他幽默地回答：「誰說我 63 歲？我才 20 歲！」他認為，年齡從來不是問題，真正關鍵的是對工作的熱愛、對目標的執著，以及對自己的信心。

進取心與行動力並行，締造卓越人生

哈佛大學教授胡巴特（Hubert）曾表示：「世界願意為一件事情頒發獎勵，那就是進取心。」這句話道出了進取心對人生的巨大影響力。在哈佛學子中，還有一位進取不懈、最終獲得成功的代表人物──沙烏地阿拉伯前石油大臣亞馬尼（Ahmed Zaki Yamani）。

亞馬尼在年少時期，便見證了沙烏地阿拉伯的貧困與西方國家的剝削。他深知，唯有奮鬥與進取，才能為國家帶來改變。他後來投身政治，充分發揮領導才能，帶領沙國改變了全球能源市場的格局。他的成功，正是源自於對目標的堅持與強大的進取心。

「人生的主要責任，就是主宰自己。」這是亞馬尼一直奉行的信念。他相信，雖然人生充滿困難與挑戰，但只要內心懷抱希望，努力奮鬥，就能影響自己的命運，進而改變世界。

野心 —— 通往成功的關鍵動力

進取心的本質之一，便是野心。野心並非貪婪，而是一種對卓越的渴望，是驅使人們不斷追求更高成就的動力。

法國一位年輕企業家，原本出身貧寒，靠推銷裝飾肖像畫起家，最終在短短十年間躋身法國五十大富豪之列，成為媒體大亨。然而，他因前列腺癌去世前，特意留下一封遺囑，問世人：「窮人最缺少的是什麼？」

他的遺囑吸引了數萬人回覆，有人認為是「金錢」，有人認為是「機會」，還有人認為是「技能」。然而，最終只有一位 9 歲女孩猜對了答案，她說：「窮人最缺少的，是成為富人的野心。」

這位企業家認為，野心是改變命運的關鍵。真正成功的人，並非因為擁有財富或機會，而是因為內心有著不甘平庸的渴望，並願意為之奮鬥。

不滿足於現狀，才能突破極限

英國新聞界的傳奇人物萊斯洛夫爵士（Lord Northcliffe），從一名記者起家，最終成為《泰晤士報》的老闆。他曾對剛進入報社的一名員工說：「你滿意現在每週 50 英鎊的薪水嗎？」當那名員工回答「滿意」時，他立刻將其開除，並嚴肅地說：「我不希望我的員工滿足於 50 英鎊的薪水，而終止自己的發展。」

這段話充分說明，平庸的人往往因滿足於當下而止步不前。他們害怕變化，害怕失敗，最終在安逸中消磨了自己的潛力。相反，真正的成功者永遠不會停滯，他們始終追求更高的目標，挑戰自我極限。

確立目標，燃起進取心，邁向成功之路

成功從來不是偶然，而是來自於明確的目標與不懈的努力。確立目標，能為我們指引方向，而進取心則提供持續奮鬥的動力。當我們拒絕安於現狀，勇於挑戰自我，並持續精進，就能創造出非凡的成就。

無論你現在處於人生的哪個階段，請問問自己：「我是否擁有明確的目標？我是否對自己懷有足夠的信心？我是否擁有不懈追求的進取心？」只要你敢於設定目標，並付諸行動，你的人生將擁有無限可能！

如何制定並實現人生目標？
── 從哲理故事汲取智慧

制定人生目標時，既要志存高遠，又不能脫離現實。如何在這兩者之間取得平衡？以下幾個經典故事，將為我們提供寶貴的啟示。

選擇最接近的機會

《巴黎現代雜誌》曾刊登一道有趣的問題：「如果有一天羅浮宮發生火災，而你只能搶救一件藝術珍品，你會選擇哪一件？」

眾多讀者回應中，一位年輕畫家的答案被評為最佳 ──「選擇離門最近的那一件。」

這個答案簡單卻極富智慧。與其猶豫不決、浪費時間選擇，不如立即行動，確保至少能救出一件珍品。

■ 第二章　成功心法—拆解心理機制，打造致勝優勢

在成功的道路上，最好的選擇往往不是最耀眼的，而是最可行的。選擇離你最近、最容易實現的目標，從小處開始累積，才有機會邁向更大的成功。

成功源於清晰的目標

馬拉松比賽進行到 5,000 公尺後，兩名選手領先群眾。天氣不佳，大霧瀰漫，還下起了小雨，使得比賽難度倍增。

第一名選手只盯著腳下，擔心路滑而摔倒。他小心翼翼地前進，卻逐漸感到疲憊不堪。

第二名選手則始終仰望遠方，目光鎖定終點，心中不斷默唸：「終點，我快到了！」雖然他的體力也接近極限，但當終點的旗幟隱約出現在迷霧中時，他忽然振奮起來，全力衝刺，成功奪冠。

成功＝目標＋行動。第一名選手因為沒有清晰的目標，在最後關頭崩潰倒下；第二名選手則因為始終專注於終點，最終戰勝疲勞，突破極限。當我們清楚地知道自己要去哪裡時，就會有更強的動力與毅力去抵達終點。

細化目標，讓前進變得輕鬆

研究人員曾進行一項步行實驗，讓三組人各自前往 10 公里外的村莊。

第一組人完全不知道距離和地點，只能盲目跟著嚮導走。他們走了 2、3 公里便開始抱怨，甚至有人半途而廢。

第二組人知道目的地名稱，但途中沒有里程碑。他們開始時充滿信

心，但越走越焦慮，直到有人說「快到了！」才重新振奮。

第三組人不僅知道終點，沿途還有清晰的里程標示。他們每走過一公里，看到標示牌，就感受到前進的成就感，最終輕鬆抵達目的地。

目標越清晰、越具體，就越容易堅持下去。若將一個大目標拆分成多個小目標，每達成一個小目標，就會增強信心，最終順利完成整個計畫。

設定目標時，要考慮個性與優勢

《伊索寓言》中，城裡的老鼠邀請鄉下的老鼠來城市享受奢華生活。然而，當牠們在富麗堂皇的餐桌上進餐時，突如其來的聲響嚇得鄉下老鼠四處逃竄，最終決定回到鄉下，過著雖簡單卻安心的生活。

最適合你的，才是最好的。每個人的性格、興趣、能力不同，訂定目標時，不應盲目追求別人的成功模式，而要選擇適合自己特質的方向，才能走得長遠。

將目標分解，循序漸進

1984 年東京國際馬拉松邀請賽上，一名不知名選手山田本一奪冠。記者問他成功的祕訣，他回答：「我把 42 公里的賽道拆解成一個個短距離的目標，比如第一個標示是一棵樹，第二個是一座紅色房子……我只專注於跑向下一個標示，而不是去想 42 公里的遙遠終點。」

不要被遙遠的終點嚇倒，而是將目標拆解成容易完成的小目標，逐步實現。這樣，每達成一個小里程碑，就會更有動力堅持下去。

掌握潛意識的力量，讓成功變得自然

有一次，講師讓學生們連續說 30 次「老鼠」，然後立刻問：「老鼠吃什麼？」結果 80% 的人回答「貓」，而不是正確答案「米」。

這說明，人類的潛意識比意識強大數萬倍。如果我們不斷暗示自己：「我一定會成功」、「我能夠達成目標」，那麼潛意識就會驅使我們朝著這個方向行動，最終讓成功成為可能。

每天對自己說積極的話語，將成功的信念深植於潛意識中，你的行動和結果也會隨之改變。

調整心態，讓挑戰變得簡單

在一場跳高比賽中，當選手面臨最後一次決勝跳躍時，教練對她說：「跳過這兩公分，你的房子就到手了。」結果她沒跳過。

但在洛杉磯奧運會上，跳水王子洛加尼斯最後一跳前，教練只是輕鬆地對他說：「跳完這一輪，你就可以回家吃媽媽做的小餡餅了。」結果他完美發揮，奪得金牌。

不要給自己過大的心理負擔，而是將挑戰簡單化、趣味化，才能在關鍵時刻發揮最佳表現。

用行動縮短夢想與現實的距離

不論你的夢想多麼遠大，都需要從「第一步」開始。與其等待完美時機，不如從現在開始採取行動，即便只是微小的步伐，也能累積成偉大的成就。

設定清晰、具體且可行的小目標。

讓潛意識強化你的信念，建立成功的思維模式。

適時調整計畫，找到適合自己個性的目標。

放輕鬆，讓目標變得容易實現。

現在，請問自己：「我的第一步是什麼？我能做些什麼來更接近我的夢想？」

只要開始行動，你將發現，成功的路比你想像的更近！

自信 —— 成功的關鍵要素

心理學家研究發現，影響人們自信、積極進取的障礙主要有五個因素：

五大心理障礙，阻礙成功的腳步

1. 自卑 —— 過度自我批評，習慣挑剔自己的不足，導致內心自我設限，喪失進取心。
2. 膽怯 —— 害怕失敗，擔心犯錯，使人裹足不前，錯失許多寶貴機遇。
3. 懶惰與倦怠 —— 缺乏學習和努力的動力，最終導致平庸，甚至使才華橫溢的人也失去創造力與進取精神。
4. 性格狹隘與片面 —— 極端或不健全的個性會影響創造力，甚至阻礙人際關係，進而限制個人發展。
5. 浮躁與庸俗的動機 —— 盲目追隨潮流，卻沒有真正清楚自己的需求，導致行動反覆無常，缺乏長遠目標與堅持。

第二章　成功心法—拆解心理機制，打造致勝優勢

這五大心理障礙，本質上都來自於消極的自我意識 —— 缺乏自信與主動性。這些習慣往往在成長過程中不知不覺地養成，並影響著我們的未來。

消極的選擇，讓機遇一次次溜走

童年時，你或許曾站在一旁，看著其他孩子爬樹，卻因害怕摔倒而選擇觀望；上學後，明明會唱歌，卻不敢參加班級表演，擔心出醜……這些看似無關緊要的選擇，實際上正一點一點塑造你的心理模式。如果你習慣於退縮，那麼當真正的機會來臨時，你可能會錯過，甚至完全看不見它的存在。

機遇只青睞積極主動的人。你能否喚醒內心的自信與行動力，將決定你是否能夠把握機會，創造成功。

自信與成功的關係

成功的關鍵不僅在於能力和機遇，更在於內心是否充滿自信。如果一個人不相信自己有能力和價值，又怎麼可能奮力追求成功？

- ◇ 自信是成功的種子 —— 即便擁有肥沃的土地（才華與機會），若沒有種子（自信），成功的果實仍無法生長。
- ◇ 成就不會超過自信的高度 —— 你的事業發展，最終不會超越你的自信程度。
- ◇ 歷史上的成功人士皆具備堅定的自信 —— 拿破崙的軍隊能夠翻越阿爾卑斯山，只因他堅信「沒有不可能」。如果他在內心裡先放棄，這場戰役就永遠無法勝利。

心理學家拿破崙・希爾曾說：「自信就是生命與力量，是創業之本。」愛迪生也強調，「自信是成功的第一要素。」

自信改變命運，消極心態讓人一生渺小

許多人習慣認為：「成功是屬於幸運兒的，我這樣普通的人不可能擁有最好的東西。」

這種想法，使得許多本可成就一番事業的人，最終庸庸碌碌，碌碌無為。因為他們對自己的期望過低，從未真正相信自己值得更好的未來。

如果你相信自己只能過平凡的一生，那麼你的人生將不會超越這個設定。唯有當你勇於改變這種思維，敢於要求「優越」，你才可能創造不同的未來。

自信心 —— 比金錢、權勢更重要的資本

- ◆ 突破困難與障礙 —— 自信使人敢於面對挑戰，迎難而上，最終克服阻礙，取得成功。
- ◆ 勇於冒險與創新 —— 許多偉大的發明和創業故事，都是來自對自我能力的充分信任。
- ◆ 成就的起點 —— 當你相信自己能做到時，你的行動才會與之匹配，並一步步實現你的目標。

世界上所有「自造機會」的人，都擁有強大的自信。他們出發時，從不懷疑自己的能力，而是堅信自己可以戰勝所有困難。這種信念，使他們能夠勇往直前，不被恐懼與疑慮束縛。

第二章　成功心法─拆解心理機制，打造致勝優勢

如何培養自信？

1. 建立正向思維 —— 每天對自己說：「我可以」、「我值得」、「我有能力做到」。積極的自我暗示能強化你的信念。

2. 行動勝於等待 —— 不要等到「準備好」才行動，而是透過行動來建立信心。勇敢踏出第一步，會讓你發現自己比想像中更強大。

3. 設定並完成小目標 —— 將大目標拆解成小步驟，每完成一個小目標，都能增強自信。

4. 學會接受不完美 —— 自信不是來自於「沒有缺點」，而是來自於「即使有缺點，也仍然值得成功」。

5. 擴展自己的舒適圈 —— 嘗試新事物，挑戰自己，當你發現自己能夠應對更多挑戰時，自信心自然會增強。

自信成就偉大人生

你能成為什麼樣的人，完全取決於你的自信程度。世界上沒有天生的強者，只有敢於相信自己、勇敢行動的人，才能最終脫穎而出。

現在就開始培養你的自信，改變你的思維方式，勇敢地迎接挑戰。當你真正相信自己值得擁有成功時，世界將為你讓路！

第三章

人際密碼——
精準解讀情緒，讓溝通更順暢

　　心理學家發現，人類的決策過程主要受「理性思維」與「感性情緒」兩大系統的影響。理性思維使我們權衡利弊，而感性情緒則驅動我們迅速做出決定。

情緒影響決策的心理學原理

1. 情緒影響認知與判斷

當我們心情愉悅時，往往更願意接受新觀點；當我們情緒低落或焦慮時，則傾向於否定或抗拒外來資訊。這就是為什麼在談判、銷售或人際溝通中，營造良好的情緒氛圍是成功的關鍵。

2. 感性優先於理性

行銷專家常說：「人們是先憑情緒做決定，再用理性去找理由。」這點在日常生活中比比皆是，例如：

- 購物時，我們常因產品故事感動而購買，而非僅僅考量價格或功能。
- 談戀愛時，我們往往因感覺對了而選擇一個人，而不是單純根據條件篩選。
- 職場溝通中，同樣的提案，若由讓人愉快的同事提出，通常更容易被接受。

因此，想影響別人，應先打動對方的情緒，再讓理性補充理由。

如何運用情緒影響他人？

1. 營造正向情緒氛圍

溝通時，先讓對方產生好感，能提升說服效果。例如：

- 微笑與友善 —— 讓對方放下防備，更願意傾聽你的話。

- 先肯定再建議 ── 如：「你的想法很有道理，我補充一個細節，或許能更完善。」
- 幽默與風趣 ── 能讓嚴肅的話題變得輕鬆，提高對方的接受度。

2. 以情感共鳴打動對方

- 故事比數據更具說服力 ── 比起冷冰冰的數據，一個能觸動情感的故事更能影響決策。
- 站在對方立場思考 ── 當你展現出理解與同理心，對方更容易被說服。
- 使用「你」而非「我」── 與其說「我認為這樣比較好」，不如說「這樣做對你會有很大幫助」。

3. 讓對方感受到尊重與價值

- 讚美與感謝 ── 適時稱讚對方的努力或成就，讓他們更願意接受你的意見。
- 給對方選擇權 ── 讓對方覺得自己是主動選擇，而非被強迫接受。
- 強調合作，而非對立 ── 例如：「我們可以一起找出更好的解決方案」，而不是「你這樣是不行的」。

在交際中，情感影響力往往比理性論點更有說服力。透過營造正向氛圍、引發情感共鳴，並讓對方感受到尊重與價值，你不僅能提高說服力，還能建立更緊密的人際關係。

記住，真正成功的溝通，不是讓對方輸，而是讓對方心甘情願地接受你的觀點！

第三章　人際密碼──精準解讀情緒，讓溝通更順暢

比語言更真實的溝通方式

在日常生活中，我們與人交流不僅僅依賴語言，還透過姿勢、動作、表情、眼神變化等方式來表達思想與情感，這些非語言的表達形式統稱為身體語言。它與我們的生活密不可分，有時甚至能彌補語言的不足。例如，當你想要遠方的朋友走過來，但對方聽不見你的聲音，只需輕輕招手，對方就能明白你的意思。

身體語言的重要性

1. 人際溝通中，身體語言占比高達 65% 以上

心理學研究顯示，人類的交流大部分來自非語言訊息，包括姿勢、儀態、距離遠近、眼神交流等。語言只是輔助工具，而非唯一的表達方式。

在正式談判、社交互動或個人對話中，身體語言往往比語言本身更具影響力，甚至決定了交流的成敗。

2. 身體語言比口頭語言更真實

我們可以選擇言詞來掩飾內心想法，卻很難偽裝身體語言。身體語言是下意識的本能反應，因此更容易透漏真實情感。例如：

- 說謊時眼神閃爍、不敢直視對方
- 不耐煩時雙手抱胸、身體後傾
- 感興趣時身體微微前傾、眼神專注

這些細微的動作，往往比語言更能反映一個人的內心狀態。

身體語言在溝通中的應用

1. 有效的身體語言能增強說服力

- 保持良好的眼神接觸 —— 傳遞信任與專注感
- 適度的手勢 —— 強調語意,使表達更有說服力
- 身體前傾 —— 表示對話題的興趣,增進互動效果

2. 適當使用身體語言,有助於談判與交流

哈佛大學商學院教授凱薩琳・麥克金（Kathleen McGinn）的研究發現:透過電子郵件進行的談判,約有50%以僵局告終。這是因為電子郵件無法傳遞身體語言與表情,使得雙方更難理解彼此的真正意圖。

相較於文字交流,面對面談判更能運用身體語言,例如:

- 點頭示意 —— 表示認同,促進合作氛圍
- 手掌向上攤開 —— 代表誠懇與開放,降低對方戒心
- 適度的微笑 —— 有助於緩解緊張,提升談判友好度

身體語言是人際溝通中不可或缺的部分,它不僅能夠增強語言的表達效果,還能揭露隱藏的情緒與真實想法。在談判、社交互動或職場交流中,善用身體語言,將能讓你的溝通更加順暢、有效!

記住,最有影響力的溝通,不只是「說什麼」,更是「如何表達」!

第三章　人際密碼──精準解讀情緒，讓溝通更順暢

語言並不是唯一的表達工具

在日常生活與人際互動中，語言並不是唯一的溝通工具。人的面部表情、手勢、眼神、姿態等身體語言，往往比言語更能傳遞真實的訊息。心理學研究顯示，人際交流中超過65%的訊息是透過身體語言完成的，這使得我們在與人溝通時，除了關注對方說了什麼，更應該留意他們的非語言表達。

全球共通的臉部表情

心理學家發現，無論文化背景如何，人類的基本面部表情都是共通的。這一觀點最早由達爾文提出，並在1970年代得到實證研究的支持。科學家透過實驗，向不同國家與文化背景的人展示相同的面部表情照片，結果發現，不論身處何地，人們都能正確辨識這些表情所代表的情緒，如快樂、驚訝、恐懼、憤怒、悲傷、厭惡等。這顯示，某些表情與情緒的聯繫並非後天習得，而是人類天生的神經系統反應。

身體語言比言語更真實

與語言相比，身體語言更難掩飾，因此在判斷一個人是否真誠時，非語言表達往往更具說服力。許多執法機構使用測謊技術，也是基於這一原理。例如，美國前總統柯林頓在「陸文斯基醜聞案」審理時，心理學家分析他的行為，發現他在回答問題時頻繁摸鼻子、清咳、避免目光接觸，這些都是典型的心理壓力反應，顯示他可能並未說出全部真相。一般人在撒

謊時，也可能無意識地做出咬指甲、頻繁眨眼、吞嚥口水等行為，這些細微動作往往比話語本身更具說服力。

身體語言如何影響人際關係

身體語言的運用不僅影響我們的社交能力，甚至會影響職場表現。國際職場禮儀專家曾分析一位年輕應徵者的面試情境，這位求職者在面試時，進入辦公室後隨意坐下，雙腿交叉晃動，雙手抱胸，給人一種過於隨便的感覺。結果，面試官還未開始提問，便已經對他的態度有所保留。這位應徵者並非沒有實力，而是因為身體語言給人留下了不夠專業的印象，最終錯失了機會。這也說明，無論我們的語言表達多麼出色，如果身體語言不合時宜，仍然可能影響人際互動的結果。

在衝突中運用身體語言

身體語言不僅影響日常溝通，在衝突化解中也能發揮關鍵作用。以夫妻間的爭執為例，一對夫妻為了週末要去男方家還是女方家而爭執不休，最終演變成激烈的口角，丈夫甚至憤怒地摔了茶杯。然而，當妻子難過地準備離開時，丈夫沒有立刻道歉，而是輕輕拉住她的手，然後抱住她不讓她走。這個動作讓妻子的情緒慢慢軟化，最終兩人和解。這類肢體接觸往往比言語更能傳遞安慰與歉意，對於不擅長表達內心情感的人來說，適當的身體語言能有效改善人際關係。

第三章　人際密碼—精準解讀情緒，讓溝通更順暢

如何正確運用身體語言

　　為了讓身體語言發揮正面影響，我們需要注意幾個關鍵點。首先，要避免過多無意義的小動作，例如摸頭髮、咬指甲、頻繁調整衣服，這些行為會讓人覺得緊張或缺乏自信。其次，應保持適當的眼神接觸，這能展現誠意與專注，但不宜過度盯視，以免讓對方感到壓迫。再者，在正式場合，如商務會議或面試時，應保持端正坐姿，避免過於隨意的姿勢，例如雙手抱胸、雙腿抖動等，這些動作可能會給人不夠尊重或缺乏專業的印象。

讓身體語言成為你的優勢

　　身體語言是我們日常溝通中不可忽視的要素，它能增強語言的表達效果，甚至在某些情境下，比言語更具影響力。透過學習觀察他人的肢體動作，我們可以更準確地理解對方的真實情緒；而透過調整自身的身體語言，我們也能在社交、職場甚至衝突處理中取得更好的結果。

　　有效運用身體語言，能讓我們的溝通更加流暢，讓人際關係更加和諧。在職場中，一個自信的站姿、一個穩定的眼神接觸，可能決定了面試的成敗；在人際互動中，適時的微笑與點頭，能拉近彼此的距離。當我們開始掌握這門「無聲的語言」，我們的溝通能力將會大幅提升，進而讓我們在生活與工作中更加順利。

見面次數效應：如何透過頻繁互動增進關係

記憶與重複的力量

美國著名教育家德曼博士在研究殘疾兒童的學習方式時，發現了一種獨特的識字方法。他的「德曼文字教育法」透過短時間內反覆顯示簡單的字詞，逐漸讓孩子記住字形並提高識字能力。這項發現證實了記憶的規律：相比一次長時間的學習，短時間的反覆接觸更能加深印象。

這種「重複曝光」的原理不僅適用於學習，也影響我們日常生活的方方面面。最明顯的例子就是廣告。沒有人會刻意去背廣告詞，但透過不斷重複播放，許多廣告語都能深植人心。例如，「Just Do It」（Nike）或「I'm lovin' it」（麥當勞），我們不自覺地記住了它們，甚至能夠隨口說出。

見面次數效應在人際交往中的作用

心理學研究顯示，人與人之間的關係往往取決於互動的頻率，而非單次接觸的時間長短。這就是「見面次數效應」，即短時間內頻繁的見面比長時間但偶爾的見面更能促進親密感。

試想，你有兩位關係相近的親戚，一位住在同一座城市，你們時常短暫相聚；另一位則遠居海外，每年回來一次，卻能待上一週。經過幾年，你會發現自己與經常見面的親戚關係更親近，因為多次見面讓彼此的熟悉度和親密感增加，而長時間不見的親戚則可能顯得有些陌生。

同樣的道理也適用於職場、友情與戀愛關係。長時間不聯繫的朋友，

即使曾經關係親密，也可能變得疏遠。因此，與其在某次聚會上投入大量時間，不如多安排幾次小型聚會，讓彼此的關係保持新鮮感。

透過見面次數效應提升影響力

許多成功的業務員都深諳這一心理學法則。想要說服某家公司的高層簽下合約，與其安排一次冗長的會談，不如多次短暫拜訪。例如，一名頂尖保險業務員不會在第一次見面時就拚命推銷，而是先讓對方熟悉自己的存在，透過數次簡短但有價值的接觸建立信任，最終成功簽約。

在職場中，與上司建立良好關係的關鍵，也在於頻繁的溝通。相比一次性向上司報告所有進展，不如定期向他簡短彙報。例如，當你完成一個階段性任務時，立即簡要告知上司；當遇到困難時，主動尋求建議；即使只是向上司分享一些行業資訊，也能讓你的存在感不斷累積，進而增加晉升機會。

多次短見面勝過一次長談

「見面次數效應」同樣適用於戀愛關係。研究顯示，與其安排一次冗長的約會，讓彼此因話題枯竭而尷尬，不如多次進行短暫但愉快的互動。例如，一名聰明的男性在追求女性時，不會一開始就試圖展開長時間的深談，而是分階段地與對方互動，每次留下美好印象，讓對方產生期待感。這種方法能夠讓關係發展得更加自然，進一步增加雙方的親密感。

頻繁互動勝過單次深入交流

無論是職場、友情還是戀愛，頻繁的見面比單次深入的接觸更能促進關係。見面次數效應告訴我們，透過短時間內的多次互動，可以有效縮短心理距離，讓彼此更加熟悉與信任。因此，想要在社交生活中建立更牢固的關係，不妨主動創造見面的機會，讓自己成為對方生活中不可或缺的一部分。

交往適度效應：如何拿捏關係中的「剛剛好」

適度的關懷才是長久之道

在社交互動中，人們往往希望透過付出來獲得他人的好感和回報。然而，心理學研究發現，過度的付出不僅無法促進關係，反而可能帶來負面影響。這種現象被稱為「交往適度效應」，即在人際交往中，適量的付出比無條件的投入更能維持良好的關係。

有些人認為，只要對別人足夠好，對方自然會同樣回報。然而，這樣的思維忽略了一個重要因素——人際關係是一種「社會交換」，過度的好意可能讓對方產生心理負擔，甚至選擇疏遠。適度的互動才能維持關係的平衡，確保彼此都能獲得滿足感。

過度付出的三大隱患

1. 讓對方感到負擔,反而選擇疏遠

心理學家霍曼斯提出「社會交換理論」,認為人際關係本質上是一種交換,人們希望自己在關係中獲得的價值與付出的相當。如果一方付出太多,而另一方卻沒有機會回報,這種失衡可能導致對方感到內疚,最終選擇保持距離。

例如,在職場上,假設你總是主動幫助同事完成工作,而對方卻無法回報你的好意,久而久之,他可能會開始避免與你接觸,因為這種關係讓他感到壓力。適度給予對方機會回報,讓關係維持在平衡狀態,才是長久之計。

2. 長期的無條件付出,容易讓對方習以為常

俗話說:「一斗米養個恩人,一石米養個仇人。」適度的幫助能讓人心存感激,但過度的善意卻可能導致對方麻木,甚至產生依賴或不滿。這種現象在家庭、職場甚至親密關係中都時有發生。

例如,父母對孩子過度溺愛,無微不至地照顧孩子的生活起居,長此以往,孩子會把這種關懷視為理所當然,缺乏獨立性。一旦父母無法滿足他們的需求,孩子反而會埋怨父母「變了」,甚至對父母的不滿多於感激。

同樣,在婚姻中,某些伴侶對另一半百依百順,事事遷就,結果往往適得其反。對方可能會覺得這份愛是理所當然的,甚至開始忽視你的感受。適度地表達自己的需求,讓對方也有機會付出,才能讓關係更為穩定。

3. 過於仁慈，可能會被人利用

在現實生活中，並非所有人都值得無條件的善待。如果一個人總是對他人過於慷慨，而不設立界限，可能會被有心人士視為「軟柿子」，甚至遭到利用。這一點在職場和人際關係中尤為明顯。

例如，一位公司主管如果一開始對員工過於寬容，給予過高的薪資或過多的福利，那麼當公司業績下滑需要調整薪資時，員工很可能會心生不滿，甚至產生敵對情緒。相比之下，若一開始就建立合理的規則和獎懲機制，反而能讓團隊更穩定。

這也適用於領導者的管理風格。成功的領導者往往懂得恩威並施，既能展現親和力，也能在必要時保持威嚴。若領導者總是對下屬過於仁慈，容易讓員工缺乏敬畏，甚至開始挑戰管理權威。因此，適度的強勢與堅定，反而能贏得更多尊重。

如何拿捏交往的「適度」？

1. 避免「一次做盡」的錯誤

在建立關係時，很多人容易犯的錯是「好事一次做盡」，試圖透過一次性的巨大付出來換取對方的認可。然而，這樣的做法可能導致對方短時間內獲得滿足，卻無法維持長期的吸引力。

更有效的方法是「適度施恩」，逐步建立信任和親密感。例如，在友情中，與其一次性給朋友提供過多的幫助，不如在不同時間點提供適量的支持，讓這段關係長期保持互惠互利的平衡。

2. 學會適時索取，維持互惠原則

良好的人際關係是雙向的，不能只有一方單方面付出。適時地向對方提出需求，讓彼此都能參與到關係的維繫中，反而能讓感情更穩定。例如，在戀愛關係中，若一方總是無條件地遷就另一方，最終可能導致對方失去新鮮感，甚至開始忽視這段關係。

適當地表達自己的需求，例如希望對方能在你需要幫助時主動關心你，或要求對方在關係中也有所付出，這樣能讓雙方的感情更加穩定。

3. 設立界限，學會適當拒絕

懂得說「不」，是維持良好人際關係的重要技巧。如果一個人對所有請求都來者不拒，不僅容易讓自己身心俱疲，也會讓別人對你的付出變得習以為常。

學會設立界限，例如在職場上，當同事請求幫忙時，若這份工作已經超出你的責任範圍，不妨禮貌地拒絕，或者引導對方尋求更合適的解決方案。這樣不僅能保護自己，還能讓對方理解你的價值和底線。

4. 適度的關懷，才是關係長久的祕訣

「適度」是一門藝術，在人際交往中過度付出不一定能換來對等的回報，反而可能帶來負面影響。無論是友情、愛情，還是職場關係，都應該遵循「適度原則」，讓彼此的互動保持平衡。適時給予、適時索取，才能確保這段關係不會因為一方的無私付出而變得失衡。

當我們學會拿捏關係的尺度，適當地施予與索取，建立健康的界限，

那麼我們的人際關係將會變得更加和諧、穩固，也能讓自己在人際互動中更具吸引力與影響力。

比馬龍效應：期待如何影響人的表現

什麼是比馬龍效應

比馬龍效應（Pygmalion Effect）是一種心理現象，指的是當一個人被賦予高度期望時，他往往會努力達到這種期望，從而表現得更好。這個效應的名稱源自於古希臘神話中的比馬龍王子。比馬龍是一位才華橫溢的雕刻家，他用象牙雕刻了一位美麗的少女，並深深愛上了自己的作品。他虔誠地向神祈禱，希望雕像能夠變成真人，最終，天神被他的誠心感動，讓雕像變成了一位真正的女子。

這個故事寓意著熱切的期望能夠改變現實。在心理學中，研究者發現，人們對他人的期望會在潛移默化中影響對方的行為，使其朝著被期待的方向發展。這種心理現象在教育、職場、家庭等多個領域都有顯著的影響。

經典心理學實驗：教師的期待如何改變學生表現

為了驗證比馬龍效應，心理學家羅森塔爾（Robert Rosenthal）和雅各布森（Lenore Jacobson）在一所小學進行了一項著名的實驗。他們讓學生接受了一次所謂的「智力發展測驗」，然後隨機選取20%的學生，告訴老師這些學生是「最有潛力的未來之星」。

幾個月後，研究人員再次測試學生的學習表現，結果發現，這些「被選中」的學生在成績、學習態度和自信心方面都有顯著的提升。事實上，這些學生並沒有比其他同學更聰明，但由於老師對他們抱有更高的期待，無形中改變了對待他們的方式，例如給予更多的鼓勵、提供更多的機會，從而促進了他們的成長。這項實驗證明，正向的期待可以影響一個人的自我認知和行為，促使他朝更好的方向發展。

人際關係中的比馬龍效應

比馬龍效應不僅適用於教育領域，也廣泛影響著職場、家庭和人際交往。當一個人被賦予信任和期望時，他往往會努力證明自己值得這份信任。相反，如果一個人長期被低估，他的行為可能會逐漸符合這種負面的期待，導致表現下降。

1. 家庭教育中的比馬龍效應

在孩子的成長過程中，家長的期待對他們的發展有著深遠的影響。如果家長總是告訴孩子「你很聰明，你一定能做到」，孩子就更有可能在學業和生活中努力表現，證明自己符合這樣的描述。

有一位父親在女兒參加大學入學考試時，輕輕握住她的手，鼓勵地說：「我知道你已經準備得很好了，我相信你一定能考出好成績。」這句話讓女兒原本緊張的情緒瞬間放鬆，她帶著自信進入考場，最終取得了優異的成績。這種正向的心理暗示，能夠極大地增強孩子的自信心，使他們更有動力去追求成功。

相反，如果家長總是對孩子說「你怎麼這麼笨」、「你肯定考不好」，孩

子就可能因為害怕失敗而產生焦慮,甚至真的表現不佳。負面的期待會像自我實現的預言一樣,讓孩子陷入低自尊的惡性循環。

2. 職場管理中的比馬龍效應

比馬龍效應在企業管理中也發揮著重要作用。優秀的領導者懂得如何運用這種效應來激勵員工,幫助他們發揮潛力。

例如,谷歌(Google)和微軟(Microsoft)等企業在管理員工時,經常強調「我們相信你能勝任這份工作」,並給予員工足夠的自主權和挑戰機會。這種信任與期待,讓員工更有責任感,並且願意全力以赴,以證明自己配得上這份信任。

相反,如果管理者總是懷疑員工的能力,認為「這個人做不好」、「他不值得被重用」,那麼即便員工本身具備能力,也可能因為缺乏信心而無法發揮潛力。優秀的管理者會透過正向的鼓勵來提升團隊的整體表現,而不是透過負面的指責來削弱員工的信心。

3. 夫妻關係中的比馬龍效應

比馬龍效應在親密關係中也有奇妙的影響。一段關係中,伴侶對彼此的期待與信任,往往能夠改變對方的行為模式。

例如,一位丈夫剛結婚時發現妻子不會做飯,但他並沒有抱怨,而是巧妙地運用了比馬龍效應。他對妻子說:「親愛的,你做的菜一定很好吃,我今天很期待!」即便最初妻子的廚藝並不精湛,但因為丈夫的肯定與鼓勵,她開始認真學習,並逐漸變成了一位出色的廚師。

這種方法遠比指責對方更有效。相反,如果一方總是貶低對方,例如

「你這麼笨，怎麼可能學會做飯」，那麼對方就更不會有動力去學習，甚至會開始抗拒這件事。

如何運用比馬龍效應提升自己和他人

1. 給予正向的期望與鼓勵

不論是面對孩子、同事、朋友還是伴侶，請記得用正向的語言來表達你的期待，例如：「我相信你一定能做到」、「我知道你很有潛力」，而不是負面的評價。

2. 相信他人並表現出信任

如果你是一名領導者，請相信你的團隊能夠勝任工作，並且在行為上展現你的信任，例如給予挑戰性的任務，而不是處處懷疑他們的能力。

3. 創造正面的環境

學校、家庭和職場的氛圍，會影響個人的信心與表現。創造一個充滿鼓勵、支持與正向反饋的環境，能夠讓人們更願意發揮潛力。

用期待塑造更好的未來

比馬龍效應提醒我們，正向的期待能夠改變一個人的行為與成就。無論是在教育、職場還是人際關係中，合理運用這種心理效應，都能夠激發潛力、增強信心，讓彼此的成長與進步變得更加順利。當我們學會用信任

與肯定的眼光看待自己和他人，我們就能夠創造更美好的人生，也能夠讓身邊的人變得更加優秀。

情緒感染效應：你的情緒如何影響他人

什麼是情緒感染效應

美國夏威夷大學心理學教授埃萊妮・哈特菲爾德（Elaine Hatfield）和她的同事發現，喜怒哀樂等各種情緒可以在極短時間內從一個人「感染」給另一個人，甚至快到超過一眨眼的功夫，而當事人可能完全沒有察覺。

研究顯示，情緒的感染是一種基本的本能。在人們交談時，每個人下意識地都會模仿對方的面部表情、肢體動作、語調以及說話節奏。芝加哥大學社會神經科學教授約翰・凱西奧普（John Cacioppo）解釋道：「一個人的面部表情越真誠，表達能力越強，就越容易吸引他人去模仿。人類的面部和體內肌肉會在無意識的情況下被啟動，你還沒有察覺時，就已經開始模仿對方的情緒了。」

為了驗證這一點，研究人員進行了一項實驗。他們讓志願者快速觀看一些帶有歡樂或憤怒表情的圖片，僅僅 30 毫秒後，再讓他們觀看中立表情的圖片。結果顯示，志願者的臉部表情開始無意識地模仿之前看到的情緒，這表明，人類的大腦會自動啟動情緒模仿的機制，即便我們自己並不知情。

第三章 人際密碼—精準解讀情緒，讓溝通更順暢

日常情緒感染效應

情緒感染效應不僅存在於實驗室裡，更影響著我們的日常生活。從嬰兒到成人，從家庭到職場，人們的情緒時刻在互相傳遞。

1. 家庭中的情緒感染

即使是嬰兒，也會受到母親情緒的影響。如果母親心情愉快，嬰兒就會感到安心，睡得更香；但如果母親焦慮或煩躁，嬰兒往往也會變得不安，甚至哭鬧不止。這說明，情緒的感染力是與生俱來的。

在親密關係中，例如伴侶或家人之間，情緒的影響更加明顯。如果家中的某個成員經常帶著負面情緒回家，整個家庭的氛圍也會變得沉重。例如，夫妻間如果一方下班後總是帶著疲憊和不滿回家，另一方可能也會被影響，導致爭吵增加，家庭和諧度降低。相反，如果一個人總是帶著笑容、熱情地迎接家人，家中的情緒也會變得更積極。

2. 職場中的情緒感染

研究顯示，團隊的工作效率和領導者的情緒密切相關。如果一個團隊的主管經常展現正面的情緒，例如鼓勵、幽默和自信，團隊成員通常會受到感染，變得更有動力、創造力和合作精神。反之，如果主管經常帶著憂慮、焦慮或憤怒來上班，整個團隊的士氣可能會大幅下降，甚至影響工作效率。

你是否曾經遇過這樣的辦公室情境？早上，大家陸續進來，彼此問好，氣氛愉快。然而，當某位同事一臉不悅地走進來，坐下來後一聲不吭，整個辦公室的氣氛瞬間變得沉悶。原本開朗的對話戛然而止，人們的情緒開

始受到影響,變得不自在甚至低落。這就是情緒感染的典型案例。

在職場中,學會控制和管理自己的情緒,避免將負面情緒傳遞給同事,是維護良好人際關係的重要能力。同樣,如果你希望團隊更有活力,可以從自身做起,主動傳遞正向的情緒,影響身邊的同事。

3. 社交中的情緒感染

情緒感染效應也會影響我們的社交生活。一個人如果總是充滿正能量,身邊的人也會受到感染,願意與他接觸、互動。

英國的研究人員發現,人的笑聲具有極強的感染力,因為人類的大腦是具有社交性的。如果有人開始笑,其他人很可能會不自覺地跟著笑。科學家進一步進行了一項實驗,讓志願者聆聽不同的聲音,包括歡樂的笑聲和悲傷的嘆息聲。透過核磁共振掃描發現,當志願者聽到笑聲時,大腦中的「鏡像神經元」會被激活,促使他們也想笑。這表明,笑聲不僅僅是情緒的表現,更是一種強烈的社交信號。

這也解釋了為什麼在觀看足球比賽、演唱會或舞臺劇時,群體情緒會高度一致。當人群中的一些人興奮或歡呼時,這種情緒會迅速感染周圍的人,形成集體性的熱情氛圍。

如何運用情緒感染效應影響他人

既然情緒可以相互傳染,我們可以利用這種效應來改善人際關係、提升團隊氛圍和塑造正向的生活態度。

1. 成為正向情緒的傳遞者

試著每天微笑面對他人，無論是家人、朋友還是同事。當你微笑時，對方往往會不自覺地回應你的微笑，這樣能有效拉近彼此的距離，營造愉悅的氛圍。

2. 避免讓負面情緒影響他人

當你心情不佳時，可以選擇獨處、運動、寫日記或與親密的朋友傾訴，而不是無意識地將情緒發洩到身邊的人身上。這不僅能夠減少不必要的衝突，也有助於自己調適情緒。

3. 在團隊中營造正面氛圍

如果你是團隊領導者，可以透過鼓勵、讚美和積極的行動來影響團隊成員。例如，開會時以輕鬆幽默的方式開場，能夠迅速提升團隊的氣氛，提高士氣和工作效率。

4. 避免被負面情緒影響

如果你身處一個負能量較多的環境，可以透過深呼吸、短暫離開現場或轉移注意力來減少影響。與積極的人相處，也能幫助你減少負面情緒的侵蝕。

用情緒感染力創造美好生活

情緒感染效應提醒我們，情緒不僅僅是個人的感受，更是影響他人和環境的重要因素。我們可以選擇成為正向情緒的傳遞者，用笑容、熱情和正向態度影響身邊的人，讓生活變得更加美好。

無論是在家庭、職場還是社交場合，學會管理和運用情緒感染效應，不僅能改善人際關係，也能提升個人的幸福感。從今天開始，試著用你的笑容和熱情，去感染更多的人，讓世界變得更美好。

社會角色效應：如何在不同情境中扮演合適的角色

什麼是社會角色效應？

在幼兒園時，我們經常玩角色扮演遊戲，透過模仿父母、醫生或老師的行為，學習如何關心他人、展現責任感與同理心。這些遊戲不僅是兒童的娛樂方式，更是對未來社會角色的一種初步體驗。

社會心理學中，「角色」指的是一個人在特定的社會環境中所扮演的身分，以及這個身分所賦予的行為模式。簡單來說，社會角色決定了一個人在不同情境下應該如何言行舉止。例如，作為教師，要展現專業與耐心；作為父母，要關愛並教育孩子；作為領導者，需要決策果斷且富有影響力。當個人能夠根據自身的角色做出適當的行為時，社會機制才能順利運作，這種現象被稱為「社會角色效應」。

■ 第三章　人際密碼—精準解讀情緒，讓溝通更順暢

人際交往中的社會角色效應

在人際互動中，每個人都在不斷地切換自己的角色。無論是在家庭、職場還是社交場合，我們都需要根據自己的身分來調整行為方式。如果不顧情境、不分場合地行事，可能會對人際關係造成負面影響。

1. 在職場上，忽略角色定位可能會影響職涯發展

職場是一個高度講求階層與分工的環境，清楚自己的角色並遵守相應的行為準則，是成功的關鍵。以下是一個典型的案例：

阿肯在一家國際貿易公司擔任業務員，英語流利，經常在與外商洽談時表現出色。然而，他的頂頭上司──業務經理，雖然經驗豐富，但在語言能力和談判技巧上略遜一籌。

一次，在與外商的晚宴上，阿肯全程主導對話，頻頻舉杯交談，把上司晾在一旁。當晚結束時，他甚至搶在上司前面與外商握手告別。沒過幾天，公司便將他調到較次要的部門。後來阿肯才得知，上司向高層反映他「不懂職場規則」，影響了團隊合作。

事後他才明白，自己忽略了角色定位──作為業務員，他應該輔助經理，而不是搶風頭。適時地讓上司在關鍵時刻發言，才能展現專業與尊重。這場經驗讓他學會了在職場中適當拿捏分寸，避免「越位」。

2. 社會角色會影響人的心理與行為

你是否曾經遇過這樣的情況：某位朋友在事業成功後，態度變得冷漠，甚至開始與舊識保持距離？這可能與「社會角色影響心理行為」的現象有關。

當一個人獲得更高的社會地位時，他的權利、責任與外界的期待都會

發生變化。這種變化可能讓他無意識地調整自己的行為模式，例如變得更有自信，或在決策時更獨斷。但如果這種轉變過於極端，就可能導致人際關係的疏遠。

理解這一點後，我們在評價別人的行為時，可以更理性地分析，而不只是單純地認為對方「變了」。同時，當我們自己角色發生變化時，也應該調整心態，避免因身分變遷而對舊友產生距離感。

3. 不同角色需要適時轉換

每個人都同時擁有多重社會角色。在家庭中，我們可能是父母、子女或伴侶；在職場上，我們是員工、主管或創業者。在不同環境下，我們需要學會適應角色的轉換，以維持人際關係的和諧。

舉例來說，一位公司高層回到家中後，若仍然用命令式的語氣對待伴侶或孩子，可能會引發家庭衝突。相反地，在家時放下職場的權威角色，展現親和與體貼，能夠讓家人感到被尊重，維持良好的家庭氛圍。

如何運用社會角色效應提升人際關係

既然社會角色影響我們的行為與人際關係，我們可以透過以下方式來妥善運用這種效應：

1. 清楚自己的角色定位

在任何情境中，都要先釐清自己當下的角色。例如，當你是部門主管時，應該展現領導力；當你是朋友時，則應該展現親和力。這種清晰的角色意識能讓你在不同場合做出恰當的行為。

2. 尊重他人的角色

每個人都有自己的社會角色，因此要學會尊重別人的角色。例如，作為員工，要尊重上司的決策權；作為子女，要尊重父母的經驗與建議。當我們尊重他人的角色時，也更容易獲得對方的尊重。

3. 學會適時轉換角色

在不同環境下，要能夠靈活轉換角色。例如，在職場上是主管，但回到家後，就應該放下領導者的姿態，以伴侶或父母的角色與家人相處。這樣能夠避免角色錯位，減少不必要的衝突。

4. 不讓社會角色影響本質

雖然角色會影響人的行為，但我們應該避免因角色變化而喪失自己的本質。例如，晉升後雖然需要展現領導風範，但仍然可以保持謙遜與尊重，而不是變得過於傲慢。

演好自己的角色，創造更好的未來

人生如戲，我們每個人都在社會這個大舞臺上扮演著不同的角色。然而，真正的人生不像戲劇，可以重來一遍，因此我們應該珍惜每一次機會，努力扮演好自己的角色。

無論是在家庭、職場還是社交圈，清楚自己的角色定位，學會適時轉換身分，尊重他人的角色，才能在人際關係中取得成功。同時，我們也應該保持內心的真誠，不因社會地位的變化而迷失自己。

當我們能夠恰當地運用社會角色效應，不僅能夠讓自己更加適應不同的環境，也能讓人際關係更加融洽，為自己的人生開創更美好的未來。

自我寬恕效應：我們如何為自己的錯誤找藉口

什麼是自我寬恕效應

如果問一個人：「你覺得自己是壞人嗎？」大多數人的答案都是否定的，即使曾做過不好的事情，也總能為自己找到理由。這種心理現象在心理學上被稱為「自我寬恕效應」，即人們傾向於原諒自己的過失，並為自己的行為合理化，以減少內疚感或心理壓力。

人際交往中的自我寬恕效應

在日常生活中，我們經常能看到自我寬恕效應的例子。例如：

- 企業主對員工吝嗇，但認為：「這家公司是我創辦的，我不裁員就不錯了。」
- 打人者辯解：「誰讓他先罵我！」
- 罵人者找藉口：「是他踩了我的腳卻不道歉！」
- 夫妻吵架，雙方都認為自己付出的比較多，對方比較自私。

甚至連罪犯也會用這種方式來為自己開脫。一些犯罪者認為，自己只是「為了生存」或「對抗不公正的社會」才會犯案。有人偷竊，會說：「反正偷的是公家的，不影響個人。」有人搶劫富人，會說：「有錢人不一定都

是靠正當手段賺錢的。」這些想法都是自我寬恕效應的典型表現。

這種心理根植於人性之中，我們總是更容易看到別人的錯誤，而忽略自己的問題。正如俗話說：「自己有錯看不見，別人有錯放大鏡。」

認識錯誤，才能真正成長

人非聖賢，孰能無過。無論是在職場、學業或生活中，我們難免會犯錯。然而，關鍵不在於是否犯錯，而在於能否認識錯誤、承擔責任並加以改正。

歷史上，許多成大事者都具有善於反省的特點。例如，劉邦與曹操因能接受諫言，改正錯誤，最終成就霸業。而項羽則無法面對自己的失敗，最終在烏江自刎，仍歸咎於「天亡我」。這些例子說明，願意承認錯誤並加以改進，才是成長與成功的關鍵。

在職場上，若總是犯同樣的錯，主管不僅不會升遷你，甚至可能會讓你離開公司。如果你能主動承認錯誤並改進，則不僅能獲得信任，還能讓自己更加成熟。

如何克服自我寬恕效應，勇敢面對錯誤

學會自我反省

孔子說：「吾日三省吾身。」養成自我反省的習慣，才能避免重蹈覆轍。例如，每天晚上回顧一天的言行，思考自己在哪些地方可以做得更好。

接受他人的指正

許多人不喜歡被指責，但事實上，能夠勇敢指出你錯誤的人，才是真正的朋友。當有人提醒我們時，不要本能地辯解，而是應該虛心接受，這樣才能進步。

換位思考，從不同角度看問題

有時候，我們陷入「習慣性視角」，只看到自己的立場，而無法察覺自己的錯誤。例如，在工作中，如果你的主管或同事指出問題，你應該試著站在他們的角度思考，而不是立即反駁。

勇於承認錯誤，並迅速改正

犯錯後，最明智的做法是立即承認並尋找補救方法。例如，如果在工作中出現失誤，應主動向主管彙報並提出解決方案，而不是推卸責任。這樣的態度不僅能減少負面影響，還能贏得上級的信任。

認錯不等於示弱，反而能贏得尊重

許多人認為承認錯誤會讓自己顯得無能或示弱，事實上，承認錯誤是一種智慧與勇氣的展現。在人際關係中，坦誠認錯能夠化解矛盾，甚至讓人對你刮目相看。例如：

- 歷史上的偉人如漢武帝、康熙都曾公開「罪己詔」，承認自己的過失，從而獲得民心。
- 企業領導者若能在決策失誤時坦誠面對，員工會更願意信任與支持他。

- 家庭關係中，夫妻或親子間若能夠勇敢道歉，往往能促進彼此的理解與感情。

自我寬恕與人際溝通的巧妙應用

雖然我們應該勇於認錯，但在某些場合，也可以巧妙地運用「先自責」的策略，以降低對方的敵意。例如：

- 當你有求於對方時，可以先說：「我知道這樣可能會打擾你，但……」這樣能讓對方更容易接受你的請求。
- 當你可能被指責時，可以先承認：「我知道這件事是我的疏忽，我會努力改進。」這樣對方就不會再過度指責你。

這種技巧利用了心理學中的「先發制人效應」，當一個人發現對方已經承認錯誤，通常會減少指責，甚至可能對對方產生好感。

真正的成長來自勇於承認錯誤

自我寬恕是人的本能，但若過度使用，就可能讓我們失去成長的機會。真正的強者，並不是從不犯錯，而是能夠正視錯誤、改正錯誤，並從中學習。

在人生的道路上，若能擺脫「自我寬恕效應」，勇敢面對缺點與錯誤，不僅能讓自己進步，也能贏得他人的尊重與信任。承認錯誤並不可恥，真正可怕的是明知有錯，卻選擇逃避。

讓我們從今天開始，學會誠實面對自己，在錯誤中學習與成長，讓每一次失敗都成為通往成功的墊腳石。

■ 拔高自己效應：為何我們總覺得自己比別人優秀

什麼是拔高自己效應

你是否曾經覺得自己比大多數人更聰明、更善良、更有才華？這種心理現象在心理學上被稱為「拔高自己效應」（Self-Enhancement Bias），指的是人們傾向於高估自己的優點，低估自己的缺點，以維護自尊與自信。

美國哥倫比亞大學心理學家霍林沃斯曾進行了一項研究，讓大學生們對自己與同學進行評價，包括文雅、幽默、聰明、善於交際等 9 種特質。結果發現，受試者對自己正面特質的評價普遍高於他人的評價，而對負面特質的評價則低於他人評價。換句話說，我們通常認為自己比實際上更優秀，而忽視自己的缺點。

這種心理效應不僅影響個人認知，也在社交、職場與學業表現中產生深遠影響。

人際交往中的拔高自己效應

自我評價是個人成長的重要基礎，它影響著一個人的自信心與人際關係。然而，如果過於高估自己，則可能導致盲目樂觀，甚至錯誤決策。美國心理學家柯裡指出：「如果一個人總是高估自己的能力，他將變得自負、自以為是，難以接受批評，進而影響人際關係與職場發展。」

拔高自己效應的影響可以從以下幾個方面來看：

第三章 人際密碼—精準解讀情緒，讓溝通更順暢

1. 影響職場發展：過度自信反而阻礙進步

許多人在職場中常有「我是最聰明的，老闆應該重用我」的想法，但若沒有真才實學，這種錯誤的自我認知可能導致錯失成長機會。

例如，一位年輕的業務員阿傑，在與上司及客戶開會時，頻頻插話，試圖表現自己的專業能力，甚至在上司總結時搶先發言，以為這樣能展現自己的領導力。然而，客戶與同事卻認為他缺乏團隊精神，甚至影響了專案合作的氛圍。最終，阿傑因為「搶風頭」而被調職，才意識到自己的行為影響了職場人際關係。

這個例子說明，高估自己可能會讓我們在無意間忽略他人的感受，導致人際關係受損，甚至影響職場晉升機會。

2. 影響學習與個人成長：過度自滿讓人停滯不前

自我評價過高的人，往往對自己的能力有過度自信，導致學習態度懶散，忽略自我提升的重要性。例如，有些學生認為自己已經掌握了某門學科的所有知識，因此不願再努力學習，最終在考試或實戰中發現自己與真正的專家仍有很大差距。

有研究發現，在測試中，表現最差的學生通常對自己的成績評估最樂觀，而真正的高分學生則更能正確地評估自己的表現，並不會輕易自滿。這說明，高估自己可能會讓我們錯失學習與成長的機會。

3. 影響人際關係：自我感覺良好可能疏遠朋友

在人際交往中，若總是認為自己比別人優秀，可能會讓周圍的人感到壓力，甚至產生距離感。

例如，一些人喜歡在社交場合不斷強調自己的成功經歷，或者總是貶低他人的選擇與觀點，這可能讓朋友或同事感到不舒服，甚至選擇疏遠他們。

如何避免拔高自己效應，建立正確的自我評價

1. 透過「比較法」來認識自己

適當地與他人比較可以幫助我們更客觀地評估自己，但關鍵是要選擇合適的比較對象。如果總是與比自己能力低的人比較，容易產生錯誤的優越感；相反，如果拿自己的缺點與他人的優點比較，則可能過度貶低自己。因此，應選擇與自己條件相近的人進行合理比較，從而更準確地評估自己的長處與不足。

2. 透過「自省法」進行內在反思

孔子說：「吾日三省吾身。」透過定期反思，我們可以更清楚地了解自己的行為模式與成長空間。例如，每天睡前問自己：今天有哪些事情做得好？有哪些可以改進的地方？這種習慣有助於我們保持謙遜，並不斷提升自己。

3. 透過「他人評價法」獲取外部反饋

我們對自己的評價往往帶有偏見，因此，應重視他人對自己的看法。例如，向值得信賴的朋友、同事或導師請教，詢問他們對自己的優缺點評價，並且用開放的心態接受建議，而非立刻辯解或否認。

4. 透過「經歷法」從成功與失敗中學習

真正認識自己，往往來自於實踐與經歷。當我們在工作或學習中獲得成功時，不應驕傲自滿，而應思考是哪些因素促成了成功，未來如何進一步提升。同樣地，當遭遇挫折時，不應過度沮喪，而應從中學習經驗，以避免重蹈覆轍。

5. 透過「二分法」平衡自信與謙虛

認識自己並不意味著過度謙遜，也不應該盲目自信，而是要在「知道自己擅長什麼」與「了解自己的不足」之間找到平衡。例如，在職場上，我們應該對自己的專業能力有信心，但同時也要虛心接受他人的建議，保持學習的心態。

建立真實的自我認知，才能走得更遠

拔高自己效應是人類的天性，它讓我們感覺良好，維護自尊，但若過度高估自己，可能會導致錯誤決策、人際關係緊張，甚至阻礙成長。真正聰明的人，不是盲目相信自己的優越感，而是能夠理性地認識自己，承認優點的同時，也能坦然面對自己的缺點與不足。

人生的成功，不僅來自於才能與努力，更來自於對自我的正確認識。當我們能夠誠實地評估自己，並不斷學習與成長，才有機會發揮真正的潛力，走向更遠大的目標。

時尚效應：我們為何總是追逐流行

什麼是時尚效應

從潮流服飾到社群用語，從生活方式到娛樂文化，時尚無處不在。心理學上，「時尚效應」指的是人們受到群體影響，趨向於模仿並追隨流行趨勢的心理現象。這種現象不僅影響個人的選擇，甚至能塑造整個社會的價值觀。

社會心理學家指出，生活在群體中的個人幾乎無法完全擺脫時尚的影響。當一種趨勢開始流行，便會產生「群體感染」效應，使得越來越多人參與其中，形成「一窩蜂」現象。例如，某種風格的服裝一旦被明星穿上，粉絲與大眾便紛紛效仿，迅速掀起時尚浪潮。

然而，時尚不僅存在於外表和消費行為，還滲透到我們的語言、行為方式甚至思維模式。例如，社交媒體上的流行語、熱門話題，甚至「斷捨離」、「極簡生活」這類觀念，都是時尚效應的體現。

人際交往中的時尚效應

時尚效應影響人際互動的方式，使得社會上的許多行為變成流行趨勢。從餐飲文化到職場禮儀，甚至送禮的方式都會受到時尚的影響。例如，過去人們探望親友時多會帶水果或點心，而現在送鮮花或手工禮盒變得更為流行。

心理學家認為，人們追求時尚的動機通常來自以下幾個心理需求：

1. 求新求變：人類天生渴望新鮮感

人類對新奇事物具有天然的好奇心，長時間處於一成不變的環境容易感到枯燥。因此，時尚提供了新的刺激，使人們保持對生活的興趣。例如，每年流行色的變化、新款科技產品的推出，都滿足了人們對「新」的渴望。

2. 從眾心理：追隨大多數以獲取安全感

心理學研究顯示，個體往往會傾向於跟隨大多數人的選擇，以獲取社會認同感。這就是「從眾效應」，也是時尚效應的核心。例如，當社群媒體上掀起某種穿搭潮流，即便有些人一開始並不喜歡，最後仍會跟隨趨勢，以避免顯得格格不入。

3. 自我防禦與社會地位展示

一些人透過時尚來掩飾自身的不安或劣勢感。例如，某些人可能認為擁有名牌包代表社會地位，於是即使經濟壓力大，仍願意投入高額消費，以獲得外界的認同感。此外，一些年輕人會透過特殊的打扮來展示個性，藉此區別自己與他人。

時尚的興衰規律

時尚並非永久不變，而是循環流轉的。心理學家發現，時尚通常會經歷以下幾個階段：

- **先驅者**：最早嘗試新潮流的人，通常具有較強的經濟能力和冒險精神，例如明星或時尚達人。

時尚效應：我們為何總是追逐流行

- **早期採用者**：敏銳觀察趨勢並迅速跟進的人，他們往往是輿論的帶動者，影響身邊人追隨時尚。
- **前期追隨者**：較為謹慎，但當潮流趨勢明顯時，便會積極投入。
- **後期追隨者**：當時尚已成為主流，大多數人才開始接受，例如許多中年人學習使用社交媒體。
- **落伍者**：始終抗拒變化，不願接受新趨勢的人。

值得注意的是，某些時尚會在多年後捲土重來。例如，近年來 90 年代的「復古風」再度流行，喇叭褲、老爹鞋等單品回歸市場，證明了時尚的循環性。

如何面對時尚效應？

在這個變化迅速的時代，我們應該如何應對時尚的影響？

1. 適度跟隨，不盲目追逐

時尚可以讓生活更有趣，但過度追求可能導致盲目消費或失去個人風格。例如，每年換最新款手機，或購買大量跟風商品，最終可能發現這些物品並不符合自己的需求。因此，在追隨潮流時，我們應該先考慮自己的實際需求，而非單純因為「大家都在用」。

2. 保持個人特色，避免成為「複製人」

時尚應該是展現個性的工具，而不是讓每個人變得千篇一律。例如，在穿搭上，即便流行某種顏色，也可以根據自己的膚色與風格進行調整，而非完全照搬時尚雜誌的推薦。

3. 分辨短暫流行與長期趨勢

有些時尚來去匆匆，有些則會成為長期趨勢。例如，社交媒體的興起改變了人們的溝通方式，這是一種不可逆轉的變革；但某些網紅食品或流行語，則可能在短時間內就被淘汰。因此，在選擇跟隨時尚時，應該思考這是否能帶來長遠的價值，而不只是短暫的熱潮。

4. 培養時尚敏感度，理解趨勢變化

無論是在職場還是個人發展中，了解時尚與趨勢變化都能帶來優勢。例如，企業在產品設計與行銷策略上，需要洞察消費者的需求變化；個人在社交場合，適當地展現與時俱進的形象，也有助於建立良好的人際關係。

適應時代變遷，保持獨立思考

時尚效應影響著我們的消費選擇、人際關係與生活方式。適度追隨時尚能讓我們與時俱進，避免落伍，但若過度盲從，則可能失去自我認同。因此，我們應學會在潮流與個性之間取得平衡，既能理解社會趨勢，也能保持自己的風格與價值觀。

真正的時尚，不是盲目跟隨，而是懂得選擇適合自己的風格，並在變遷中找到自己的定位。

皮膚飢餓效應：我們為何需要擁抱與觸碰

什麼是皮膚飢餓效應

「皮膚飢餓」(Skin Hunger)是一種心理現象，指的是個體由於缺乏身體接觸（如擁抱、撫摸、牽手等）而產生的心理與生理需求。如果在嬰幼兒時期缺乏足夠的肌膚接觸，個體在成長過程中可能會發展出對愛與關懷的強烈渴望，甚至影響其情感表達與人際關係。

這一概念不僅適用於嬰幼兒，也影響著成年人。在現代社會，隨著生活方式的變遷，人與人之間的肢體接觸減少，導致許多人在不自覺中出現「皮膚飢餓」的現象，進而影響心理健康與人際互動。

人際交往中的皮膚飢餓效應

1. 觸碰對嬰幼兒的影響

心理學研究表明，嬰兒與母親的身體接觸對於嬰兒的情緒穩定與安全感發展至關重要。例如，透過擁抱、輕拍或肌膚接觸，能有效降低嬰兒的焦慮感，提高其對環境的適應能力。許多育兒專家也建議，父母應該經常抱抱孩子，與他們有更多親密接觸，這不僅有助於增進親子關係，也能促進孩子未來的社交與情感發展。

相反，如果嬰兒從小缺乏這種親密的觸碰，可能會導致他們成年後在人際關係中較為冷漠，甚至難以表達愛意。心理學家哈洛 (Harry Harlow) 的經典實驗證實，缺乏觸碰與關愛的幼猴，在成年後表現出嚴重的社交問

題，甚至無法正常融入群體。這進一步證明，身體接觸對於個體的心理發展具有深遠影響。

2. 成年人的皮膚飢餓與情感需求

皮膚飢餓並非嬰兒或幼童的專屬現象，成年人同樣需要肌膚接觸來維持心理健康。在現代社會，由於工作壓力、科技發展、社交模式改變等因素，人們的肢體接觸機會變少，這可能導致孤獨感增加，甚至影響心理健康。

研究顯示，身體接觸可以促進催產素（Oxytocin）的分泌，這種激素與情感連結、信任和幸福感密切相關。例如，擁抱可以降低壓力荷爾蒙（皮質醇），提高個體的幸福感和安全感。因此，一個經常獲得擁抱、牽手或輕拍背部的人，通常在情感上會更穩定，壓力管理能力也更好。

3. 夫妻或伴侶之間的身體接觸

在親密關係中，肌膚接觸扮演著重要角色。一些女性常抱怨伴侶不夠溫柔，不懂得表達愛意，原因之一可能是對方在非性生活的時候缺乏肢體接觸，例如擁抱、親吻或牽手。婚姻專家建議，伴侶之間應該多給對方身體上的安慰，例如輕輕撫摸對方的手臂、擁抱對方，這不僅能提升關係的親密度，也能減少彼此的焦慮感與不安全感。

4. 皮膚接觸對老年人的影響

老年人同樣需要肢體接觸來維持心理健康。許多老年夫妻因為傳統觀念的影響，即使彼此關心，卻較少擁抱或牽手。事實上，這些親密行為能夠緩解老年人的孤獨感，提升幸福感。研究顯示，透過擁抱或簡單的肢體接觸，可以幫助老年人降低血壓、改善睡眠品質，甚至減少抑鬱的可能

性。因此，對於家中長輩，我們應該多給予擁抱與關懷，讓他們感受到被愛與被需要。

如何減少皮膚飢餓？

擁抱與身體接觸

在家庭中，建立擁抱的習慣，例如每天與伴侶、孩子擁抱，甚至簡單的輕拍背部都能帶來心理安慰。

在朋友間，可以透過握手、拍肩等方式來增進情感交流，這在西方文化中尤為常見。

與寵物互動

研究顯示，與寵物互動，如撫摸狗或貓，也能刺激催產素分泌，減少壓力與焦慮。因此，養寵物也是一種減少皮膚飢餓的方式。

參與放鬆療法

按摩、SPA、瑜伽等活動，都能提供身體接觸，幫助緩解壓力，減少皮膚飢餓感。

增進肢體互動的文化意識

在亞洲文化中，肢體接觸相對較少，但我們可以透過改變觀念，在適當的場合增加肢體互動，例如在家庭中建立擁抱的傳統，或在社交場合中更自然地透過肢體語言表達親近感。

■ 第三章　人際密碼─精準解讀情緒，讓溝通更順暢

擁抱是一種治癒力

「皮膚飢餓效應」提醒我們，肢體接觸對於心理健康至關重要。無論是嬰兒、成人還是老年人，都需要透過擁抱、撫摸等方式來感受愛與關懷。在現代社會，許多人因為生活忙碌或文化影響而忽略了這一點，但其實，一個簡單的擁抱就能帶來極大的心理安慰。

擁抱不僅是人類的本能需求，更是一種強大的心理治癒力。讓我們從今天開始，多擁抱身邊的親人與朋友，讓彼此的心靈更加溫暖。

瀑布效應：一句話的影響比你想的還深遠

什麼是瀑布效應？

在日常溝通中，我們可能不經意說了一句話，自己覺得沒什麼，但對方卻因此產生強烈的情緒波動，甚至改變了行為或決策。這種心理現象就像瀑布──上游的水流看起來平靜，但一旦墜落，卻激起巨大水花與霧氣，因此被稱為「瀑布效應」。

瀑布效應提醒我們，話語的影響力往往超乎想像。有時候，一句不經意的話可能讓人充滿自信，也可能讓人陷入低潮。因此，在人際相處中，如何掌握說話的分寸，避免無心之言造成負面影響，甚至利用這種效應來鼓勵他人，都是值得學習的課題。

人際關係中的瀑布效應

1. 無心的話，卻成為他人沉重的打擊

生活中不乏這樣的情境——你只是隨口說了句話，卻意外對別人造成很大的影響。

有位媽媽分享兒子的故事。她的兒子剛上大學時，對未來充滿幹勁，不但積極參與班上活動，還成功當選文藝部長，努力經營社團活動，忙得不亦樂乎。

然而，當他準備競選連任時，新來的導師在競選場合上隨口說了一句：「過去一年，文藝活動沒什麼亮點。」

這句話對導師來說或許只是一般評論，但對這個學生而言卻是當頭棒喝。他原本以為自己的努力會被看見，卻沒想到換來這樣的評價。他的自信心瞬間崩塌，不但放棄了競選，對課外活動也不再熱衷，甚至連課業也失去了動力，最後變成了「60分就好」的學生。

這個故事告訴我們，一句話可能在對方心裡激起巨大波瀾，尤其是來自師長、主管或重要他人的評語，更可能影響一個人的行動和信念。因此，給予回饋時，我們應該多用具體建議取代空泛的批評，並適時肯定對方的努力。

2. 說話方式不當，影響人際關係

有些人個性耿直，說話不經修飾，雖然沒有惡意，但常常讓人覺得刺耳，甚至影響自己的人際關係。

小楊剛進公司時，因為內向，不太主動與人互動，但她講話卻特別直

白，時常讓同事感到不舒服。

有一次，部門同事穿了一件新衣服，大家紛紛稱讚：「很好看！」、「很適合你！」結果當事人開心地問小楊的意見，她卻脫口而出：「你身材比較豐滿，這件衣服穿起來有點不合適。」甚至還補了一句：「這顏色有點老氣，不太適合你。」

這句話一出口，氣氛瞬間凝結。當事人雖然沒說什麼，但顯然心情變差了，其他同事也感到尷尬。久而久之，大家開始避免跟小楊討論私事，甚至在部門內部評選時，她因為人緣太差而被排除在晉升名單之外。

這個案例提醒我們，「說真話」與「說話技巧」是兩回事。直率並沒有錯，但不經修飾的話語可能會傷害別人。與其直接指出對方的缺點，不如用委婉的方式表達，例如：「這件衣服的剪裁比較挑人，也許可以試試別的款式？」這樣既能傳達意見，也不會讓對方感到被冒犯。

3. 無心的話，也可能引發衝突

有時候，一句無心的話不只會讓人受傷，甚至可能讓人際關係出現裂痕。

某次老同學聚會，大家原本聊得很開心，沒想到其中一人隨口開了個玩笑，另一人卻聽得不太高興，當場回嗆了一句。結果雙方開始互相指責，場面逐漸失控，最後整場聚會不歡而散，甚至影響了彼此的友情。

這種情況並不少見，尤其是在人多的場合，當話題涉及個人隱私、收入、體重、婚姻狀況等敏感議題時，最好謹慎發言，以免好意變成冒犯，導致關係緊張。

如何避免瀑布效應帶來負面影響？

說話前先思考，換位思考

試著站在對方的立場思考，這句話說出口會帶來什麼影響？是否有更友善的表達方式？

避免衝動發言，學會控制語氣

當情緒激動時，容易說出傷人的話。與其事後後悔，不如深呼吸三秒鐘，讓自己冷靜下來再開口。

觀察對方反應，適時調整

如果發現對方的表情或語氣有變化，代表你的話可能已經影響到他，這時候應該適時轉換話題或補充說明，以避免誤會擴大。

多說正向的話，帶給他人力量

既然一句話可能對別人產生重大影響，何不多說些鼓勵與讚美的話？

瀑布效應的正向力量：一句話改變一生

瀑布效應不只是負面的，有時候，一句正向的話也能帶來極大的激勵。

發明電話的貝爾，在年輕時曾向物理學家亨利請教。他說自己對電學了解不夠，不確定是否應該繼續研究這個領域。亨利只說了一句話：「如果你覺得自己不懂，那就去學吧！你有發明的天分，好好幹吧！」

這句話給了貝爾極大的信心，最終促成了電話的誕生。他後來回憶道：「如果當初沒有遇到亨利，我可能就不會發明電話了。」

這個故事告訴我們，正向的話語可能成為別人奮鬥的動力。我們無法

預測自己的話會對他人產生什麼影響，但既然一句話能夠改變一個人的心態，為什麼不選擇傳遞鼓勵與希望呢？

讓瀑布效應成為正向影響的力量

瀑布效應提醒我們，語言的力量不容小覷。一句無心的話，可能讓人喪失信心；但一句肯定的話，卻能讓人充滿動力。

與其讓自己的話語無意間傷害別人，不如選擇用語言帶給人溫暖與力量。或許你的一句鼓勵，正是別人需要的勇氣來源。

讓我們從今天開始，學習說話的藝術，讓瀑布效應成為帶來正向改變的力量！

第四章

銷售攻心 ——
掌握顧客心理，成交變得簡單

　　成功的銷售，不僅取決於產品本身，更在於能否精準掌握客戶的心理。優秀的銷售人員深知，客戶就是「上帝」，而了解「上帝」的想法，才能主導交易，創造佳績。然而，如何讀懂客戶的心理？怎樣引導他們做出購買決策？這對許多銷售人員來說，仍是一個模糊的概念。

　　本章將深入解析客戶在購買決策時的心理變化，並提供一系列實用的心理技巧與話術，讓你在銷售過程中掌握主動權，影響客戶的選擇，最終輕鬆成交。不論是面對猶豫不決的客戶、價格敏感的消費者，還是挑剔的買家，本章都能提供實戰技巧，讓你從「推銷」升級為「引導購買」，突破業績瓶頸，成為真正的銷售高手！

第四章　銷售攻心—掌握顧客心理，成交變得簡單

掌握消費心理，精準銷售更有效

在銷售領域，了解顧客心理是成功的關鍵。由於每個人的社會地位、角色不同，消費需求與購買行為也存在顯著差異。不同的消費族群擁有各自獨特的消費心理，而這些心理特徵會影響他們的購物決策。因此，銷售人員若能掌握各類消費者的心理，就能更有效地與顧客溝通，提升成交率，甚至建立長期穩定的客戶關係。

消費心理的分類

在市場行銷中，消費者可以從不同角度進行分類，以下是幾種常見的區分方式：

1. 根據經濟收入劃分

富裕型消費者

這類消費者經濟條件優渥，生活品質講究。他們對商品的選擇標準較高，偏好高品質、知名品牌、個性化服務，消費主要體現在品味與地位象徵上。例如，他們在選擇服飾時，不僅重視設計感與舒適度，還希望品牌能展現自身的社會地位；購買食品時，他們更關心健康、營養與烹調方式，而非單純的價格或飽足感。

中等收入消費者

這群消費者占社會的多數，收入穩定，消費屬於「比上不足，比下有餘」型。他們的購買行為傾向於實用性與CP值，但也會受到市場潮流影響，適度追求新奇、時尚。他們願意為品質更好的商品付出額外的成本，

但不會盲目追求高端品牌，因此在消費時會貨比三家、精打細算，並關注促銷優惠。

低收入消費者

這類消費者經濟能力有限，購物主要考量價格，多以維持基本生活需求為主。他們對促銷活動的敏感度極高，容易受折扣、贈品等行銷手法影響。他們在消費時較謹慎，購買前往往會反覆考慮，並傾向選擇價格最低的選項。

2. 根據教育程度與知識背景劃分

高知識型消費者

這類消費者通常具備大學以上學歷，擁有專業知識與技能。他們在消費時注重誠信、品質、專業度，並對產品資訊有較高的要求。例如，當他們購買電子產品時，可能會深入研究規格、比較各品牌的性能，而不只是依賴廣告宣傳。他們的消費習慣較為理性，願意為真正高品質的商品買單。

技術專才與中等教育族群

這群消費者多為高中職或專科畢業，擁有特定的專業技能。他們的消費行為介於理性與感性之間，既會考量產品的實用性，也會受到市場流行影響。雖然收入較為穩定，但由於經濟條件限制，他們在購買時仍然會精打細算，並追求物超所值的商品。

基層勞動族群

這類消費者文化程度較低，收入來源多依靠體力勞動，購買行為相對衝動，易受價格與廣告影響。他們的消費心理不太穩定，容易受到環境與經濟波動的影響，購買決策主要以「價格低廉」為優先考量。

第四章　銷售攻心──掌握顧客心理，成交變得簡單

銷售策略的應用

- ◆ 面對富裕族群：強調品牌價值、質感與專屬服務，例如提供 VIP 購物體驗或客製化服務，讓他們感受到尊榮感。
- ◆ 面對中等收入族群：訴求高 CP 值，強調產品的耐用性與實用價值，並透過促銷活動增加吸引力。
- ◆ 面對低收入族群：提供價格親民的商品，並搭配優惠方案，例如分期付款或折扣促銷，以降低購買門檻。
- ◆ 面對高知識型消費者：提供專業資訊與產品比較報告，建立品牌信任感，強調品質與技術創新。
- ◆ 面對技術專才與基層勞動者：簡化購物流程，提供直觀的產品資訊，避免過於複雜的銷售話術，讓他們更容易理解商品價值。

掌握消費心理，讓銷售更輕鬆

透過了解不同族群的消費行為與心理，銷售人員能夠更精準地制定銷售策略，不僅能提升成交率，還能累積長期忠誠客戶。當你能站在顧客的角度思考，了解他們的需求與痛點，就能提供更適合的產品與服務，讓銷售變得更有效率，業績自然蒸蒸日上。

▌和氣並不代表接受，識破潛藏的拒絕訊號

在銷售過程中，許多業務人員都曾遇過這樣的情況：客戶對你態度和善，彷彿對你的產品充滿興趣，甚至熱情地與你交流。但當你滿懷期待地

再次聯繫時，對方卻冷淡回應，甚至直接拒絕，讓你摸不著頭緒。這樣的反差，其實與心理學中的「反動形成」有關，也就是說，當人們內心有抗拒或不安時，可能會表現出相反的態度，以掩飾內心的真實情緒。

和顏悅色，未必是真心接受

在日常生活中，我們經常可以看到這種心理防衛機制的展現。例如，某些人對自己其實厭惡的人反而會特別客氣，以避免衝突；又或者，一位對新同事不滿的主管，卻在公開場合對他讚不絕口，以維持公司內部和諧。這種行為模式同樣適用於銷售場景──當客戶內心已經決定拒絕你時，卻可能表現得異常友善，而這種友善往往只是出於禮貌，甚至是一種婉拒的手段。

客戶表面友善，可能是「拒絕的前兆」

- 太過和氣，反而要提高警覺
  如果客戶在與你洽談時，態度過於客氣，甚至顯得刻意，那麼你需要小心，這可能是他內心已經決定拒絕，卻不願明言。
- 「我考慮一下」可能是場面話
  當客戶沒有表現出明顯的興趣，甚至沒有深入詢問產品細節，就急於結束對話，並表示「我考慮看看」，這很可能只是出於社交禮儀的敷衍，而非真的有購買意願。
- 過於禮貌，卻對細節不感興趣
  真正有購買意願的客戶，通常會詢問許多與產品相關的資訊，例如價

格、規格、優惠方案等；反之，如果客戶態度極其友善，卻始終沒有主動詢問任何產品細節，那麼很可能只是出於禮貌在應付你。

如何分辨客戶是真心還是敷衍？

測試對方的真實態度

當客戶說「我要考慮一下」時，你可以提出一個具體的後續行動來觀察他的反應。例如，你可以這樣說：「我們這次的優惠活動只到週五，為了確保您不錯過折扣，我可以在活動截止前再聯絡您確認一下嗎？週四下午方便嗎？」

如果對方願意接受這樣的約定，代表他確實有考慮購買的可能性；但如果他說：「不用了，我會自己聯絡你」，那麼這幾乎可以確定，他的「考慮」只是一種委婉的拒絕。

觀察客戶的語氣與肢體語言

如果客戶在談話過程中顯得心不在焉，或者頻頻看手機、找藉口結束對話，那麼他的友善很可能只是表面的。反之，若他願意與你深入探討細節，甚至主動詢問額外的資訊，這才是真正的購買訊號。

避免過度糾纏，適時放手

當你發現客戶對你的產品明顯興趣缺缺時，不要過度糾纏，以免造成反效果。與其強迫對方表態，不如把心力放在更有潛力的客戶身上。

讀懂客戶，提升成交機率

在銷售過程中，學會分辨客戶的「真善意」與「假善意」至關重要。千萬不要因為對方態度和善，就誤以為自己已經成功說服對方。真正的成交來自於客戶的興趣與需求，而不是表面的禮貌。當你能敏銳察覺這些潛藏的訊號，就能更有效地調整策略，把時間與精力花在真正有機會成交的客戶身上，提高銷售成功率。

眼神透露心理，銷售人員必懂的觀察技巧

俗話說：「眼睛是心靈的窗戶」，心理學家也指出，眼神往往能夠準確且真實地反映一個人的內心世界。在銷售過程中，銷售人員若能掌握讀懂客戶眼神的技巧，就能更準確地判斷對方的興趣與需求，進而提升成交機率。

眼神傳遞的真實訊號

德國心理學家梅賽因曾提出：「眼睛是了解他人內心最好的工具。」當一個人的心理狀態改變時，眼睛的動作、瞳孔變化、視線移動模式等，也會隨之改變。相較於語言或表情，眼神的變化往往難以偽裝，因此更能揭示一個人的真實想法。

舉例來說，一個人很難在內心對某事毫無興趣的同時，還能用充滿熱情的眼神看著你。相反，如果他對某件事感興趣，即便嘴巴不說，眼神也可能會透露出他的好奇與專注。因此，銷售人員若能細心觀察客戶的眼神，就能更準確地判斷對方的心理狀態，並適時調整自己的銷售策略。

第四章　銷售攻心──掌握顧客心理，成交變得簡單

如何透過眼神判斷客戶的心理？

以下幾種眼神的變化，是銷售人員可以留意的關鍵訊號：

專注注視：對你有好感

如果客戶的目光穩定地看著你，代表他對你的話題感興趣，願意投入注意力。而如果客戶的目光飄忽不定，或時不時望向遠處，則可能表示他並不關心你的內容，甚至內心正在想別的事情。

目光穩定是誠實；游移不定可能說謊

當客戶的眼神平穩、自然時，通常表示他的態度誠懇且可信。但如果他的眼睛不停地轉動，代表他可能正在思考如何修飾自己的話語，甚至可能是內心不誠實的表現。

眼神發亮但冷峻：對你抱持懷疑與戒備

如果客戶的眼神看起來炯炯有神，卻帶著一絲冷峻或距離感，這通常代表他對你或你的產品存有疑慮，內心仍處於防備狀態。此時，銷售人員應該嘗試提供更多可信的資訊，消除對方的疑慮。

眼神無情緒波動：內心可能藏有不滿

如果客戶的眼神毫無波動，看不出情緒起伏，這可能代表他內心壓抑著不滿，甚至對你的話題感到反感。此時，銷售人員應適時調整策略，例如轉換話題或改變溝通方式，以避免讓客戶感到更加不耐煩。

目光閃避：可能帶有自卑或愧疚感

當你注視對方時，若客戶立刻將目光移開，可能代表他內心帶有自卑感，或對你有所愧疚。例如，他可能覺得自己無法負擔產品價格，或是曾經對你做過某些不誠實的舉動。

斜眼看你：對你感興趣但不想表現出來

若客戶以斜眼瞄你的方式觀看，這通常代表他對你或你的產品有興趣，但基於某種原因不想表現得太過明顯。這種情況下，你可以試著給予更多誘因，讓客戶願意更坦率地表達需求。

抬眼看你：對你有尊敬與信任

當客戶抬起眼睛看著你，這通常是一種尊敬與信任的表現，代表他認同你的專業，願意聆聽你的建議。此時，銷售人員應該把握機會，進一步強化產品優勢，促成成交。

俯視你：展現權威與優越感

當客戶低頭俯視你，可能表示他希望在談話中占據主導地位，或試圖展現權威。這時，銷售人員可以透過更專業的表現來贏得對方的尊重，避免讓自己處於被動位置。

視線不集中、轉移迅速：內向型客戶

如果客戶的眼神游移不定，視線轉移得很快，代表他可能是一個內向型的人，較不善於與陌生人互動。這類客戶通常不喜歡過於熱情的銷售方式，應該以較溫和、低壓的方式與之互動。

視線左右晃動不停：正在深思熟慮

如果客戶的眼神在左右來回移動，表示他正在認真思考你的話題，衡量產品是否符合他的需求。若客戶開始有規律地眨眼，則表示他已經整理好思緒，準備做出決定。

突然向下看：正在思考或猶豫

當客戶在談話過程中突然將目光轉向地面，這通常代表他正在消化你

所提供的資訊，內心猶豫不決。此時，銷售人員可以給他一些時間思考，或適時提供額外的資訊來幫助他做決定。

視線範圍突然變化，方向飄忽不定：感到不安或恐懼

如果客戶的視線突然變得飄忽不定，甚至頻繁轉換方向，這可能代表他內心感到不安、緊張或有某種顧慮。此時，銷售人員應試著以較輕鬆的話題緩和氣氛，減少對方的焦慮感。

眨眼頻率快慢，透露態度的好壞

- ◆ 眨眼速度慢：可能帶有輕蔑或不屑的意味
- ◆ 正常頻率眨眼：表示平靜、自然的心理狀態
- ◆ 快速眨眼：可能代表對你抱持討好態度，或內心焦慮不安

綜合判斷，準確解讀客戶心理

雖然眼神能夠透露大量心理資訊，但單憑眼神並不能做出絕對判斷。銷售人員應該將眼神變化與客戶的語言、表情、聲調、肢體動作等綜合分析，才能準確判斷客戶的真實想法。

透過觀察客戶的眼神，銷售人員可以更快速地了解對方的興趣、疑慮與心理狀態，從而調整溝通方式，提高成交的機會。學會讀懂客戶的眼神，不僅能幫助你在銷售上更進一步，也能讓你在人際溝通中更加游刃有餘。

掌握需求共性,讓銷售更精準

許多成功的銷售人員都知道,要想讓產品大賣,最關鍵的就是掌握消費者的心理。然而,人的需求千變萬化,每個人因職業、生活習慣、背景、收入等因素的不同,對商品的需求也各有差異。即使是同一個人,他的需求也可能隨時間而變化。面對如此複雜的市場,頂尖的銷售高手是如何精準抓住客戶需求的呢?

從「共性」中找出市場突破口

1924 年,克萊斯勒汽車推出了一款新車,瞬間成為市場上的熱銷產品,使克萊斯勒公司一舉躍升為美國最大的汽車製造商之一。然而,克萊斯勒公司是如何預測到這款新車能夠滿足大眾需求的呢?

這一切都來自於創辦人華爾德‧克萊斯勒的洞察力。他深知,雖然每個消費者的需求各不相同,但所有人的需求仍有一定的共性。於是,他將廣大消費者視為一個「典型顧客」,綜合分析這位顧客的虛榮心、道德觀念、生活習慣以及購買偏好,進而設計出符合市場需求的汽車與銷售方案。

透過這種方法,克萊斯勒成功地從眾多需求中總結出關鍵的共同點,並放大這些共性,使自己的產品更貼近大眾的期待。這種行銷策略至今仍為許多企業廣泛應用。

第四章　銷售攻心──掌握顧客心理，成交變得簡單

人的需求有兩大共性

1. 需求的滿足感會遞減 ──「幸福遞減定律」

心理學中有一條「幸福遞減定律」，它說明人的需求滿足程度越高，對該需求的渴望就會逐漸減少。

舉例來說，當一個人飢腸轆轆時，吃第一個饅頭會覺得美味無比，吃第二個則會感到滿足，吃到第三個開始變得無所謂，若再繼續吃第四、第五個，則可能感到反胃、不適。同樣的道理，一個人剛買第一臺豪車時，可能會無比興奮，但當他已擁有第二、第三臺時，那份喜悅感便不再那麼強烈。

這條定律對銷售人員來說極為重要。當客戶已經擁有類似產品時，要讓他再次產生購買動機，必須強調產品的獨特價值，例如限量版、升級款或客製化服務，讓客戶感覺即使擁有舊款，依然有升級的必要。

2. 需求會不斷進階 ──「馬斯洛需求理論」

美國心理學家馬斯洛提出了著名的需求層次理論，他認為人的需求是階梯式上升的，從最基本的「生理需求」，一路向上提升到「自我實現需求」。

這五大需求層次分別為：

◈ 生理需求（吃、穿、住、行）

◈ 安全需求（健康、財務穩定、居住安全）

◈ 社交需求（友情、愛情、歸屬感）

◈ 尊重需求（名聲、地位、成就感）

- 自我實現需求（自我突破、創造價值）

每個人都在這個階梯上逐步向上爬升。例如，當一個人生活溫飽無虞時，便會開始追求更高品質的生活；當他獲得社會認可後，可能會開始尋找自我實現的機會。

這對銷售人員來說是一個重要的啟示 —— 不同層次的需求，會對應不同的消費行為。

如何利用需求共性提升銷售力？

行銷高手們都清楚，不同類型的消費者會有不同的消費動機。例如：

- 高收入族群偏好高階、限量、客製化產品，因為他們追求的是「尊重需求」與「自我實現」。他們更關注商品的品牌價值與獨特性，而非價格。
- 中產階級偏好物美價廉、實用性高的產品。他們通常會進行理性消費，在品質與價格之間尋找平衡點。
- 基層消費者主要考量價格，偏向選擇經濟實惠的產品，重視產品的耐用性與 CP 值。

銷售關鍵：滿足客戶「當下」最迫切的需求

在銷售過程中，最有效的方式就是找出客戶目前所處的需求層次，並針對其核心需求提供解決方案。例如：

- 如果客戶最在意的是價格，應強調優惠與折扣
- 如果客戶最在意的是品質，應強調產品的優勢與長期效益

第四章　銷售攻心─掌握顧客心理，成交變得簡單

- 如果客戶最在意的是個人價值，應強調品牌形象與獨特性

舉例來說，當蘋果推出 iPhone 新機時，他們會針對不同消費者群體強調不同的價值點：

- 高階消費者：「這是全球最強大的 iPhone，彰顯您的獨特品味。」
- 中產階級：「更長的電池續航力，讓你一整天都能保持高效率。」
- 價格敏感族群：「我們提供分期付款方案，讓你輕鬆入手。」

這種差異化銷售策略，正是基於「需求共性」所做出的精準行銷決策。

精準掌握需求，成就銷售高手

人的需求雖然千變萬化，但其本質卻有一定的共性可循。真正厲害的銷售人員，並不只是推銷產品，而是滿足客戶的需求。

當你能夠掌握「幸福遞減定律」與「馬斯洛需求層次理論」，就能更準確地預測客戶的購買動機，進而運用適當的銷售策略，提升成交率。

在下一次與客戶對話時，不妨試著分析對方當下的需求層次，並提供最符合他心理需求的產品與服務。當你能夠讀懂客戶的需求共性，你的銷售業績必然會大幅成長！

從語言中讀懂人心，提升銷售影響力

人們常說「言未出而意已生」，這句話道出了一個重要的心理現象──人的語言不僅傳遞資訊，也反映內心真實想法。不論是語氣、語調、語

速，還是音量、停頓等細節，往往都隱藏著對方的心理狀態。如果能夠解讀這些語言密碼，便能獲得寶貴的心理資訊，在銷售過程中掌握主導權。

巧妙提問，從語言細節挖掘真相

二戰期間，日本首相改選的新聞成為全球媒體的焦點，但所有知情的大臣都守口如瓶，讓媒體無法打聽到任何有價值的資訊。

這時，一位精通心理學的記者，發現三位首相候選人在外貌上有明顯的區別——一位是禿頭，一位是滿頭白髮，另一位則是半禿頭。他意識到，與其正面詢問誰將成為首相，倒不如運用心理技巧，設計一個更具暗示性的問題來觀察對方的反應。

於是，他向那些知情的大臣拋出了一個巧妙的問題：「新首相是否會是禿子？」

這個問題表面上看似簡單，但其實隱藏著心理陷阱。當大臣們聽到這個問題時，並沒有立刻回答，而是先停頓了一下、思考片刻後才笑著回應，這與他們過去對首相人選問題的迅速否認大不相同。記者敏銳地察覺到這一細微變化，立刻推測——如果新首相真的完全是禿頭，那麼這個問題根本不需要思考，應該能立刻做出否認；但如果是半禿頭，那麼他們就會猶豫，因為半禿頭是否算「禿子」這件事，確實值得斟酌。

果然，最後公布的結果證實了他的推測——新首相正是半禿頭的東條英機。

這個故事說明，透過語言的細節，我們可以推測出許多對方刻意隱藏的資訊。同樣的道理，在銷售過程中，客戶的言語不僅是他們對產品的直

接反應，更是其心理活動的外在表現。如果能夠解讀其中的語言密碼，就能更準確地判斷客戶的需求與購買意向。

如何解讀客戶的語言密碼？

在與客戶溝通時，銷售人員可以透過語言的細節來洞察對方的心理。以下是一些常見的語言訊號及其可能的心理狀態：

- 清喉嚨 —— 代表內心有某種壓力或不安。
- 聲音時高時低，語調不穩 —— 可能內心焦慮，缺乏自信。
- 有意清喉嚨，並故意加重語氣 —— 這通常是一種警告，代表內心的不滿或對話題的不認同。
- 說話吞吞吐吐、支支吾吾 —— 心理可能存在隱瞞，或者對產品有猶豫。
- 語氣過度熱情或過於殷勤 —— 可能內心懷疑，或是想掩飾某種不安。
- 語速過快、聲音過大 —— 內心極度興奮或想要強調某件事，可能是過度推銷自己觀點的表現。
- 語氣平穩、聲音清亮 —— 通常代表內心安定、自信。
- 講話含糊不清，避免正面回答問題 —— 可能對產品沒有興趣，但不想直接拒絕。
- 語氣柔和、語調平穩 —— 代表內心溫和，可能對產品有興趣，但仍需進一步確認。
- 喋喋不休、不停抱怨 —— 可能是浮躁型客戶，需要耐心引導。
- 語氣猶豫不決，總是模稜兩可 —— 代表客戶仍有疑慮，無法做出決策。

◆ 語調低沉、聲音小 —— 可能代表客戶內心不滿，或對某方面有所保留。

這些語言密碼雖然不能單獨決定客戶的購買意願，但結合當時的情境、客戶的表情和行為，就能大致推測出對方的心理狀態，從而調整銷售策略，提高成交機率。

如何運用語言解讀技巧提升銷售成功率？

1. 營造輕鬆的對話氛圍

心理學研究發現，當人處於輕鬆、愉悅的狀態時，他的語言表達會更自然，真實想法更容易流露。因此，在銷售對話中，避免讓客戶感到壓迫感，透過幽默、輕鬆的語氣，引導對方自然表達內心想法。

2. 設計巧妙的問題，引導客戶說出真實想法

像前述記者的例子一樣，直接詢問「您會買這款產品嗎？」可能得不到真實答案，但如果換個角度，例如：「如果您要推薦這款產品給朋友，您會怎麼形容它？」這樣的問題不僅能讓客戶無壓力回答，也能讓銷售人員從對方的回答中判斷出購買意願。

3. 觀察客戶語言變化，適時調整銷售策略

當客戶開始支支吾吾、避免眼神接觸時，可能代表他對產品仍有疑慮，此時應該提供更多資訊或案例，降低他的不安感。而當客戶語氣輕快、主動詢問產品細節時，則代表購買意向較高，這時應適時引導進入成交階段。

第四章　銷售攻心──掌握顧客心理，成交變得簡單

讀懂語言密碼，讓成交變得更容易

銷售並不只是產品的推廣，而是對人性的深刻理解。許多時候，客戶的真實想法並不會直接說出口，但只要你細心觀察、巧妙提問，並懂得解讀對方語言中的細微變化，就能洞察對方的真實需求，從而讓成交變得更加順利。

下次與客戶交談時，請記得多留意對方的語氣、語調和表達方式，因為其中可能隱藏著影響成交的關鍵資訊。只要能夠讀懂這些語言密碼，你就能在銷售戰場上無往不利！

用含糊話術，精準掌握客戶需求

在銷售過程中，真正的挑戰不在於如何推銷產品，而是如何摸清客戶的心理需求。許多時候，客戶不會直接表達他們的想法，而是透過言語、表情或動作來透露訊息。如果能夠察覺這些細節，並運用巧妙的策略來試探對方，便能更準確地掌握客戶需求，提升成交機率。

從一句話開始，促成廣告史上最大合作

20世紀美國廣告業，一場史無前例的合作誕生，起因竟只是一句模糊的話。

當時，威廉‧約翰斯是喬治‧巴頓公司的負責人，而德斯廷則掌管巴頓‧德斯廷‧澳斯本公司。一天，這兩位廣告界的大人物偶然相遇，約翰斯隨口拋出一句意味深長的話：

「前天晚上，我忽然發現我們兩家公司銷售管道並沒有什麼實質性的衝突。」

德斯廷聽完，立刻警覺地追問：「你這話是什麼意思？」然而，約翰斯只是笑著說：「啊，其實也沒什麼。」隨後便走開了。

德斯廷的反應顯示出他對合作其實是有興趣的。果然，幾週後，兩人正式展開談判，最終促成了巴滕‧巴頓‧德斯廷及澳斯本股份公司的成立，成為當時廣告業最大的一次合併。

約翰斯的成功關鍵在於：他沒有直接詢問對方是否有合作意願，而是透過一句看似隨意、卻暗藏玄機的話來觀察對方的反應。因為，如果對方內心毫無這樣的想法，那麼這句話對他來說毫無意義，不會有任何情緒起伏；但如果對方心裡有這個念頭，聽到這句話就會產生敏感反應。

這種「含糊話術」的核心概念在於：當對方內心有需求時，任何與此相關的話題都會讓他特別在意，從而透露出他的真實想法。

試探式對話，挖掘潛在需求

在銷售過程中，許多客戶不會直接告訴你他們的真實想法，例如他可能覺得價格太高，但又不好意思直接說出口，於是開始挑剔產品的顏色或款式。這時，聰明的銷售人員不會直接降低價格，而是會用一種巧妙的方式來試探對方的真正想法。例如：

客戶：「這款顏色不太適合我，款式好像也有點普通。」

銷售人員（試探）：「這個顏色搭配起來其實很耐看，而且這款的材質和做工在市面上至少要賣 ×× 元，我們這裡有老客戶優惠價，CP 值算是非常高的，您覺得呢？」

第四章　銷售攻心──掌握顧客心理，成交變得簡單

如果客戶開始討論價格，說「還是貴了一點」，那麼真正的問題就是價格，而不是款式。

如果客戶仍然糾結於顏色或款式，那就表示他真的不喜歡這個款式，而不是因為價格問題。

這樣的試探方式，不僅能讓銷售人員更精準地了解客戶的真實需求，也能避免貿然降價導致的損失。

這種策略不僅適用於銷售，在許多歷史事件中也發揮了關鍵作用。例如：

富蘭克林的政治策略

美國開國元勳富蘭克林在推行新政策前，總會先在報紙或公開場合以隱晦的方式提出構想，然後觀察民眾的反應，再決定是否正式推行。這樣的策略讓他能夠在政策推行前先行試水，避免過早暴露立場。

詹姆士・希爾的股市交易

在美國鐵路產業的一場關鍵交易中，詹姆士・希爾多次試探對方是否願意出售股票。他明知自己提出收購計畫會被拒絕，卻故意多次正式提出，透過對方的反應來判斷對方是否有出售意向。最終，他成功掌握關鍵資訊，並在適當的時機達成交易。

如何在銷售中運用這種策略？

步驟 1：丟出一個「試探式話題」

這個話題應該是模糊的、具有暗示性的，但又不會讓對方覺得有壓力。

例如:「我發現這款商品的回購率很高,很多客戶都覺得它的價格很合理⋯⋯」

步驟 2:仔細觀察客戶的反應

如果客戶開始討論價格,代表他在意的是價格。

如果客戶仍然糾結於款式或功能,那就代表他的考量點不在價格,而是產品本身。

步驟 3:順勢引導,推動成交

當客戶透露出真正的需求時,立刻調整策略。例如,如果客戶覺得價格高,可以強調產品的價值;如果客戶擔心款式,可以提供其他選擇。

銷售高手都是心理專家

銷售不只是推銷產品,而是對人性的理解與運用。許多客戶的真正想法不會直接說出口,但如果你能夠察覺細節、善用語言試探、觀察對方反應,就能掌握真正的需求,進而精準調整銷售策略。

下次與客戶交談時,別急著推銷產品,先丟出一個模糊的試探性話題,看看客戶的反應 —— 這可能會成為你成交的關鍵!

掌握客戶心理變化，提升銷售成功率

在銷售過程中，銷售人員與客戶之間的較量，其實就是一場心理戰。誰能夠精準掌握客戶的心理變化，誰就能在關鍵時刻做出適當的應對，成功促成交易。

一般來說，終端客戶的心理變化可分為五個階段，每個階段的應對策略都不一樣。如果你能深入了解這五個階段，並在不同時機採取相應的銷售技巧，那麼你的成交率將大幅提升，甚至能培養出一批忠實客戶。

第一階段：戒備心理期（約 8 分鐘）

客戶心理狀態：

初次接觸業務員時，客戶通常會有所戒心，擔心被推銷或受騙。

他們的表現可能是冷淡、敷衍，甚至不願多談。

這段時間大約持續 8 分鐘，之後客戶可能會選擇進一步了解，或直接拒絕你。

常見客戶反應：

「你們的產品是正規的嗎？」

「有什麼認證或證書嗎？」

「你們公司是哪裡的？」

應對策略：

準備齊全的產品證書、認證、客戶回饋資料，提高你的可信度。

保持良好的服務態度，即使客戶挑剔或質疑，也要耐心解答，千萬不要表現出不耐煩。

利用案例或資料強化說服力：「我們的產品已經有上百位客戶使用，回購率高達 80%。」

成功突破這 8 分鐘後，客戶就可能進入下一個階段，你才有機會推進銷售。

第二階段：拒絕心理期（約 10 分鐘）

客戶心理狀態：

客戶雖然開始與你互動，但拒絕的意圖仍然明顯。

他們對產品的品質、售後服務、品牌認知仍存有疑慮。

若你的產品不是知名品牌，客戶的戒心會更強。

常見客戶反應：

「我們不需要這個。」

「以後再說吧，現在沒什麼用。」

「我都是用知名品牌的產品。」

應對策略：

強調產品的優勢與 CP 值：「我們的品質不輸大品牌，但價格更親民，讓您用更少的錢獲得相同的保障。」

用數據或案例增加說服力：「很多客戶試用後都改用我們的產品，因為效果一樣好，價格卻更優惠。」

第四章　銷售攻心—掌握顧客心理，成交變得簡單

用溫和的方式降低客戶壓力：「不急著決定，您可以先看看其他用戶的反饋，再考慮是否購買。」

如果客戶開始猶豫，不再一口回絕，那麼他已經進入下一個階段了！

第三階段：心理嘗試期

客戶心理狀態：

客戶開始對產品感興趣，但仍存有防備心。

這時候，他們會主動詢問產品的細節，測試你的專業度。

常見客戶反應：

「這個產品的效果如何？」

「怎麼使用？保固多久？」

「有沒有試用品？」

應對策略：

耐心解答所有問題，並展現自信：「這款產品的使用方式很簡單，只要三步驟，效果非常明顯。」

提供試用或體驗機會，降低客戶的顧慮：「您可以先試試，滿意了再購買。」

強調產品的實用性與保障：「我們提供 7 天無條件退貨，讓您安心選購。」

這時候，你的專業度與態度將決定客戶是否進入購買階段！

第四階段：心理接納期

客戶心理狀態：

客戶已經有購買意向，但仍抱著觀望態度。

他們可能會先買少量，試試看產品效果。

常見客戶反應：

「我先買一點試試看，好的話再說。」

「如果效果好，我會回購。」

應對策略：

鼓勵客戶多買一些，提供額外優惠：「許多客戶第一次購買後，回來追加訂單。現在買多一點還有折扣，這樣更划算。」

化客戶對產品的信心：「這款產品的回購率高，使用過的客戶都很滿意。」

提供貼心服務，增加好感度：「這是我的名片，任何問題或需求都可以隨時聯絡我。」

這時候要做的就是進一步穩固客戶的信心，讓他成為回購客戶！

第五階段：心理成熟期

客戶心理狀態：

客戶已經多次購買你的產品，並對你產生信任。

他開始不再斤斤計較價格，而是更看重你的服務與品質。

第四章　銷售攻心─掌握顧客心理，成交變得簡單

常見客戶反應：

「這款產品真的不錯，我一直都用這個牌子。」

「最近有什麼新產品嗎？推薦一下。」

「有優惠記得通知我。」

應對策略：

維持良好客情關係，讓客戶感受到你的用心：「最近有新品上市，我幫您預留了一些，想試試嗎？」

在節假日或客戶生日時送上祝福，例如：「祝您生日快樂！最近有特別優惠，我幫您爭取了一個 VIP 折扣。」

提供會員專屬優惠，增加忠誠度：「老客戶專屬活動，這次您享有 20% 折扣！」

這些細節，將決定你能否將客戶變成長期支持者，甚至讓他幫你介紹更多新客。

掌握客戶心理變化，精準銷售

銷售不是單純的推銷，而是透過理解客戶心理變化，在不同階段運用合適的策略，引導客戶一步步走向購買，最終成為你的忠實支持者。

只要掌握這 5 個心理階段，並善用適當的話術與應對方式，你的銷售成功率將大幅提升，讓你輕鬆拿下客戶，建立長久的商業關係！

如何與客戶迅速建立熟悉感？——銷售高手的心理技巧

俗話說：「人情賣給熟面孔。」在銷售中，與客戶建立熟悉感至關重要。面對陌生客戶，一旦找到突破口，就應積極互動，持續深化關係。當雙方的互動次數增加，信任感自然也會提升。以下幾個實用技巧，能幫助你更快與客戶拉近距離。

1. 製造機會縮短彼此的身體距離

心理學研究指出，人們本能地會對陌生人保持警戒，不輕易讓不信任的人靠近自己。而與自己較親近的人，則會允許更短的身體距離。因此，身體距離往往是心理距離的具象化表現。縮短彼此的身體距離，可以有效拉近心理距離，進而增進親切感。

許多銷售高手都精通這項技巧。例如，在百貨公司選購襯衫或領帶時，店員可能會說：「我幫您整理一下吧！」藉由幫顧客整理衣物，他們巧妙地縮短彼此的距離，使客戶在不知不覺中降低防備，進而建立更親近的關係。

2. 初次見面時，選擇站在對方旁邊交談

與初次見面的人面對面交談，尤其是直視對方眼睛，可能會讓人產生壓力與不適感。相比之下，站在對方旁邊交談，能有效減少緊張情緒，使交流更順暢。

此外，從心理層面來看，人們的潛意識往往將「面對面」的陌生人視為對手，而將「站在旁邊」的人視為同伴。因此，與客戶溝通時，選擇站在他們身旁，能夠無形中增加親近感，讓對方更容易接受你的建議。

3. 經常見面，以「文火」慢慢加熱關係

心理學中的「分散法則」指出，與其短時間內頻繁接觸，不如透過較長時間、多次交往來建立更穩固的關係。這與學習方式類似 —— 每天學習兩小時、連續六天，效果遠勝於一天內連續學習十二小時。

在銷售中，這一法則同樣適用。許多業務高手會定期拜訪客戶，並以「剛好在附近辦事，順便來看看您」作為理由，讓見面變得更自然、不唐突。隨著接觸次數增加，客戶逐漸習慣你的存在，甚至會開始將你視為朋友。

掌握適當的互動頻率與距離

銷售人員在與客戶互動時，應注意保持適當的空間距離 —— 既不能過遠，避免拉開心理距離，也不能過近，以免讓對方產生防備心理。一般而言，彼此之間保持 76 〜 122 公分的距離較為合適。

此外，維護客戶關係時，也要控制拜訪頻率與時長：

- 新開發的客戶：建議每 1 〜 2 週拜訪一次，每次不超過 15 分鐘，除非客戶主動延長交流時間。
- 老客戶：可調整為 每 1 〜 2 個月拜訪一次，並根據互動情況靈活調整停留時間。

建立關係，贏得銷售成功

成功的銷售不僅取決於產品與價格，更關鍵的是人際關係的經營。透過適當的身體距離、站位策略以及持續性的互動，你能有效縮短與客戶的

心理距離，讓陌生客戶逐漸成為熟客，甚至變成長期合作夥伴。

掌握這些心理技巧，你也能成為銷售高手！

善用「借力」策略，突破銷售困境

在銷售過程中，你可能會遇到各種挑戰，例如缺乏客戶關係、產品知名度不夠等。然而，真正的銷售高手懂得如何「借力」，運用別人的資源來成就自己的業務，甚至締造驚人的成就。

從零開始，他借來一艘油輪

奧地利工程師圖德拉便是一個「借力」的典範。他既無人脈，也沒有資金，卻成功進入石油貿易，甚至獲得了一艘超級油輪。

他的策略源於對市場的精準分析。他發現：

- 阿根廷牛肉供應過剩，但石油製品短缺。
- 西班牙牛肉需求旺盛，卻苦於油輪滯銷。
- 中東石油資源豐富，但運輸能力不足。

於是，他先與阿根廷的牛肉商談判，提出：「我願意購買 2,000 萬美元的牛肉，但條件是你們必須向我購買 2,000 萬美元的丁烷。」阿根廷商家正愁丁烷短缺，立即同意交易。

接著，他與西班牙造船商洽談，以訂購 2,000 萬美元的超級油輪為條件，要求對方購買等值的阿根廷牛肉。造船商欣然接受。

最後,他前往中東,表示願意購買 2,000 萬美元的丁烷,但前提是必須包租他的超級油輪進行運輸。結果,這筆交易順利達成,他也成功獲得了一艘屬於自己的油輪。

透過三方交易,圖德拉不僅零成本取得油輪,還正式踏入石油貿易市場。他的成功來自於精妙的「借力」策略,將各方需求串聯起來,創造多贏局面。

借助關鍵人物的影響力

在銷售中,許多人抱怨缺乏強而有力的支持者,使業務難以推展。然而,真正的高手懂得結交關鍵人物,讓對方成為自己的後盾,從而提高成功機率。

日本「速霸陸」(Subaru)汽車的崛起,就是一個成功借力的例子。

1950 年代,速霸陸母公司「富士重工」剛開始進軍汽車產業,面臨品牌知名度低、資源有限的困境。當時,全球車市由美國、歐洲的大品牌主導,像速霸陸這樣的小公司幾乎沒有立足之地。

然而,速霸陸抓住了一個絕佳機會 —— 日本郵政單位正準備採購一批輕型貨車。速霸陸立刻積極爭取,並承諾根據郵政需求特別設計車款。最終,他們成功拿下這筆大單,不僅確保了公司初期的穩定發展,也讓品牌獲得了政府單位的背書,進一步提升信任度。

這項合作讓速霸陸在市場上站穩腳步,之後更透過與美國企業合作,進一步拓展國際市場,最終成為全球知名的汽車品牌。這正是一個「借助關鍵合作夥伴影響力」成功翻身的經典案例。

學會「借力」，讓成功更近一步

無論是生活還是銷售，資源永遠有限，我們不可能事事完備。因此，真正的高手不會因缺乏資源而停滯，而是懂得靈活「借」資源、關係、影響力，為自己創造優勢。

透過借助市場需求、關鍵人物或外部資源，你可以降低風險、提升業績，甚至創造令人驚嘆的奇蹟。當你開始學會「借力」，你會發現，成功其實並沒有那麼遙遠！

靈活應變，掌握市場競爭的制勝之道

市場瞬息萬變，商場如戰場，競爭日益激烈。在這樣的環境下，銷售人員不僅要懂得產品知識與行銷技巧，更要學會靈活應變、精準謀劃，才能在變局中脫穎而出。

市場競爭中的「聰明布局」──日本摩托車工業的崛起

1960年代，日本的摩托車產業尚未成形，國內市場幾乎被國外品牌壟斷。為了振興本土工業，日本政府在1969年決定積極發展民族摩托車品牌。此消息一出，全球各大摩托車製造商紛紛表示有意出售技術，其中法國更是自信滿滿，保證能在四年內為日本建立年產600萬輛的摩托車廠。

日本政府並未急於與任何外國企業簽約，而是展開一場高明的「市場情報戰」──他們徵召了200名摩托車工程師，組成12個技術小組，前往全球各大摩托車廠進行考察。他們到達當地後，向廠商宣稱：「日本決

第四章　銷售攻心—掌握顧客心理，成交變得簡單

心發展自己的摩托車工業，因此希望購買先進技術，也需要專業廠商協助設計工廠。」

聽聞此話，各大摩托車品牌廠商爭相接待日本考察團，不僅開放參觀工廠，詳細說明技術原理，甚至還提供樣機與專利數據供日本研究。

一年後，日本考察團帶回了全球最先進的摩托車技術與 170 多部樣機，並透過整合各家優勢，研發出屬於自己的摩托車品牌。不到四年，日本便成功建立本土摩托車產業，迅速打入國際市場，成為全球摩托車強國之一，本田技研（Honda）等企業更成為世界級巨頭。

這場「技術收集戰」，讓日本摩托車產業在短短幾年間完成從零到全球領導者的飛躍，成功改寫市場格局。

策略布局，創造雙贏 ── 微軟與 IBM 的合作

與日本摩托車工業精於「資訊收集」不同，美國微軟公司則展現了「如欲取之，必先予之」的智慧策略。

1970 年代末，蘋果公司推出個人電腦（PC），對傳統電腦巨頭 IBM 構成重大威脅。為了應對競爭，IBM 決定投入資源開發個人電腦，並開始尋找合適的作業系統供應商。他們首先洽談的是研究公司（Digital Research），但該公司堅持每套軟體收取 200 美元授權費，這使 IBM 猶豫不決，因為大規模授權將導致開發成本飆升。

接著，IBM 找到了當時仍不算知名的微軟（Microsoft）創辦人比爾蓋茲。蓋茲並未單純關注短期利益，而是看準了與 IBM 合作的長遠價值。他明白，一旦微軟的作業系統成為 IBM 電腦的標準配備，未來全球市場的個人電腦都將使用微軟軟體，這將帶來無窮的發展機會。

於是，蓋茲不僅未向 IBM 討高價，甚至願意以超優惠條件提供軟體，換取與 IBM 建立長期合作關係。結果，IBM 的個人電腦成功上市，微軟的 MS-DOS 也隨之成為全球標準作業系統。幾年後，當 IBM 個人電腦遍布世界，微軟早已在全球市場站穩腳步，成為科技界的霸主之一。

這場合作證明了：短期的讓利，換來的是長期的市場主導權，微軟成功借助 IBM 的影響力，搭上了全球科技發展的高速列車。

變局之中，唯有靈活應對才能制勝

市場競爭如同一場沒有硝煙的戰爭，充滿變數與不確定性。銷售人員不僅要熟悉市場，更要懂得靈活應變、審時度勢，才能在變局中創造優勢：

- 掌握資訊，洞察市場變化 —— 如日本摩托車工業，透過考察全球技術，迅速發展本土品牌。
- 策略合作，放眼長遠利益 —— 如微軟與 IBM 的合作，短期讓利，換取未來市場的領導地位。
- 隨機應變，善用「借力」策略 —— 在競爭中利用現有資源，創造最佳發展機會。
- 銷售人員所面對的市場深不可測，競爭對手也日益強勁，唯有 以變應變、善謀多變，才能在激烈競爭中站穩腳步，邁向成功。

第四章　銷售攻心─掌握顧客心理，成交變得簡單

善用從眾心理，提升銷售成功率

人類天生具有從眾心理，這種心理在消費行為中表現得尤為明顯。當個體單獨行動時，警覺性較高，較難受到影響；但當個體處於群體之中，安全感與信任感隨之提升，容易跟隨他人行動。正因如此，許多消費者在購買時會選擇「跟風」，相信「別人買什麼，我買就不會錯」。

身為業務人員，若能有效運用從眾心理，便能大幅提升銷售業績。其中，一種常見的銷售策略被稱為「排隊技巧」，透過營造「搶購熱潮」的氛圍，來影響客戶的購買決策。

「排隊技巧」──讓客戶自然而然跟進購買

現實生活中，我們經常看到某家店門口大排長龍，經過的人往往會產生好奇，甚至直接加入排隊，因為他們心裡會想：「這麼多人買，一定很好，不然怎麼會這麼多人排隊？」於是，購買的人數越來越多，而其中真正有強烈購買需求的人，可能並沒有那麼多，大多數人只是受到了從眾心理的驅動。

然而，「排隊」的隊伍不一定是實體的長龍，它也可以是無形的口碑行銷，例如：

◆ 「這款飲水機是目前最流行的，我們這個月已經賣斷貨三次了！」
◆ 「您真有眼光，這是今年最熱門的款式，很多顧客都指定要這款！」
◆ 「這個產品是許多知名企業的首選，您也可以考慮看看！」

透過這樣的語言描述，讓客戶產生「別人都在買，我也應該買」的心理，進而加速購買決策，加入「無形的購買隊伍」。

人氣帶動銷售 —— 成功餐廳的經營之道

「人氣帶動業績，業績又進一步提升人氣。」這是許多成功企業經營的核心策略之一。

以餐飲業為例，有些餐廳食物一般、價格一般、服務一般，但生意卻異常火爆，原因就在於它們懂得經營人氣。當一家餐廳經常呈現「座無虛席」的畫面，路過的顧客會認為這家店一定很受歡迎，進而產生「這家店應該不錯，不然不會有這麼多人」的想法，結果人潮越聚越多，形成人氣與業績的正向循環。

如何營造人氣？

1. 開業優惠，吸引人潮

新開幕的餐廳或商店常會推出折扣優惠、免費試吃等活動，即便初期虧本，也要吸引第一波消費者，讓店面看起來「生意興隆」，從而帶動後續人潮。

2. 打造「人氣感」的用餐環境

許多餐廳會刻意將第一組進店的客人安排在最顯眼的位置（如靠窗座位），讓外面經過的人看到店內已經有顧客，進而降低對陌生餐廳的疑慮。

3. 營造結帳排隊的景象

部分店家會刻意稍微延遲結帳速度，讓客人在櫃檯形成小排隊的畫面，使新來的客人誤以為生意非常興隆。但這個技巧要拿捏好時間，避免讓顧客等太久而產生反效果。

善用從眾心理，提高銷售成功率

除了餐飲業，在一般銷售中，業務人員也可以透過舉例或見證來增加客戶的購買意願。例如：「這款保險方案已經有超過 500 位客戶選擇，許多醫生、律師都是我們的長期客戶！」、「這臺車型是企業主最愛選擇的款式，您的選擇也很有遠見！」

如果提到的案例剛好是客戶熟悉或崇拜的對象（如知名企業、名人、朋友），那麼購買的成功率將會更高。

掌握從眾心理，讓業績蒸蒸日上

在競爭激烈的市場中，銷售人員必須善於掌握從眾心理，透過「排隊技巧」或「人氣行銷」，來提升顧客的購買意願。然而，在運用這些技巧時，也必須遵守職業道德，避免刻意製造假象或欺騙客戶，否則短期雖可能提升業績，但長遠來看，會損害品牌信譽，最終得不償失。

透過精心規劃人氣策略，讓客戶自然而然產生信任與購買動機，才能在市場競爭中穩操勝券！

利用客戶占便宜心理

善用「占便宜心理」，提升銷售業績

在銷售領域，許多人都明白一個道理：客戶追求的往往不是「便宜」，而是「占到便宜」後的心理滿足感。換句話說，如果你能讓客戶覺得自己「撿到好處」，他們就更容易購買你的產品。

這種「占便宜」的心理，正是商家行銷的商機所在。在日常生活中，類似的銷售策略屢見不鮮。例如，許多商家在推銷產品時，常用以下話術來刺激消費者的購買欲望：

- 「就要下班了，我破例給你打個折。」
- 「這是清倉特價，你可別告訴別人哦！」
- 「今天還沒開張，特別給你優惠個吉利價。」

這類說法能讓顧客產生「自己撿到便宜」的錯覺，進而愉快地完成購買。

促銷的本質：迎合「占便宜心理」

精明的商家總能找到合適的理由，讓顧客感受到自己占到了便宜。事實上，大多數消費者並不會深入追究產品的「真正價值」，只要覺得自己獲得了額外的優惠，就更容易做出購買決策。

觀察商場中的暢銷商品可以發現，最受歡迎的往往不是知名度最高的品牌，也不是價格最低的產品，而是「促銷力度大、變化頻繁」的商品。例如，「週週有優惠、天天有特價」的商品總是銷量驚人。這背後的心理

機制很簡單——價格波動帶來的「折扣感」，讓消費者覺得此時不買就吃虧了，從而引發衝動性消費。因此，促銷的本質正是順應了顧客「占便宜」的心理，進而提升銷售業績。

結合心理效應，提升成交率

值得注意的是，雖然每位客戶都有「占便宜」的心理，但同時，他們又不希望顯得自己是「白占便宜」。如果業務員能夠利用這兩種心理，將有助於提升成交機率。例如，在正式推銷前，先送出一份精美的小禮物，或邀請客戶共進餐點，這樣能有效提升對方的合作意願。

以某家具城的促銷活動為例，他們的策略是：每天前200位顧客可獲得一份價值20元的神祕小禮物。此舉吸引了大量顧客，即便原本沒有購買計畫的人，因為收到了禮物，也會禮貌性地與業務員交流，甚至表現出購買意願。而當業務員進一步詢問客戶需求，並提供專業介紹時，原本無意購買的客群，反而有可能成為主要的消費者。僅僅20元的小成本投入，不僅提升了產品的曝光度，還促成了更多成交機會，可謂四兩撥千斤的行銷策略。

「小恩惠」帶來大回報

一份小禮物，既滿足了客戶的「占便宜心理」，又觸動了「禮尚往來」的心理，使客戶更願意接受業務員的推銷。主動給予客戶一些實惠，不僅能建立良好的互動關係，也有助於提升銷售轉換率。反觀那些在客戶身上「斤斤計較」的企業，往往難以在業績上取得突破，因為「不願花小錢，就賺不到大錢」。

不過，業務員也需明白，這種「施惠策略」的主要作用在於促進溝通，但不能保證客戶一定會購買產品。影響購買決策的因素眾多，因此，即使客戶接受了禮物卻未下單，也無須氣餒，更不該對客戶失去信心。畢竟，即使客戶當下沒有購買，也可能會透過口碑相傳，為你帶來更多潛在客戶。

善用「占便宜心理」，打造高效銷售策略

綜上所述，善用客戶的「占便宜心理」，適當提供小恩惠，不僅能增強客戶對產品的興趣，還能大幅提升業務成交率。業務員若能靈活運用這一策略，將有助於建立更有效的銷售模式，從而在市場競爭中占得先機。

在銷售過程中，「先給予，再收穫」是一種行之有效的策略。只要能讓客戶覺得自己占到了便宜，他們就更願意主動購買，甚至幫助推廣你的產品與服務。因此，適當的讓利與回饋，不僅是促成交易的關鍵，也是在市場中脫穎而出的重要手段。

掌握反抗心理，讓客戶「唱反調」也能促成交易

人類的心理運作中，反抗心理是一種普遍現象。當人們覺得自身的選擇受到限制，或被明確告知「不能這樣做」時，往往會產生逆向行為，試圖證明自己的自主性。這種心理機制在銷售中可以成為一種強大的推動力，甚至能大幅提升業績。

案例：為何「請飲用少量」的酒店生意更好

某地有兩家酒店，為了招攬顧客，各自在門口張貼廣告。

第一家標榜：「本店以信譽擔保，出售的完全是陳年佳釀，絕對滴水不摻，越喝越想喝」。

第二家則寫：「本店出售摻水一成的陳年老酒，如有不願摻水者，請飲用少量，否則醉倒概不負責」。

結果，強調「請飲用少量」的酒店，生意遠遠勝過宣稱「越喝越想喝」的那家。

這就是反抗心理在發揮作用。

當消費者被告知「請少量飲用」時，他們可能會產生「真的這麼烈？不信」的心理，反而更加躍躍欲試。而對於「越喝越想喝」的廣告，消費者則可能認為只是一般的行銷話術，反而降低了嘗試的欲望。

這家酒店成功地透過「限縮選擇權」來激發消費者的自主意識，讓他們不自覺地想要挑戰這個「禁令」，結果反而吸引更多顧客。

善用限購策略，激發購買欲望

許多行銷活動都依賴從眾心理來提高銷售，例如買一送一、滿額贈禮，但這類常見的促銷手法，效果往往有限，因為消費者早已習以為常。

有些業者則巧妙運用限購策略，成功製造市場熱潮。

案例：限購兩瓶，竟讓飲料大賣

某家大型超市曾推廣一款新飲料，原先的促銷活動為「買三送一」，但顧客興趣缺缺，幾乎無人問津。

掌握反抗心理，讓客戶「唱反調」也能促成交易

後來，行銷團隊決定換個方式，將促銷方案改為：「每人限購兩瓶」。

結果，消費者爭相搶購，貨架甚至一度被擠倒。

因為當人們被「限制」時，會本能地想要「突破限制」，這就是反抗心理的驅動力。當顧客看到「限購」標示，反而會認為這款飲料特別搶手、不容錯過，進而促成購買。

這類「逆向操作」的行銷手法，正是利用了消費者的心理特質，使原本冷門的產品，瞬間變成炙手可熱的搶購商品。

透視客戶心理：從肢體語言讀懂真實需求

在銷售過程中，除了運用反抗心理提升成交率，學會讀懂客戶心理也是決勝關鍵。

心理學研究顯示，人類溝通時，語言僅占 7%，語氣和聲調占 38%，而肢體語言則占了 55%，這意味著，許多真實的想法是透過非語言表達出來的。

英國心理學家莫里斯指出，人體距離大腦越遠的部位，越容易反映真實情緒。例如臉部表情最容易受控，例如強顏歡笑、刻意掩飾情緒，因此可信度最低。

手勢與身體語言會透露中等程度的真實性，特別是手部動作有時會顯露緊張或焦慮腳部動作由於較少受到意識控制，因此最容易洩露真實情緒。

■ 第四章 銷售攻心──掌握顧客心理，成交變得簡單

如何解讀客戶的肢體語言？

1. 觀察腳步方向

如果客戶的腳尖朝向出口，代表他急於離開，對產品興趣不大若腳步朝向你，代表他對你的話題感興趣，願意進一步交流。

2. 注意手部動作

雙手交叉代表防備心較強，對你的話題持保留態度手掌向上攤開，表示較為信任，願意接受你的建議。

3. 解讀眼神變化

眼神接觸時間長，代表客戶在認真思考你的產品或提案，頻繁閃避眼神，可能意味著客戶對你的說法存疑，或感到不自在。

4. 察覺微表情變化

嘴角微微上揚，即使是短暫瞬間，也可能代表他對產品感興趣，眉毛皺起但沒說話，可能意味著他對價格、條件或產品本身有所疑慮。

掌握這些細微的肢體語言線索，可以幫助業務人員在與客戶互動時，更精準地掌握對方的心理狀態，進而做出相應的應對策略

運用反抗心理與心理洞察，提升銷售成功率

在銷售過程中，掌握客戶的心理機制是關鍵。

適時運用反抗心理，如限購策略、逆向行銷，能有效刺激客戶購買欲

望。而透過觀察肢體語言，則能洞察客戶的真實想法，進一步提升成交機率，例如：

◆ 讓客戶「唱反調」，反而提升購買意願
◆ 製造「限購效應」，讓顧客主動爭相搶購
◆ 善用肢體語言，精準解讀客戶內心需求

銷售並不只是單純的產品介紹，而是心理與策略的結合。只要能靈活運用心理學技巧，你就能在競爭激烈的市場中，成功贏得客戶的心，讓業績蒸蒸日上。

「嫌貨才是買貨人」── 善用客戶異議，提高銷售成功率

在銷售過程中，許多業務人員會害怕遇到挑剔的客戶，認為對產品「嫌東嫌西」的人難以應對，甚至影響成交。但事實上，「嫌貨才是買貨人」，真正有購買意向的客戶，往往會提出許多問題，因為他們正在認真考慮購買，才會關心產品的各種細節。

成功的業務人員不會排斥這些質疑，反而會耐心解答，將異議轉化為成交的機會。

案例：水果批發商如何應對挑剔客戶

林先生是一家水果批發公司的老闆，剛開始做生意時，常遇到挑剔的顧客。

有一天，一位顧客仔細端詳手中的水果，皺著眉頭說：「你的水果也

不怎麼樣，還這麼貴？」

林先生微笑著回答：「您放心，我的水果雖然不敢說是全世界最好，但絕對是這一帶品質最佳的。甘甜可口又新鮮，您可以和別家的比較看看，或者先試吃一個。」說完，他拿出小刀削了一片水果遞給顧客。

顧客仍搖搖頭：「看起來有點小，我喜歡大一點的。」

林先生依然笑著回應：「自己吃的話，其實大小不是最重要的，主要是口感好才值得買，您說對嗎？」

「可是你這價格太貴了，能不能便宜點？」

林先生不慌不忙地說：「真的不能再低了，我們本來就是薄利多銷，所有人都是這個價格買的。」

這位顧客嫌完了品質，又嫌價格，但最終仍購買了不少水果。

事後，林先生感慨道：「嫌貨才是買貨人。」他深知真正有購買意向的人，才會花時間比較，提出異議，甚至要求折扣。相反，那些沒有興趣的人，可能只是隨意看看，連一句問題都懶得問。

異議是成交的前兆，業務員該如何應對？

在銷售過程中，客戶可能隨時會對產品的品質、價格、功能、保固等方面提出疑問。業務人員若能正確解讀這些異議，並巧妙應對，就能提升成交機率。

以下幾種策略，能幫助業務人員掌握客戶的購買訊號：

「嫌貨才是買貨人」──善用客戶異議，提高銷售成功率

1. 保持耐心，避免與客戶爭辯

當客戶提出質疑時，千萬不能急著否定或反駁，而是應該冷靜應對。例如，當客戶說：「你們的產品怎麼比別人貴？」不應直接回應「我們的品質比別人好」，而是可以說：「確實，市面上有更便宜的選擇，但我們的產品在品質和售後服務方面都有保障，您可以先比較看看。」

2. 積極回應異議，轉化為產品優勢

如果客戶說：「這臺筆電的記憶體只有 16GB，會不會不夠用？」可以回應：「這款筆電的系統經過優化，16GB 記憶體足夠處理多數工作，而且還能自行升級，未來如果有需求可以擴充。」這樣不僅回應了客戶的擔憂，還展現了產品的靈活性。

3. 區分真假異議，判斷購買意向

有些客戶的異議是「試探」，而有些只是「藉口」。真正有購買意向的客戶，會針對產品細節提出具體問題，例如：「這款手機的續航力如何？充電速度快嗎？」但如果客戶只是隨口說「我再考慮看看」，可能代表購買意願不高，此時業務人員應將精力放在更有可能成交的客戶身上。

4. 製造比較優勢，引導客戶做決定

有時候，客戶的遲疑來自於資訊不足或選擇太多。業務人員可以協助客戶比較不同方案，讓他更容易做決定。例如：「這款車的油耗較低，長期下來能幫您省下一筆油錢，而另一款則是空間較大，您比較在意哪方面？」

5. 異議越多，成交機會越大

如果客戶對產品沒有異議，也不主動詢問，往往代表他沒有購買意願，這時業務人員應該考慮是否要轉向其他更有潛力的客戶。

舉例來說，若你向一位客戶推銷豪華轎車，強調其節能環保優勢，但對方始終不發表意見，也沒有進一步詢問內裝或駕駛體驗，那麼這可能表示這款車不符合他的需求，應該考慮推薦其他更適合的車款。

相反，若客戶不斷詢問細節，例如：「這款車的安全系統如何？」、「維修費用高嗎？」這些問題顯示他正在進行評估，這時業務人員應耐心解答，並適時引導客戶做出購買決策。

把握客戶異議，轉化為成交契機

在銷售過程中，業務人員應該歡迎異議，而不是害怕異議。客戶提出問題，不代表他在找麻煩，而是正在仔細評估產品是否值得購買。只要能耐心傾聽、巧妙應對，就能提升成交機率。

真正有購買意向的客戶，往往對產品要求較高，會比較、會挑剔，甚至會討價還價。因此，當客戶提出異議時，業務人員應該感到高興，因為這代表成交的機會正在逼近。

「嫌貨才是買貨人」，異議不應該是阻礙，而是銷售成功的前奏。只要能妥善應對，就能將挑剔的客戶轉化為忠實顧客，讓業績蒸蒸日上。

以客戶利益為核心，打造長久的銷售關係

「以營利作為唯一目標」這句商場名言，許多企業與業務員都耳熟能詳。然而，若只追求短期利益，甚至損害客戶的權益，最終只會導致信任破裂，銷售停滯，甚至企業陷入惡性循環。

真正成功的業務員，不是只關心如何賺錢，而是懂得在幫助客戶省錢的同時，為自己創造價值。當你站在客戶的立場，設身處地為他們考慮，不僅能獲得客戶的信任，還能建立穩固的長期合作關係。

將客戶視為夥伴，而不只是交易對象

在銷售中，許多業務員容易陷入一個錯誤——只關心如何推銷產品，而忽略了客戶的需求。事實上，成功的銷售並不是單方面的交易，而是與客戶並肩作戰，共同尋找最適合的解決方案。

1. 站在客戶的角度考慮問題

當你將客戶的需求視為自己的需求，把客戶的預算當作自己的預算，就能更理性地為客戶提供最佳選擇。例如，若你是電信業務員，與其強調高額資費方案的優勢，不如根據客戶的使用習慣，推薦最符合需求的方案，讓客戶感受到你的專業與誠意。

2. 幫助客戶省錢，提升信任感

若業務員能主動提供省錢建議，例如告訴客戶某款產品近期可能會有促銷，或建議以較划算的方式購買，客戶便會認為你是真心為他著想，而

非只是為了成交。這樣的互動，能大幅提升客戶對你的信任，也讓他更願意長期與你合作。

3. 幫助客戶做正確的決定，建立長期信任

客戶通常會依賴業務員的專業建議來做出購買決策，因此，幫助客戶做出正確的選擇，是讓客戶信任你最簡單的方法。當客戶發現你的建議能真正幫助他，他就會對你產生良好印象，進而形成長期合作關係。

4. 業務員的角色是「問題解決者」，不是「老師」

推銷時，業務員不應以高高在上的姿態向客戶「教育產品知識」，而應該以問題解決者的角色，幫助客戶排除困難。若你能幫助客戶選擇最合適的產品，而不是讓他感受到被推銷，客戶的購買意願自然會提高。

5. 讓客戶成為你的「免費宣傳者」

當客戶發現你的建議讓他受益，他不僅會對你產生信賴，還有可能向親友推薦你的產品與服務。口碑行銷的影響力往往遠超傳統廣告，這樣的推薦不僅免費，還比任何行銷手法都更具說服力。

消費趨勢轉變，業務員必須與時俱進

隨著時代發展，消費者的購買行為早已從「單純追求價格」轉變為「尋求價值與服務的平衡」。客戶不僅希望買到合適的產品，更在乎購買過程是否愉快、售後服務是否完善，以及業務員是否真正為他著想。

為客戶考慮得越周全，成交機率越高

當客戶感受到業務員的誠意，知道自己能在這裡獲得最好的建議與服務，他們就會更願意購買你的產品。相反，若客戶察覺業務員只是為了業績而推銷，不僅不會成交，甚至可能影響品牌形象。

以客戶為核心，讓銷售長久穩定發展

銷售的本質並不只是「如何把產品賣出去」，而是如何在創造價值的同時，與客戶建立長久關係。

- 站在客戶角度，提供真正符合需求的方案
- 幫助客戶省錢，讓客戶感受到你的誠意與專業
- 協助客戶做正確決策，累積信任與口碑
- 提供超越價格的服務，讓客戶願意長期與你合作

當業務員能做到這些，銷售不再只是短期交易，而會轉變為穩定成長的長久事業。當你為客戶創造價值，客戶自然會回饋你更多的機會與業績，讓你在市場競爭中立於不敗之地。

第四章　銷售攻心──掌握顧客心理，成交變得簡單

第五章

領導心態 ——
影響人心，打造高效團隊

　　管理工作既複雜又充滿挑戰，管理者不僅要應對日常業務，還需解決各種突發問題，適應瞬息萬變的環境。在這樣的情境下，單憑制度與指令難以真正發揮管理效能，心理學則成為成功管理者不可或缺的工具。

第五章　領導心態─影響人心，打造高效團隊

管理核心：不僅是資源調度與決策

　　管理的核心更關鍵的是如何理解、激勵與影響人。唯有掌握員工的心理需求與行為動機，才能有效引導團隊克服困難、持續創新，並在變局中保持競爭優勢。

管理者必須具備堅強的意志

　　管理者必須具備堅強的意志，才能激勵團隊前進。無論是哪個產業，管理者都無法避免挑戰與挫折，這時候，領導者的心態與態度將直接影響團隊的士氣與行動力。

1. 管理者的堅定信念能影響團隊的信心

　　當企業面臨困境，若領導者表現出猶豫與消極，員工也會受到影響，進而降低工作積極性。相反，若管理者展現堅定的信念，並傳遞「我們可以找到解決方法」的態度，團隊便能產生更強的信心與行動力。

2. 以行動展現抗壓能力，帶領團隊克服挑戰

　　優秀的管理者不僅能在壓力下保持冷靜，更懂得如何調適情緒，並在關鍵時刻做出理性決策。例如，當公司面臨業績下滑時，管理者若能分析問題根源，並帶領團隊制定改善策略，而非一味責怪員工，將更能激發團隊的向心力與創造力。

運用心理學，提高管理效能

心理學在管理中的應用範圍極廣，從溝通技巧、激勵策略到衝突處理，都與員工的心理狀態息息相關。以下幾個關鍵心理學原則，有助於提升管理效能

1. 需求層次理論 —— 了解員工真正的動力來源

美國心理學家馬斯洛（Maslow）提出的需求層次理論指出，人類的需求從低到高分為生理、安全、社交、尊重與自我實現五個層次。在管理中，若能根據員工需求的不同層次提供相應的支持與激勵，將能提升工作滿意度與績效。

例如，對於剛進入職場的年輕員工，穩定的薪資與發展機會是最重要的；而對於資深員工，能否獲得成就感與職涯成長則更為關鍵。管理者若能針對不同員工的需求調整管理方式，將能大幅提升團隊凝聚力與工作動能。

2. 強化正向回饋，建立高效能文化

心理學研究顯示，員工的行為容易受到獎勵與回饋的影響。當管理者能及時肯定員工的努力，即便只是簡單的「這次專案做得很好，感謝你的努力」，都能強化員工的積極行為，並讓他們願意投入更多心力。

相反，若長期忽視員工的貢獻，只在出錯時才批評，則可能導致員工喪失動力，甚至降低對組織的認同感。

第五章　領導心態—影響人心，打造高效團隊

情境領導 ── 根據員工特性調整管理風格

不同員工適合不同的管理方式，「一套方法管理所有人」往往會導致效率低落。美國學者赫塞（Hersey）與布蘭查德（Blanchard）提出的情境領導理論指出，管理者應根據員工的能力與成熟度調整領導方式

- 指導型（Tell）── 適用於新手員工，需明確指導與監督
- 推動型（Sell）── 適用於學習中的員工，鼓勵參與討論並提供激勵
- 支持型（Participate）── 適用於具備一定經驗的員工，透過溝通與合作達成目標
- 授權型（Delegate）── 適用於成熟的專業人才，給予高度自主權，讓員工發揮創造力

透過這種彈性管理方式，能夠讓每位員工在最適合的環境下發揮潛力，進而提升團隊整體效能。

心理學是管理的隱形助力

管理不只是訂定規則、分派任務，更重要的是了解人心，激發團隊最大潛能。成功的管理者不僅要有決策能力，更需要具備心理學素養，才能有效應對變局、激勵員工，並帶領組織持續成長。

- 以堅定信念影響團隊，帶領員工突破困境
- 運用心理學技巧，提升員工動力與工作滿意度
- 根據不同員工特性調整管理方式，打造高效團隊

當管理者懂得心理學，不僅能提升組織績效，更能建立一個充滿信任與合作的工作環境，讓企業在競爭激烈的市場中保持領先。

管理者的熱情：點燃團隊動力的關鍵

管理不僅是制定策略與分配資源，更關鍵的是如何影響與激勵人。美國夏威夷大學的心理學教授埃萊妮·哈特菲爾德的研究指出，人類的情緒具有強烈的感染力，無論是正面或負面的情緒，都能迅速影響周圍的人。對於管理者來說，這意味著你的態度與熱情，將直接決定團隊的士氣與績效。

如果管理者充滿熱情，員工也會被感染，工作效率與創造力自然提升。相反，若管理者態度消極，整個團隊的動力也會逐漸下降。因此，成功的管理者必須懂得用熱情帶動團隊，讓整個組織充滿活力與動能。

管理者的熱情如何影響團隊？

1. 情緒具有傳染力，影響工作氛圍

芝加哥大學的研究發現，當團隊領導者的心情良好，整個團隊的協作能力與默契度都會明顯提高。相反，若領導者消極低落，則容易讓員工感受到壓力，進而影響工作表現。

■ 第五章　領導心態—影響人心，打造高效團隊

2. 管理者的態度決定員工的投入度

企業變革或領導層更換時，往往會發現員工的工作熱情也隨之改變。有時，一位新管理者上任後，原本低迷的團隊竟然變得幹勁十足，這就是領導者的熱情所帶來的影響。

3. 熱情能激發團隊向心力與執行力

孫策平定江東時，每次戰鬥都親自衝鋒陷陣。他的將士曾擔心他的安危，但孫策卻說：「如果我不親冒矢石，那麼將士們又有誰會勇猛作戰呢？」這種領袖魅力激勵了士兵的戰鬥意志，最終助他奠定江東基業。同樣地，現代管理者若能以積極的態度領導團隊，員工也會更願意投入工作。

如何透過熱情打造高效團隊？

1. 以熱情帶動員工，而非僅靠制度管理

管理者不必在每個領域都比員工專業，但一定要懂得用熱情感染團隊。如「企業傳奇 CEO」傑克・威爾許，他之所以被選為奇異公司總裁，正是因為他的演講展現出極大的熱忱。他曾說：「我透過熱情來感染我的團隊，讓他們也充滿熱情，這才是我真正的成功。」

2. 創造積極的工作環境，提升團隊能量

耶魯大學教授哈馬斯・埃爾指出，熱情是有週期性的。當一個團隊被領導者的熱情激發後，這股能量可以維持一段時間，但當日常工作回歸常

態後，管理者需要再次注入新活力。因此，管理者應定期透過團隊活動、目標調整或挑戰新專案來重新點燃員工的工作動力。

3. 面對困難時，聚焦於挑戰而非障礙

每份工作都存在繁瑣、單調或具挑戰性的部分，關鍵在於管理者如何看待這些問題。最優秀的領導者不會將焦點放在困難與阻礙上，而是專注於自己熱愛的部分，並引導團隊發掘工作的價值與意義。

自我檢視：你的熱情是否足以影響團隊？

如果你希望用熱情帶動組織，請先問問自己：

- 我熱愛我的工作嗎？
- 我在工作的過程中是否充滿熱情？
- 我是透過什麼方式展示我的熱情與活力的？
- 別人如何評價我對工作的態度？

如果你的答案顯示出自己對工作的熱情不如預期，這代表你需要重新調整心態，找回工作的動力與樂趣。管理者的熱情不是偽裝出來的，而是來自於對工作的真心投入與熱愛。

以熱情點燃組織活力

管理的核心不只是決策與執行，更是影響與激勵。管理者的態度決定了團隊的精神狀態，而熱情則是最具感染力的推動力。

第五章　領導心態—影響人心，打造高效團隊

- ◈ 熱情能夠傳遞，影響團隊的士氣與表現
- ◈ 管理者的熱情決定了組織的文化與氛圍
- ◈ 透過積極態度與行動，引導員工發掘工作的價值

　　企業的競爭力不僅來自制度與策略，更來自團隊的凝聚力與執行力。當管理者能夠以真誠的熱情感染員工，團隊自然會產生強大的動力，進而推動組織持續成長。

員工需求層次與有效管理策略

　　美國心理學家馬斯洛（Abraham Maslow）的「需求層次理論」（Hierarchy of Needs）指出，人類的需求由低到高可分為五個層次：

- ◈ 生理需求：維持基本生存，如食物、住房、醫療
- ◈ 安全需求：穩定的工作、職業保障、未來可預測性
- ◈ 社交需求（歸屬與愛的需求）：人際關係、團隊認同、友情與歸屬感
- ◈ 尊重需求：自尊、他人的尊重、地位與成就感
- ◈ 自我實現需求：發揮潛能、挑戰自我、追求更高層次的成就

　　馬斯洛的理論不僅適用於個體心理，也為企業管理提供了重要的參考。若企業無法滿足員工的基本需求，就難以激發更高層次的工作動力，這也是許多企業留才困難、員工缺乏熱情的根本原因。

員工的生存需求：薪資是最基本的激勵因素

許多企業管理者習慣向員工「畫大餅」，告訴他們未來的發展前景，卻忽略了最基本的薪資與福利。然而，如果員工連最基本的生存需求都無法滿足，談願景與團隊精神便毫無意義。

1. 薪資與福利的重要性

企業的薪資待遇直接影響員工的穩定性。根據人力資源管理理論，薪資競爭力不足的公司，員工流動率通常較高，因為員工會選擇能夠提供更好經濟保障的企業。

2. 留才策略：穩定薪資，讓員工安心工作

如果企業希望降低員工離職率，應確保薪資與市場水準接軌，並提供額外福利（如獎金、年終獎勵、健康保險等），讓員工的生存需求得到滿足，進而提升工作穩定度。

案例：某企業管理混亂，主管對待員工態度惡劣，導致員工普遍不滿。然而，一名員工卻遲遲不願離職，原因是「這家公司薪資高，雖然工作環境不佳，但如果跳槽，很難找到相同薪資的職位。」這充分說明，薪資待遇對員工決策的影響遠超管理風格。

員工的發展需求：薪資之外，還要提供成長機會

當員工的生存需求滿足後，下一步便是追求個人成長與成就感。這時，企業應當提供挑戰與機會，讓員工看到自己的職涯發展路徑，避免他們因缺乏前景而離職。

■ 第五章　領導心態─影響人心，打造高效團隊

1.「讓員工跳起來摘蘋果」── 制定適當挑戰目標

　　企業應為員工設定比現有能力略高的目標，讓他們透過努力達成成就感。例如，提供晉升機會、設定挑戰性專案，讓員工感受到職場成長的可能性。

2. 企業內部培訓與發展計畫

　　提供專業技能培訓、領導力課程、跨部門學習機會，讓員工覺得自己不僅是在工作，更是在持續進步與學習。

　　案例：某科技公司發現，新進員工的離職率高，經調查後發現，原因並非薪資問題，而是缺乏成長空間。後來，公司導入內部培訓機制，並提供「師徒制」學習機會，員工的滿意度與留任率明顯提升。

尊重與自我實現需求：讓員工感受到價值

　　當員工達到較高層次的需求，他們開始關注成就感、地位、影響力，以及是否能夠實現自我價值。此時，企業應透過認可與尊重來進一步激勵員工。

1. 讚賞與認可

- 公開表揚績效優異的員工，如頒發獎狀、設立「員工之星」等
- 讓員工參與決策，讓他們感受到自己的意見被重視
- 提供獎金、升遷機會，以實質獎勵回應員工的努力

2. 提供挑戰性任務，提升成就感

◈ 指派專案負責人，讓員工有機會主導重要工作
◈ 培養內部創業文化，鼓勵員工提出創新想法並實際執行

案例：某國際企業推動內部創新競賽，讓員工提出改善企業運作的創新計畫。優勝者不僅獲得獎金，還能領導團隊執行提案，這種機制大幅提高員工的參與度與工作動力。

管理者應如何滿足不同層次員工需求？

下表整理了不同需求層次的員工對應的激勵方式與管理策略。

需求層次	激勵因素	管理措施
生理需求	基本薪資、工作環境	提供有競爭力的薪資、員工餐廳、良好工作條件
安全需求	穩定性、職業保障	提供員工保險、職涯發展計畫、長期合約
社交需求	團隊合作、歸屬感	建立良好團隊文化、舉辦員工活動、強化內部溝通
尊重需求	成就感、認可	設立績效獎勵、公開表揚、讓員工參與決策
自我實現需求	事業發展、挑戰	提供升遷機會、指派領導任務、支持創新

優秀的管理者應根據員工的需求層次，提供對應的激勵措施，確保員工不僅「吃得飽」，更能「吃得好」，進而促使企業穩定發展。

第五章　領導心態—影響人心，打造高效團隊

滿足需求才能激發動力

- ◈ 薪資與穩定是留住員工的基礎，企業應確保員工的基本生存需求得到滿足
- ◈ 提供學習與成長機會，讓員工看到未來的發展空間，提升工作滿意度
- ◈ 給予適當挑戰與尊重，幫助員工建立成就感，提升忠誠度
- ◈ 創造「跳起來摘蘋果」的挑戰機會，讓員工持續進步，實現自我價值

　　成功的企業不僅要提供薪資，更要滿足員工的心理需求，讓員工真正將企業當成長期發展的舞臺。當員工的需求被滿足，企業也將獲得更高的忠誠度與績效，形成良性循環。

尊重是最強大的管理動力

　　馬斯洛的需求層次理論指出，尊重需求是人類五大需求之一，僅次於生理、安全與社交需求。當個人感受到尊重時，會產生自信、正向、進取的心理狀態，進而提高工作效率與生活滿意度；反之，當尊重需求受挫，則可能導致自卑、無能感，甚至喪失對組織的認同感。

　　心理學研究證實，企業是否尊重員工，將直接影響員工的工作績效與忠誠度。著名的霍桑實驗便顯示，當員工被特別關注、受到尊重時，他們的生產力與工作熱情顯著提升。因此，管理者若能理解並滿足員工的尊重需求，便能創造更高效、穩定且充滿動力的工作環境。

霍桑效應：尊重如何影響工作表現

霍桑實驗由美國西方電器公司在霍桑工廠進行，研究團隊選出六名女工，讓她們在不同條件下工作，以測試工作環境對生產力的影響。

實驗結果

即便在薪資制度、休息時間、工時安排等條件改變後，這些女工的生產力始終穩步上升。甚至在最後一階段，當所有條件恢復原狀時，她們的工作效率仍遠高於最初。

心理學家的發現

女工的工作表現改善，並非僅因為環境條件變動，而是因為她們感受到自己受到特別重視。她們意識到自己被選為實驗對象，因而更努力表現，期待獲得認可。這種現象後來被稱為「霍桑效應」，說明當員工感覺被尊重、被重視時，工作積極性與投入度將大幅提升。

管理啟示：員工最渴望的，是被當作「重要的人」對待。當員工感受到組織的尊重時，他們不僅願意付出更多努力，也更容易與企業產生歸屬感與忠誠度。

尊重如何提升員工動力與組織績效？

1. 提升工作積極性，降低倦怠感

當員工認為自己的意見與努力受到重視，他們會更願意投入工作，進而減少消極怠工、離職等情況。反之，當員工感到被忽視或不受尊重，則可能產生情感耗竭與倦怠感，影響整體士氣與生產力。

2. 促進員工對企業的認同感

員工從加入企業的第一天起，便開始尋求與組織的認同感。當員工感受到自己是團隊中不可或缺的一員時，他們會更願意主動承擔責任，甚至願意自發性地為組織貢獻創新與改進。

3. 營造正向的企業文化，提升整體績效

一個尊重員工的企業，能夠吸引與留住優秀人才，並形成積極向上、互相尊重的文化。這樣的企業不僅能提升競爭力，也能在市場上建立良好的品牌形象。

管理者如何讓員工感受到尊重？

1. 以禮相待，建立良好溝通氛圍

- 尊重員工的想法與意見，耐心聆聽，避免敷衍或打斷對方
- 與員工溝通時保持眼神接觸與專注態度，避免居高臨下或冷漠的語氣
- 記住員工的名字與重要事項，展現關心與重視

2. 授權與賦能，讓員工擁有發揮空間

- 讓員工參與決策，提高對工作的主角意識
- 提供專業培訓與學習機會，提升員工能力與自信心
- 給予適當的挑戰與責任，讓員工感受到自己的價值

3. 真誠讚賞，讓員工感受到成就感

- ◆ 公開表揚優秀員工，如頒發獎狀或員工表現獎勵
- ◆ 當面肯定員工的貢獻，例如「你這次的提案很棒，公司因為你的建議節省了成本！」
- ◆ 給予實質性的回報，如升遷機會、加薪或額外獎勵

4. 顧及員工的面子，避免公開指責

- ◆ 若需糾正員工錯誤，應選擇私下溝通，而非公開指責
- ◆ 給員工留有餘地，讓他們有機會修正錯誤，避免讓員工覺得被羞辱
- ◆ 在更正決策時，讓員工感受到被理解，如「最初我也這樣想，但後來了解更多資訊後，我發現另一種方式可能更合適。」

企業成功案例：尊重如何改變員工態度

英國維珍航空（Virgin Atlantic）的管理文化

維珍航空創辦人理查・布蘭森（Richard Branson）曾說：「照顧好員工，員工就會照顧好顧客。」維珍航空透過尊重與信任員工，讓員工擁有更大的決策權。例如，空服人員可以根據顧客需求彈性提供服務，而不需受到繁瑣的規範限制。結果，公司顧客滿意度與員工忠誠度雙雙提升。

美國 Google 的「心理安全」文化

Google 內部研究發現，高績效團隊的關鍵不是個人能力，而是團隊成員是否感受到「心理安全」，即是否敢於發言，並確信自己不會被批評或

羞辱。因此，Google 鼓勵開放討論，並確保每位員工的意見都能被尊重，這使得 Google 成為最具創新力的企業之一。

尊重是最好的激勵方式

- 尊重需求與生理、安全需求同等重要，會直接影響員工的工作表現
- 霍桑效應證明，當員工感受到自己被重視，工作效率將顯著提升
- 管理者應透過禮貌、授權、讚賞與顧及面子等方式，讓員工感受到尊重
- 一個尊重員工的企業，將能夠吸引與留住人才，創造長遠的競爭優勢

尊重不僅是一種管理技巧，更是一種企業文化。當員工在組織內感受到真正的尊重與價值，他們將不僅為了薪資而工作，更會因為對企業的認同感，而願意全力以赴，貢獻最大的努力。

情緒管理：員工抱怨應該被傾聽與疏導

每個人在生活與工作中都會產生各種情緒和意願，但並非所有願望都能實現，也不是所有情緒都能被滿足。有些人認為，對於那些未能實現的願望或負面情緒，應該壓抑或克制。然而，心理學研究發現，當情緒被壓抑時，它並不會消失，反而可能累積成更大的心理壓力，甚至影響工作表現。

因此，正確的做法是「疏導而非壓抑」，讓員工有機會合理表達不滿，而不是讓怨氣在無形中影響生產效率。心理學家發現，當員工的情緒能夠被適當引導，公司整體工作效率與士氣都能獲得提升。

霍桑實驗：情緒宣洩與工作效率的關聯

美國霍桑工廠曾進行一項實驗，研究情緒對工作效率的影響。他們在兩年內與工人進行了超過兩萬次談話，耐心聆聽工人對管理的意見與抱怨，並讓他們自由表達不滿。結果顯示，當工人能夠坦誠宣洩情緒時，工作效率顯著提高。

這項研究揭示了一個關鍵事實，員工的不滿情緒若能被適當引導與處理，不僅不會影響工作，反而能夠轉化為正向動力，提高企業的整體生產力。

企業幫助員工釋放情緒

日本松下電器公司意識到員工壓力可能影響生產效率，因此設立了「精神健康室」，也稱為「出氣室」。如果員工因工作壓力或對管理者不滿，便可以進入「出氣室」發洩情緒。

出氣室的設計特色

- ◈ 內部擺放哈哈鏡，讓員工透過幽默方式釋放壓力
- ◈ 設有象徵管理層的橡皮人形，員工可用棍棒敲擊，發洩不滿
- ◈ 讓員工在安全、不影響他人的環境中，釋放累積的負面情緒

這樣的機制確保員工不會將憤怒轉移到工作與同事關係中，有助於維持職場和諧，提高生產效率。

當然，不是所有企業都能設立「出氣室」，更多時候，企業需要依靠管理者的溝通技巧來疏導員工的不滿情緒。

第五章　領導心態—影響人心，打造高效團隊

管理者如何正確處理員工抱怨？

在任何公司，員工都可能因薪資、工時、管理方式等問題產生不滿。如果管理者忽視這些情緒，可能會導致員工流失、團隊矛盾與士氣低落。

- 常見的錯誤應對方式
- 認為員工抱怨是小事，不值得花時間處理
- 忽略員工意見，導致員工覺得不被尊重
- 認為抱怨的員工是不忠誠、不敬業的人

事實上，員工抱怨並不代表對公司不忠，反而顯示他們仍在乎這份工作，才願意表達不滿。如果員工對企業已完全失望，他們可能不會抱怨，而是選擇沉默，最後直接離職。

管理者應如何有效處理員工不滿？

1. 事先了解問題，避免過度反應

嘗試站在員工的角度思考，理解抱怨背後的原因。

避免草率反駁或立即下判斷，先全面了解情況。

2. 樂於接受員工的抱怨，提供發聲管道

若當下無法處理，可安排時間傾聽員工的意見。

鼓勵員工透過匿名意見箱、內部調查或定期會議反映問題。

3. 先聽後說，避免直接反駁

讓員工充分表達意見，避免打斷或否定他們的感受。

有時候，員工只是需要「一對理解的耳朵」，不見得要求立刻改變。

4. 公正處理，聽取多方意見

若抱怨涉及其他部門或同事，應收集所有相關資訊，以確保公平解決問題。

避免偏袒或倉促做出決定，以免激化矛盾。

5. 若問題可以解決就立即行動；若無法改變應清楚告知原因

若管理層能夠改善問題，應迅速採取行動，展現誠意。

若問題超出管理者的權限，也應向員工解釋原因，而非敷衍了事。

管理者的心態決定企業文化

1. 錯誤的管理心態：封閉式管理

一些管理者認為，員工應該服從管理，少抱怨，多做事。這樣的態度可能導致員工壓抑情緒，最終影響工作效率，甚至加劇人員流失。

2. 正確的管理心態：開放式管理

優秀的管理者會鼓勵員工發表意見，將抱怨視為改進企業營運的機會。例如，許多跨國企業會設立員工意見反饋系統，定期收集員工的想法，並針對反映較多的問題提出改善方案。

第五章　領導心態—影響人心，打造高效團隊

案例：Google 如何管理員工情緒

　　Google 內部推行「TGIF 會議」，全名為「感謝老天是星期五」，讓員工每週五向管理層提出任何問題或抱怨。管理層會認真聆聽並即時回應，這不僅讓員工感受到尊重，也讓公司能夠迅速發現內部問題，進行改進。

　　這種開放式管理方式，使 Google 擁有極高的員工滿意度，並降低離職率，確保企業能夠持續創新與成長。

情緒管理決定企業競爭力

- 員工的不滿若被忽視，可能會影響生產力，甚至造成人才流失
- 提供適當的情緒宣洩管道，有助於提升整體工作效率
- 管理者應樂於傾聽員工意見，避免封閉式管理
- 主動處理可改善的問題，並清楚解釋無法改變的因素

　　當管理者懂得「疏導而非壓抑」，並將員工抱怨視為改善企業的契機，才能真正打造高效、穩定且充滿活力的工作環境。最成功的企業，不是那些不會發生問題的企業，而是那些能夠迅速發現並解決問題的企業。

管理者培養正向思維，打造積極企業文化

　　在現實生活中，許多人習慣用負面的方式思考問題，而這種消極思維往往是下意識的，甚至當事人自己都沒有察覺。心理學認為，若想提升幸福感並促進成功，就應該學會糾正負面思維，轉向正面思維，以積極的眼光看待問題。

管理者培養正向思維，打造積極企業文化

在職場中，管理者的思考方式不僅影響自己的成長，也會對團隊氛圍、企業文化產生深遠影響。如果管理者習慣用負面思維看待員工與問題，那麼整個企業都將陷入負面的循環；反之，若管理者能以積極的態度面對挑戰，員工也會受到激勵，企業運作將更為順暢。

心理學與競技運動：正向思維的重要性

成功的體育教練深知，要贏得比賽，除了技術，運動員的心理狀態同樣關鍵。因此，在訓練過程中，他們不僅培養選手的技能，還注重提升抗壓能力。

國際體育專家曾分析，某些世界級運動隊能屢獲冠軍，除了技術卓越，還因為隊員的抗壓能力特別強，能在高壓環境下維持穩定的心理狀態，發揮最佳表現。

這種原則適用於所有領域，不論是運動競技還是企業管理，都應該培養團隊的正向思維與心理韌性。

負面思維如何影響表現？

心理學認為，人的大腦就像一臺電腦，輸入什麼訊號，就會產生相應的結果。如果我們經常輸入消極訊號，大腦會建立負面的行為模式，進而影響決策與行動。

例如：一個人在學騎腳踏車時，若一直害怕跌倒，他的大腦就會強化「我要摔倒」的訊號，結果反而更容易失去平衡而摔車。這並不是因為技術不佳，而是消極思維在影響行動。

第五章　領導心態—影響人心，打造高效團隊

如果一個主管聽到「夏天」這個詞，馬上聯想到「熱得難受」，那麼他對工作的態度也可能是類似的。例如，當他想到「工作」，會聯想到「壓力大、薪水低、繁瑣無趣」，這樣自然會影響他的工作熱情，也無法帶領團隊前進。

同樣地，許多主管在面對業績波動時，往往也會陷入負面思維模式：

- 貨源充足時，擔心貨架擺不下，覺得麻煩
- 貨源短缺時，又抱怨供應不穩，覺得麻煩
- 業績上升時，擔心下個月業績標準會被提高
- 業績下降時，擔心被上級責難

無論業績好壞，他們都處於焦慮狀態，這種消極思維不僅無助於問題解決，還會影響團隊士氣。

正向思維如何改變管理方式？

以下案例是兩種不同的管理風格：

老楊是一名業務主管，手下有四名業務員，各有所長：小 A 擅長與工商單位溝通，業務順利；小 B 與稅務機關關係良好，處理相關事務得心應手；小 C 能妥善應對公安機關的稽查；小 D 在顧客服務上表現優異，深受中老年客戶喜愛。

正向思維的管理者

若老楊擁有正面思維，他應該感到慶幸，因為他的團隊擁有多元專長，能夠相輔相成。他會思考如何發揮每個人的優勢，讓團隊業績更上一層樓。

負面思維的管理者

但老楊卻採取負面思維：

擔心小 A 與工商單位關係太好，可能使用不當手段，因此決定開除他；

覺得小 D 專門服務老年客戶，上午忙碌，下午較為輕鬆，因此對他特別嚴苛。

結果，小 A 離職後，工商事務變得困難，影響公司營運；小 D 因受到不公平待遇，失去工作熱情，導致客戶滿意度下降。最終，老楊的部門績效大幅下滑，在年度考核中排名墊底。

這說明，管理者若總是關注員工的缺點，而忽視他們的優勢，將無法激勵團隊，反而可能導致人才流失，影響企業成長。

如何培養正向思維？

1. 轉換聯想方式

心理學研究發現，當人們聽到某個詞語時，會根據自身經驗產生聯想。例如：

負面思維者聽到「夏天」，會想到「酷熱、難受、不想出門」；

正向思維者聽到「夏天」，則會想到「吃冰淇淋、去海邊、穿上輕便的衣服」。

這些聯想會影響人的情緒與行為。因此，我們應該選擇正向的聯想方式，讓自己保持快樂與動力。

2. 強化企業內的正面元素

管理者應該在組織內建立良性思維模式，鼓勵員工看到「已經做到」的成就，而非只關注問題。例如：

◆ 表揚員工的進步與努力，讓他們知道自己的付出受到肯定
◆ 在業績達標時，鼓勵團隊挑戰更高目標，而非只強調壓力
◆ 遇到問題時，與團隊一起尋找解決方案，而非只指責錯誤

3. 管理者應控制情緒，避免將壓力轉嫁給員工

如果管理者在遇到挫折時，習慣對員工發脾氣，這不僅影響團隊氛圍，也會降低員工的工作積極性。真正成熟的管理者能夠控制自己的情緒，並以正面方式引導團隊。

4. 從管理層開始培養正面文化

當企業內部充滿正向思維，員工便能主動解決問題，不必等上級催促或指示，團隊將能更加高效運作。

企業成長從管理者的思維轉變開始

正向思維有助於提升決策品質，讓管理者更善於發掘機會，而非專注於問題。

負面思維不僅影響個人情緒，也會降低整個團隊的士氣與效率。

管理者應該主動塑造企業內的積極文化，鼓勵員工看到工作的價值與成就感。

當企業內部建立起積極向上的氛圍，團隊成員將更具動力與創造力，企業也將能夠穩健發展，走向更寬廣的未來。

想像力讓你思維更開闊

想像力可分為積極想像與消極想像

積極想像：有目標、有計畫地進行，常用於戰略規劃、創新研發及解決問題。

消極想像：無特定方向、隨機進行，雖然可能帶來創意，但缺乏實際應用價值。

在企業管理中，積極想像力是管理者不可或缺的能力，它不僅能夠幫助制定戰略目標，還能促進創新，提升企業競爭力。

想像力是管理者不可或缺的競爭力

想像是一種心理過程，它讓我們能夠對已知事物進行加工與改造，進而形成新的概念或策略。雖然想像的內容未必來自親身經驗，但它並非毫無根據，而是基於過去的感知與認知，經過創造性思考後所產生的成果。

在管理領域，想像力對於決策、創新、問題解決以及人際關係處理，都具有舉足輕重的作用。一名優秀的管理者，不僅需要觀察力與分析力，還應該擁有豐富的想像力，才能在變化莫測的市場環境中找到突破口，帶領團隊邁向成功。

■ 第五章　領導心態─影響人心，打造高效團隊

1. 想像力幫助管理者制定遠景與目標

　　一個成功的企業，往往始於管理者的願景，而這種願景正是來自於想像力。例如：

◈ 美國蘋果公司創辦人賈伯斯，憑藉對科技與人性的深刻想像，創造出改變世界的產品。

◈ 新加坡創新科技（Creative Technology）總經理沈望傅，在1990年代就想像多媒體市場的未來發展，成功推出創新產品，成為業界領導者。

　　那麼，管理者如何運用想像力制定目標？

◈ 思考企業五年、十年後的發展藍圖，並將其轉化為可執行的計畫。

◈ 不侷限於當前現實，勇於預測未來趨勢，開拓新市場、新技術或新商業模式。

◈ 將想像力轉化為激勵力，透過願景帶動團隊士氣，讓員工對未來充滿期待。

2. 想像力提升創新與問題解決能力

　　市場競爭激烈，企業要持續成長，創新是關鍵。當面對挑戰或瓶頸時，管理者的想像力能夠提供新的解決方案，突破困境。例如：

◈ 微軟開發多媒體概念時，市場仍未準備好，但他們憑藉對未來的想像，成功開創新市場。

◈ 日本豐田汽車在研發新款車型時，透過想像力模擬各種駕駛情境，從而提升產品性能與安全性。

那麼，管理者如何運用想像力創新？

- 打破傳統框架，嘗試不同角度思考問題，如使用「頭腦風暴」或「逆向思考」技術。
- 將不同領域的概念結合，例如，蘋果公司將科技與藝術融合，創造出極具設計感的產品。
- 模擬未來可能發生的變化，提前準備應對策略，以提升企業競爭力。

3. 想像力幫助管理者預測與應對風險

企業經營充滿變數，若能預先想像可能發生的問題，便能提前制定應對策略，減少風險。例如：

- 金融機構利用「壓力測試」來模擬經濟衰退時的應對方案，以確保財務穩健。
- 企業在拓展國際市場前，透過想像力預測不同文化的市場反應，避免策略錯誤。

那麼，管理者如何運用想像力應對風險？

- 對各種決策進行情境模擬，預測可能的風險與影響，提前設計應對方案。
- 定期進行危機演練，確保團隊能夠快速應對突發事件，如供應鏈中斷、競爭對手的市場衝擊等。
- 運用數據與市場趨勢分析，搭配想像力進行推測，以更準確地制定商業策略。

第五章　領導心態—影響人心，打造高效團隊

4. 想像力提升人際關係處理能力

管理不只是數據與決策，更重要的是如何與人相處。擁有想像力的管理者，能夠設身處地思考員工的感受，避免不必要的衝突。例如：

美國創造學大師奧斯本指出：「想像力支配著我們的個人生活，沒有想像力，就無法設身處地為他人著想。」

優秀的領導者懂得在開會前先預測員工可能的反應，進而調整溝通策略，提升會議效率。

那麼，管理者如何運用想像力改善人際關係？

◆ 站在對方的角度思考問題，避免做出傷害員工情感的決策。
◆ 在發表評論前，想像對方的接受度，選擇最合適的溝通方式。
◆ 在團隊協作中，預測可能產生的誤解或矛盾，提前規劃解決方案。

如何提升想像力？

觀察並聯想

觀察雲朵、天花板的形狀，並試著聯想到各種可能的形象。

在閱讀書籍時，先想像內容，再與實際內容做比較。

進行創造性思考練習

閱讀推理小說時，試著預測故事發展與凶手身分。

根據地圖或設計圖，想像實際環境的樣貌。

模擬未來情境

在處理專案前,預想可能的困難與解決方案。

在進行決策前,模擬不同選擇可能帶來的結果。

多接觸不同領域的知識

跨領域學習,例如,結合科技、藝術、商業等概念,激發創新靈感。

與不同背景的人交流,開拓新的視角。

想像力讓管理更具前瞻性與競爭力

想像力並非天馬行空的幻想,而是基於現有知識與經驗,透過創造性思考所產生的推理與預測能力。對於管理者而言,想像力能夠幫助制定戰略、提升創新能力、預測風險並改善人際關係。

成功的企業,往往來自於管理者的遠見與創新,而這一切,都源自於強大的想像力。管理者應該持續鍛煉想像力,讓自己與企業都能在競爭激烈的市場中保持領先地位。

注意力:管理者高效決策的關鍵能力

注意力是指心理活動對特定物件的指向與集中。在某一時間內,我們的心理活動會選擇性地關注特定事物,而忽略其他無關的刺激。例如,當我們專心致志地處理某項工作時,周圍的聲音或景象可能會被自動屏蔽,這就是「注意」的作用。

在管理工作中,良好的注意力能幫助管理者聚焦於核心問題,做出精

第五章 領導心態—影響人心,打造高效團隊

準決策,並有效管理時間與資源。管理者需要培養並運用注意力,以適應快速變化的商業環境,提升工作效率。

注意力的類型與管理應用

1. 注意力的穩定性

注意力的穩定性指的是能夠長時間專注於某一工作或目標,而不易受到干擾。對於管理者而言,注意力的穩定性體現在以下幾個方面:

- 在長期戰略規劃中,能夠始終保持專注,不因短期變化而輕易動搖
- 在日常工作中,能夠將注意力集中在主要問題與核心矛盾上,不受瑣事干擾

如果管理者缺乏注意力的穩定性,容易因為外部因素分心,導致決策錯誤或執行力下降。因此,培養長時間保持專注的能力,是提高管理效能的重要一環。

2. 注意力的廣闊性

注意力的廣闊性指的是一個人在同一時間內能夠處理多少資訊。不同人的注意範圍有所不同,例如:

- 有些人讀書時一次只能聚焦於一兩個字,而有些人則能夠「一目十行」,快速抓住重點
- 有些管理者能同時掌握多個專案的進度,並準確掌握市場趨勢,而有些人則容易遺漏關鍵資訊

優秀的管理者通常具備較高的注意力廣闊性，能夠在多重任務中快速切換，同時掌握各項工作要點，提高整體營運效率。

3. 注意力的轉移性

注意力的轉移性指的是根據工作需求，迅速從一個目標轉向另一個目標的能力。在企業管理中，這種能力尤為重要：

- 當處理日常事務時，若突發緊急狀況，管理者需要能夠立即將注意力轉向更優先的事項
- 在專案推進的不同階段，管理者需要靈活轉換注意力，以確保每個環節都能順利進行

具備良好注意力轉移性的管理者，能夠迅速適應變化，提高決策靈活度，確保組織運作順暢。

良好注意力對管理者的影響

1. 提高決策的準確性

美國著名管理學者彼得・杜拉克曾說：「有效性的祕訣在於專心。」管理者的時間與精力有限，若分散注意力於過多事務，可能導致決策品質下降。因此，優秀的管理者應將注意力聚焦於關鍵問題，以提升決策的準確性。

2. 增強時間管理與工作效率

良好的注意力能夠幫助管理者高效運用時間。

第五章 領導心態—影響人心，打造高效團隊

注意力穩定性強的管理者，能夠持續專注於某項任務，減少時間浪費；

注意力轉移性強的管理者，能夠迅速從一項工作切換到另一項，提高處理多項事務的效率。

3. 避免因注意力分散而導致的企業戰略錯誤

許多企業因注意力分散而陷入困境，例如：一些企業在業務發展過程中過度擴張，進入與核心業務無關的領域，導致資源分散，競爭力下降。

《追求卓越》一書指出，業績最佳的企業通常是那些專注於核心業務，避免涉足無關領域的企業。

因此，管理者應該善於抓住關鍵，把注意力放在最能產生價值的業務上，避免過度分散資源。

管理者如何提升注意力？

1. 善抓關鍵，專注核心業務

在處理資訊時，管理者應具備快速識別關鍵資訊的能力。例如：

企業擴展時，應優先考慮與核心業務相關的領域，而非盲目追求多元化；

在會議與報告中，應快速掌握關鍵數據與核心問題，避免被瑣碎資訊影響決策。

2. 養成良好的遺忘習慣，減少干擾

有效的管理者不會被過去的決策與錯誤困擾，而是將注意力集中於未來。例如，美國前總統尼克森曾說：「領導者應專注於明天的工作，而不

是糾結於昨天的決策。」學會適時遺忘過去的瑣事，有助於管理者專注於當前的核心目標。

3. 訓練自己在複雜環境中保持專注

管理者經常面對多變的市場環境與龐雜的業務資訊，如何在混亂中保持專注，是一項重要的能力。建議：

在工作時，避免被不必要的會議與訊息干擾，可設定特定時間段專注處理重要事項；

在決策時，學會忽略無關資訊，聚焦於對企業有長遠影響的因素。

4. 制定規律的作息計畫，確保精力集中

良好的作息習慣能夠提升注意力，例如：

許多高效管理者會規劃固定的時間段進行專注工作，確保不受打擾。

英國前首相邱吉爾在二戰期間，每天工作長達 20 小時，但他會充分利用零碎時間休息，以維持高效運作。

專注是管理者提升競爭力的關鍵

在現今競爭激烈的商業環境中，管理者需要擁有穩定、廣闊且靈活的注意力，以提高決策品質與工作效率。

透過培養注意力的穩定性、廣闊性與轉移性，管理者能夠更有效地掌握企業運作，避免因注意力分散而導致的戰略錯誤，進而帶領企業邁向成功。

第五章　領導心態—影響人心，打造高效團隊

氣質與管理：揚長避短，發揮最佳領導力

　　氣質，俗稱脾氣或性情，是指一個人穩定的心理活動特徵，涵蓋情緒反應的速度、強度、穩定性與靈活性。根據心理學的傳統分類，人類的氣質可分為四種類型：膽汁質、多血質、黏液質和憂鬱質。

　　這四種類型並無絕對的好壞，每種氣質都有其優勢與劣勢，適用於不同的管理風格。成功的管理者並非取決於某種特定氣質，而是能夠發揮自身優勢、補足短處，並根據情境靈活調整自己的管理方式。

四種氣質類型的特徵與管理影響

1. 膽汁質管理者：果斷而衝動

特徵：

- 情感強烈且迅速爆發，但不持久
- 言行直接，行動迅速且充滿熱情
- 易怒，脾氣火爆，較難自我控制

管理優勢：

- 精力旺盛，行動力強，決策果斷，適合快速決策與危機處理
- 直率熱情，容易與員工建立緊密聯繫，有助於團隊動員

管理挑戰：

- 缺乏耐性，容易情緒化，不利於長期規劃與持續發展
- 過於急躁，可能忽視細節，導致決策錯誤

調適建議：

◈ 學習控制情緒，避免衝動決策
◈ 在處理複雜問題時，培養耐性，深入思考後再行動
◈ 加強團隊協作，學會傾聽員工意見，減少專斷獨行

2. 多血質管理者：靈活而善變

特徵：

◈ 反應靈敏，適應力強，善於交際
◈ 情感豐富但易變，容易興奮也容易冷卻
◈ 思維活躍，喜愛新事物，但容易見異思遷

管理優勢：

◈ 創新能力強，能迅速接受新觀念，適合引領變革與創新管理
◈ 善於人際關係，能夠有效溝通並激勵團隊

管理挑戰：

◈ 情緒波動大，可能影響決策穩定性
◈ 工作持續性較差，容易對新計畫興致勃勃，但缺乏堅持到底的毅力

調適建議：

◈ 培養更高的專注力與耐心，避免過於輕率的決策
◈ 設定長期目標，並透過規劃與紀律確保執行到位
◈ 平衡創新與穩定，確保團隊不會因頻繁變動而失去方向

3. 黏液質管理者：穩健而保守

特徵：

- 性格內斂，行動緩慢，但意志堅定
- 情緒穩定，不輕易受外界影響
- 保守務實，較少冒險，較難接受變革

管理優勢：

- 處事沉穩，適合長期發展與危機應對
- 堅持原則，能夠為企業帶來穩定性
- 善於忍耐與自我控制，不易因情緒影響決策

管理挑戰：

- 適應變化能力較低，可能錯失市場機會
- 過於謹慎，可能缺乏創新與開拓精神
- 可能顯得不夠熱情，影響員工士氣

調適建議：

- 增強適應能力，鼓勵自己嘗試新事物
- 學習在保守與創新之間找到平衡，適時做出改變
- 加強與團隊的互動，提高自身的親和力

4. 憂鬱質管理者：深思熟慮但易焦慮

特徵：

- 內向敏感，情緒深刻但較為脆弱

- 思維細膩，洞察力強，但容易多愁善感
- 做事周密，但缺乏果斷性

管理優勢：
- 善於分析與計畫，決策細緻且具前瞻性
- 具有同理心，能夠理解員工需求，提升團隊凝聚力
- 注重細節，適合精密管理與高品質要求的工作

管理挑戰：
- 容易過度憂慮，缺乏果斷性，在關鍵時刻可能猶豫不決
- 社交能力較弱，可能難以建立廣泛的人際關係
- 容易受到批評影響，難以承受壓力

調適建議：
- 增強決策果斷性，避免過度考慮而錯失良機
- 培養樂觀心態，減少對未來的過度擔憂
- 多參與社交活動，提高人際交往能力

管理者如何發揮氣質優勢，避免劣勢？

每一種氣質都有其優勢與挑戰，成功的管理者懂得認識自己，並加以調整，使自己的管理風格更具適應性。

1. 自我認識，發揮優勢

- 透過性格測試、同事回饋等方式，了解自己的氣質類型

- ◆ 找出自己氣質中的優勢，並在管理中充分運用，例如膽汁質的決策力、多血質的創新力、黏液質的穩定性、憂鬱質的分析能力

2. 補足短處，提升綜合能力

- ◆ 膽汁質的管理者可學習控制情緒，提高耐心
- ◆ 多血質的管理者可強化專注力，避免過度分心
- ◆ 黏液質的管理者可嘗試更多創新與變革
- ◆ 憂鬱質的管理者可鍛鍊果斷決策能力，提升自信

3. 建立多元化管理風格

- ◆ 適應不同情境的需求，靈活調整自己的管理方式
- ◆ 與不同氣質的員工搭配合作，發揮互補優勢
- ◆ 在領導決策時，結合不同氣質的思維，確保決策的全面性

氣質影響管理風格，但不決定成敗

氣質並不決定一個管理者的成就，關鍵在於如何揚長避短，充分發揮自身優勢並調整缺點。一位成功的管理者，無論屬於哪種氣質，都能透過自我認識與調整，培養出適合自己風格的領導方式，並帶領團隊邁向成功。

心理疲勞與管理：如何提升員工的工作熱情

在現代企業管理中，心理疲勞是一個不可忽視的問題。相較於生理疲勞的明顯表現（如體力下降、腦力衰退等），心理疲勞的影響更為隱性，主要表現為注意力不集中、情緒低落、厭倦感增加、工作熱情下降，甚至影響員工的創造力和決策能力。

科學研究顯示，人類大腦本身不會疲倦，然而情緒與精神壓力卻會讓人產生疲憊感。比爾蓋茲曾表示：「每天清晨醒來，我都為技術進步能夠改變世界而興奮不已。」這種熱情與使命感，正是驅動他不斷前進的動力。

因此，如何幫助員工減少心理疲勞、維持工作熱情，是企業管理者不可忽視的重要課題。以下幾個策略，有助於提升員工的心理健康與生產力：

創造健康舒適的工作環境

良好的工作環境能有效減少壓力，提升員工的幸福感和生產力。許多知名企業已經意識到這點，並採取各種創新措施來改善辦公環境，例如：

Google：打造全球最舒適的辦公環境

Google 的企業文化以「讓員工快樂」聞名，以下是其提供的幾項福利措施：

隔音休息艙：員工可以在這裡短暫休息，減少精神疲勞。

滑梯與遊戲空間：每層樓設有滑梯，增添趣味性，還有娛樂區供員工

第五章　領導心態—影響人心，打造高效團隊

放鬆心情。

全天候免費餐點：隨時享用健康、美味的食物，減少因營養不良而導致的精神不濟。

創新空間：辦公室內設有白板，讓員工可以隨時記錄靈感，促進創造力。

免費按摩與運動設施：幫助員工紓壓，維持身心健康。

其他企業的創新措施

3M 公司：允許員工將 15% 的工作時間用於個人興趣研究，結果產生了多項創新產品。

甲骨文（Oracle）：對表現優異的員工提供海外旅遊獎勵，鼓勵員工享受生活與工作平衡。

英國維珍集團：提供彈性工作時間與無限休假政策，讓員工根據自己的需求安排工作與休息。

這些企業的做法顯示，提供一個具備彈性、尊重員工需求的工作環境，有助於減少心理疲勞，提升工作效率。

建立良好的人際關係，營造和諧的企業文化

人際關係是影響員工心理健康的重要因素。如果公司內部缺乏溝通、競爭氛圍過於激烈，將導致員工焦慮、壓力增加，甚至影響整體團隊士氣。

日本豐田汽車的「團隊合作」文化

豐田強調「和諧」與「合作」，認為良好的團隊關係能提高員工的工作滿意度與效率。公司內部採用開放式溝通模式，讓員工自由發表意見，並

重視團隊協作而非個人英雄主義。

那麼，如何改善企業內部關係？

- ◈ 建立開放的溝通文化：鼓勵員工表達想法，避免組織內部「沉默文化」。
- ◈ 減少階級隔閡：管理層應該與員工建立平等、尊重的關係，例如定期舉辦非正式會議或午餐會，促進交流。
- ◈ 提供心理支持：設立員工關懷計畫（EAP），幫助員工處理壓力和心理問題，提升幸福感。

和諧的組織氛圍不僅能減少心理疲勞，也能提升團隊合作的效率。

提供多元化的員工活動，激發正向情緒

除了工作環境和人際關係之外，參與有趣且富挑戰性的活動，也能有效降低心理疲勞。例如：

舉辦團隊活動與競賽

- ◈ 體育競賽（如籃球、路跑）能促進員工身心健康，也能強化團隊合作精神。
- ◈ 創意挑戰（如 hackathon 或產品設計比賽）能激發員工創造力，並讓工作變得更有趣。

推廣幽默文化

美國田納西州大學心理學教授訶沃德・約利歐研究發現，幽默可以減少員工的精神壓力，提高生產效率。許多企業也開始利用幽默來提升工作氛圍，例如：

- ◈ 辦公室趣味日：允許員工在特定日子穿著搞笑服裝上班。

- 幽默競賽：鼓勵員工分享工作中的趣事，增加彼此之間的親和力。
- 幽默不僅能夠減少工作壓力，還能提升創造力與解決問題的能力。

心理疲勞影響生產力，企業應該主動應對

生理疲勞可以透過休息恢復，但心理疲勞則更具隱蔽性，影響深遠。企業若想提升員工的工作效率與創造力，應該採取積極的措施來降低心理疲勞，包括：

- 打造健康舒適的工作環境，提供員工適當的休息空間與彈性制度，如Google、3M 等企業所實行的措施。
- 營造和諧的企業文化，透過開放溝通、減少階級隔閡、提供心理支持來改善內部關係。
- 舉辦多元化活動，如運動比賽、創意競賽與幽默文化，幫助員工釋放壓力，提高團隊凝聚力。

心理健康不僅關係到個人的幸福感，更直接影響企業的績效與競爭力。透過改善工作環境、促進人際關係和鼓勵正向情緒，企業才能真正激發員工的潛力，讓員工在愉快的環境中持續成長，實現更高的生產力與創新能力。

情商與管理：如何掌控情緒，提高領導效能

過去，人們普遍認為智商決定個人成就。然而，現實中許多高智商者碌碌無為，而一些智力普通的人卻成就非凡。這是為什麼呢？

- 智商（IQ）指的是一個人抽象思考、推理、學習、適應環境及解決問題的能力。高智商者往往學習快速，擅長分析與創新，卻不一定能夠有效管理自己的情緒、承受挫折或處理人際關係。
- 情商（EQ）則關係到個人對自身與他人情緒的管理能力，包括自制力、熱忱、毅力、自我驅策力等。

研究顯示，情商對個人成功的影響甚至超過智商。高情商者通常能夠穩定情緒，理性應對挑戰，並維持良好的人際關係，這使他們在職場與生活中更容易獲得支持與成功。

管理者如何有效管理情緒？

身為管理者，情緒管理能力對團隊氣氛與決策影響重大。當面對壓力、挑戰甚至挫折時，能否穩定情緒，將直接影響管理績效。

美國蘋果公司創辦人史蒂夫・賈伯斯（Steve Jobs）以高標準和強勢領導風格聞名。他在年輕時情緒化的管理方式曾導致內部衝突，甚至被公司董事會罷免。然而，在創立 Pixar 並重新領導蘋果後，他學會更好地管理自己的情緒，平衡強勢領導與激勵團隊的能力，最終帶領蘋果成為全球最具影響力的科技公司之一。

這個案例顯示，管理者需要在情緒波動時保持冷靜，以理性決策取代衝動行為。

第五章　領導心態—影響人心，打造高效團隊

管理者如何培養高情商？

1. 控制情緒，不讓負面情緒影響決策

管理者要學會不讓個人情緒影響專業判斷。例如：

- 遇到下屬犯錯時，不要立刻責罵，而是先冷靜分析問題，給予建設性回饋。
- 面對業績壓力，不要將焦慮傳遞給團隊，而是展現穩定與信心，引導員工找到解決方案。

2. 培養換位思考與同理心

在組織內部，人際關係對團隊合作與績效至關重要。高情商的管理者能夠站在員工立場思考，促進良好溝通。例如：

- 在員工面對壓力時，給予理解與支持，而非只是強調績效。
- 透過開放對話，了解員工需求，提升士氣與忠誠度。

3. 建立積極心態，將挑戰視為成長機會

高情商的管理者懂得調適心態，將困難視為發展機會。例如：

- 遇到業務低迷時，不消極抱怨，而是尋找創新突破點。
- 面對客戶抱怨時，不急於辯解，而是耐心傾聽，尋求解決方案。

4. 善於應對壓力，維持理性決策

壓力是管理工作的一部分，如何應對壓力決定了管理者的穩健度。例如：

- 制定明確的時間管理策略,避免過度勞累影響情緒與判斷。
- 透過運動、冥想或其他方式緩解壓力,保持穩定的心理狀態。

恐懼與領導力:如何克服內心障礙?

管理者除了需要掌控情緒,還需克服內心的恐懼。例如:

1. 克服對自身能力的懷疑

許多管理者擔心自己能力不足,害怕無法勝任職責。然而,真正的領導力來自於認識自身長處與短處,並學會授權。例如:

- 微軟創辦人比爾蓋茲深知自己擅長技術發展,於是聘請更擅長營運的史蒂夫·鮑爾默(Steve Ballmer)擔任 CEO,最終讓微軟持續成長。
- 傑克·威爾許(Jack Welch)在擔任奇異(GE)CEO 時,並非事事親力親為,而是建立高效團隊,讓專業人才發揮所長。

2. 擺脫對失敗的恐懼

害怕失敗會阻礙創新與決策。優秀管理者明白,失敗是學習的過程。例如:

- 亞馬遜創辦人傑夫·貝佐斯(Jeff Bezos)曾投資 Fire Phone 失敗,但他將此經驗轉化為未來產品開發的寶貴教訓,最終成功推出 Kindle 和 Echo。
- 太空探索技術公司(SpaceX)在火箭測試時連續失敗三次,但馬斯克(Elon Musk)仍然持續嘗試,終於成功發射獵鷹火箭。

情商決定管理者的長遠成功

這些案例顯示，管理者應該將失敗視為成長的一部分，而非個人價值的否定。

在職場中，智商或許能幫助管理者解決技術問題，但情商才是維繫良好人際關係、做出正確決策的關鍵。管理者應該培養良好的情緒控制力、建立換位思考能力、積極應對壓力，並克服內心恐懼，以確保組織穩定發展。

當管理者學會掌控自己的情緒，激勵團隊，並以開放心態面對挑戰與失敗時，他們將不再只是管理者，而是真正的領導者。

管理中的壓力調適：
如何幫助員工在高壓環境下成長？

壓力是雙面刃——適度的壓力能夠激發潛能，提高績效；但過度的壓力則可能導致焦慮、倦怠，甚至破壞團隊士氣。因此，管理者應當學會如何有效施壓，使員工在挑戰中成長，而不是在壓力下崩潰。

西點軍校的訓練：戰勝恐懼與壓力管理

美國西點軍校被譽為全球最嚴格的軍事學院之一，以培養頂尖軍事將領著稱。其中，拳擊訓練被認為是最具挑戰性的課程之一。許多學生在此之前從未被拳頭擊中，第一次面對對手的攻擊時，恐懼感油然而生。然

管理中的壓力調適：如何幫助員工在高壓環境下成長？

而，放棄並不是選項，因為躲避拳擊訓練可能導致無法畢業。他們必須學會認識恐懼、面對恐懼、管理恐懼，最後戰勝恐懼，這與現代企業管理中如何應對壓力如出一轍。

西點軍校的核心理念：壓力管理是成為優秀領導者的必修課。這不僅適用於軍事領導，也適用於企業管理。

壓力的兩面性：適當施壓 vs. 過度施壓

1. 適當的壓力能夠激發潛能

市場競爭激烈，工作節奏加快，員工不可避免地會面臨壓力。適度的壓力能夠驅使員工發揮創造力，提升適應能力。例如，谷歌（Google）和亞馬遜（Amazon）等企業在創新專案中，常給予員工挑戰性的目標，鼓勵他們突破自我。

2. 過度的壓力會適得其反

當壓力超過員工可承受範圍時，容易導致效率下降、士氣低落，甚至員工流失。例如，有些企業過度強調 KPI，導致員工焦慮不安，工作效率反而下降，最終影響公司整體績效。

南瓜實驗：過度施壓的危險性

一個著名的生物實驗曾研究南瓜在高壓環境下的成長情況。研究人員用鐵圈環繞正在成長的小南瓜，以測試它的承受極限。

最初，南瓜承受了 227 公斤的壓力，仍能繼續生長。

壓力逐步提升至 907 公斤，南瓜依然未破裂，鐵圈反而開始變形。

最終，當壓力超過 2,268 公斤時，南瓜的外皮終於破裂，變得無法食用。

這個實驗曾被誤用來支持「施加更多壓力，員工會變得更強」的觀點，但實際上，過度的壓力讓南瓜變得纖維化，不僅失去原有的價值，還破壞了周圍的生態環境。

在企業管理中，員工長期承受過高的壓力，不僅影響個人健康，也可能導致內部競爭惡化，影響團隊合作。例如：

◈ 為了應對過高的績效壓力，員工可能會囤積資源，影響跨部門協作。
◈ 害怕犯錯導致員工變得保守，不願嘗試創新，進而影響公司的發展。
◈ 員工過度加班導致疲勞與倦怠，長期下來可能選擇離職，進一步影響企業穩定性。

管理者如何幫助員工舒解壓力？

1. 主動觀察員工的異常狀態

管理者應定期與員工溝通，觀察他們的情緒變化，當員工表現出焦慮或倦怠時，應主動關心，協助他們找到舒解壓力的方法。例如，微軟定期進行員工滿意度調查，以確保管理層能夠及時調整策略。

2. 建立員工情緒宣洩機制

提供員工一個可以坦誠溝通的平臺，例如：

◈ 設立匿名建議箱，讓員工能夠表達內心的壓力與建議。

管理中的壓力調適：如何幫助員工在高壓環境下成長？

- 建立內部輔導機制，讓專業心理顧問協助員工舒緩情緒。
- 鼓勵團隊活動，例如運動、旅行等，幫助員工釋放壓力。

3. 鼓勵員工，提升自信心

管理者應該習慣於鼓勵員工，而非只是在員工犯錯時才給予回饋。例如，亞馬遜 CEO 傑夫·貝佐斯（Jeff Bezos）曾表示：「我們允許員工犯錯，因為創新來自於不斷試錯。」這種文化讓員工感到安心，進而提高創造力與工作動力。

4. 讓員工參與決策

當員工參與目標制定時，他們會對目標更有認同感，也更有動力去完成。例如，特斯拉（Tesla）在內部實施 OKR（目標與關鍵成果）制度，讓員工能夠共同制定可行的目標，而不是由管理層單方面決定過高的 KPI。

5. 合理授權，提供資源支持

管理者應確保員工在執行任務時擁有足夠的資源與支援，例如：

- 確保工作量與人力資源匹配，避免員工因人手不足而過度加班。
- 提供培訓與發展機會，幫助員工提升技能，減少因能力不足而帶來的壓力。

6. 適度調整工作節奏，避免長期高壓狀態

過度加班並不等於高效，長時間高壓工作反而會降低生產力。例如，歐洲多國實施「每週四天工作制」，結果顯示，工作效率不降反升，員工滿意度也顯著提升。

第五章　領導心態─影響人心，打造高效團隊

7. 鼓勵員工適時放鬆

企業應該鼓勵員工在工作之外找到紓壓方式，例如：

◈ 設立休息區或冥想室，讓員工在高壓工作後可以適當放鬆。
◈ 提供健康活動，如瑜伽、運動補助等，幫助員工維持身心健康。

8. 以身作則，營造穩定的工作氛圍

管理者的情緒會直接影響團隊氣氛。當管理者表現出冷靜與穩定，員工也會相對安心。例如，蘋果（Apple）前CEO提姆・庫克（Tim Cook）以其沉著冷靜的風格聞名，在面對市場動盪時，他始終展現穩定與自信，這種態度也讓蘋果團隊能夠專注於長期目標。

施壓要適度，才能發揮員工最大潛力

壓力管理不僅關乎員工個人福祉，更影響企業整體表現。管理者應該學會在挑戰與支持之間找到平衡，讓員工在壓力下成長，而不是在壓力下崩潰。

企業成功的關鍵不在於讓員工承受極限壓力，而是創造一個適當施壓、積極鼓勵、良性競爭的環境。當員工感到被支持、被理解，他們自然會願意投入更多，並發揮最大的潛能。

第六章

職場策略──
運用心理學，讓工作成就夢想

工作不只是謀生的手段，更是人生價值的體現。儘管工作只是生命的一部分，但如果能在職場中找到成就感與快樂，將有助於提升生活品質，並讓我們的努力更有意義。

在職場中，懂得心理學不僅能幫助自己調適心態、減少壓力，還能提升溝通能力、人際關係，甚至影響職業發展。成功的職場人士，不僅具備專業能力，更懂得如何掌握心理學來應對工作挑戰，讓自己在職場中發光發熱。

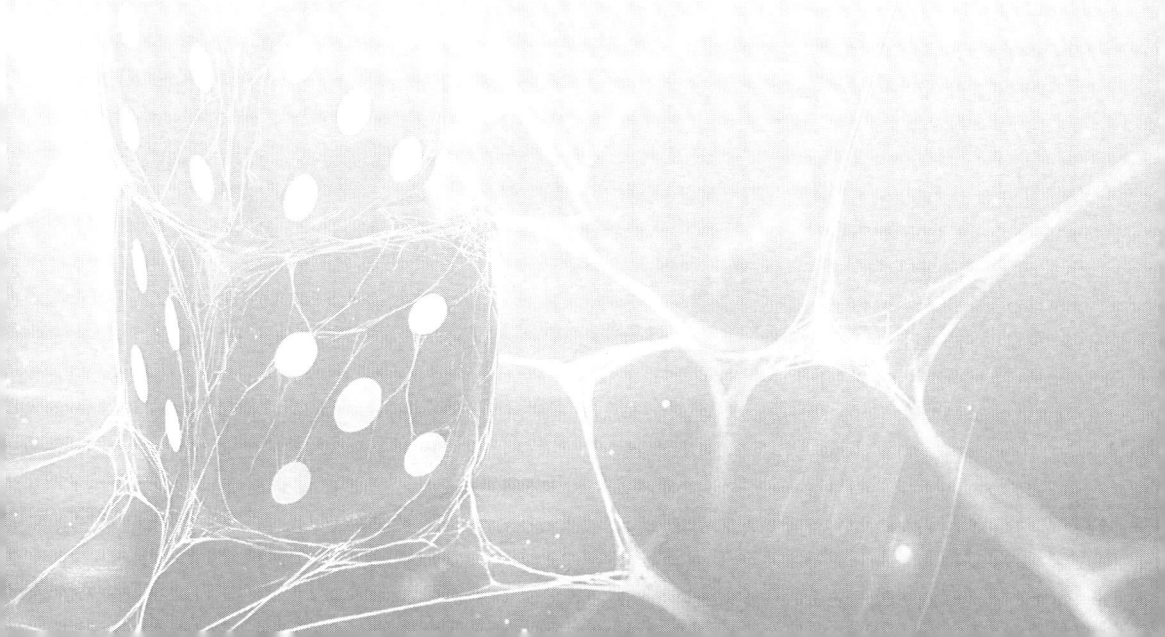

第六章 職場策略—運用心理學，讓工作成就夢想

職場心理學：讓工作成為人生價值的一部分

一、掌握職場心理學，提升工作幸福感

1. 調整心態：將挑戰視為成長機會

每份工作都會有壓力，面對困難時，與其消極抱怨，不如換個角度思考：「這件事能讓我學到什麼？」當你把挑戰視為學習機會，你會發現成長的速度加快，並且更容易感受到工作的樂趣。

2. 設定明確目標，找到工作的意義

如果每天只是機械性地執行任務，很容易產生職業倦怠。但如果能為自己設定目標，例如學習新技能、升遷、拓展人脈，甚至是提高工作效率，這些都能讓你更有動力，並從成就感中獲得快樂。

3. 尋找職場中的正能量

職場中難免會遇到消極的同事、抱怨的氛圍，長期處於負面環境，會讓人變得焦慮、無力。試著尋找積極向上的同事，與有正面影響力的人互動，這能幫助自己保持良好心態，減少被負面情緒影響。

二、懂得人際心理學，打造良好職場關係

1. 理解「首因效應」，建立好第一印象

心理學中的「首因效應」(First Impression Effect) 指出，人對一個人的第一印象往往會影響後續的評價。因此，在新環境中，第一天的言行舉止

格外重要。衣著得體、態度積極、禮貌待人，能幫助你在職場中建立良好形象，讓別人更願意與你合作。

2. 懂得「鏡像效應」，增進溝通效率

「鏡像效應」（Mirroring Effect）指的是，人們對與自己相似的人更容易產生好感。與同事或上司互動時，試著適度調整語調、語速、肢體語言，使之與對方相近，這樣能夠無形中拉近彼此的距離，讓對話更順暢，合作更和諧。

3. 運用「費斯汀格法則」，不被小事影響情緒

心理學家費斯汀格（Leon Festinger）提出：「生活中 10％ 由發生在我們身上的事情決定，而 90％ 取決於我們的反應。」也就是說，事情本身不會影響我們，真正影響我們的是我們對事情的態度和反應。

例如，若同事無心的一句話讓你感到不悅，與其生悶氣一整天，不如選擇忽略，或者大方溝通。學會掌控自己的情緒，不讓小事影響心情，才能在職場中更從容自在。

三、提升職場競爭力，運用心理學影響他人

1. 運用「蘭格效應」，讓自己更有影響力

蘭格效應（Langer Effect）發現：如果你能提供一個合理的理由，別人更容易接受你的請求。例如，當你請求同事協助時，與其直接說「幫我一下」，不如說「因為我手上有其他急件，所以需要你的幫忙」，這樣能提高對方答應的機率。

2. 懂得「稀缺效應」，提升個人價值

人類天生對稀缺的事物更有興趣。想在職場中脫穎而出，應該不斷提升自己，讓自己的技能或經驗成為「稀缺資源」。當你具備公司內部少有的專長，例如資料分析、跨國市場經驗、危機處理能力，你的職場價值自然會提升，甚至能在談薪或升遷時占據優勢。

3. 善用「超限效應」，避免職場過度疲勞

超限效應（Overload Effect）指的是，當一個人長時間接受過多刺激時，會產生厭倦、壓力甚至崩潰。很多人在職場上因為過度工作，導致效率降低，甚至失去工作的熱情。因此，適當安排休息時間，確保自己有充足的精力應對挑戰，是提升工作效率的關鍵。

讓心理學成為職場成功的助力

工作雖然只是人生的一部分，但卻是我們每天花最多時間投入的活動之一。如果能在職場中運用心理學，不僅能提升個人成就感，也能讓自己更快樂、更成功。

學會調適心態、掌握人際關係、提升競爭力，這些都是職場心理學能帶來的好處。當我們能夠管理好自己的情緒，影響他人，並善用心理學提升職場優勢，就能讓工作不只是責任與壓力，而是一種成就與快樂的來源。

大學畢業生如何順利適應職場轉變

學有所成、剛剛踏上人生旅途的大學畢業生，從象牙塔步入社會，從「天之驕子」變成普通職員，這個轉變可能會帶來心理上的適應挑戰。由於生理和心理準備不足，加上環境變化帶來的強烈對比，新鮮人容易產生情緒困擾與適應障礙。因此，剛踏入職場的大學畢業生，需要提前做好心理建設，才能順利融入職場，展開嶄新的職業生涯。

1. 正確認識環境變化

從校園到職場，大學生往往會覺得自己失去了自由、榮耀與隨性，而感到失落。這種變化是正常的，但如果仍以「學生」的心態自居，就會遇到適應上的障礙。應儘早接受「自己已是職場新人」的事實，調整心態，適應職場規則與文化。

在學校，老師會主動指導，成績衡量你的表現；但在職場，主管與同事不會手把手教學，職場評價不再單純依靠成績，而是以能力、責任感、團隊合作與解決問題的能力來判斷你的價值。因此，應主動學習、積極適應，而非等待別人來適應你。

2. 建立正確的自我認知

完全準確地了解自己並不容易，但大學畢業生可以試著透過自我分析與評估，認識自己的優缺點，了解自身的興趣、愛好、特長及能力水準。

可以問自己：

- ◈ 我的強項是什麼？（邏輯思維、溝通能力、創新思考？）
- ◈ 我在哪些方面還需要提升？（專業技能、時間管理、團隊合作？）

第六章　職場策略──運用心理學，讓工作成就夢想

◆ 我對什麼類型的工作有興趣？（市場行銷、資料分析、人資管理？）

透過這些問題，找到自身優勢並取長補短，不斷進步，增強適應能力與抗壓性。

3. 培養自信心

自信是成功的第一要素。許多剛進職場的新鮮人，會因為對新環境不熟悉、缺乏經驗，而容易產生自我懷疑。但請記住，每個專業人士都曾是新人，沒有人天生就會所有事情。

建立自信的方法：

◆ 避免消極自我暗示：「我不如別人」、「我做不好」等負面想法，只會讓你更加不安。

◆ 設定小目標並逐步實現：每天學會一個新技能、成功完成一個小任務，這些成就會逐步累積你的自信。

◆ 專注於成長：與其比較自己與別人的差距，不如專注於自己的進步，這才是最重要的。

4. 正確面對挫折

挫折是成長與成功的必經之路。剛進職場的畢業生，由於缺乏經驗，遇到困難與挑戰是必然的。這時候，關鍵在於如何調適自己的心態：

◆ 將挫折視為學習機會：每一次失敗，都是讓自己變得更強的機會。與其害怕犯錯，不如從錯誤中吸取經驗。

◆ 冷靜分析問題：當遇到挫折時，不要急著沮喪，而是應該仔細尋找失敗的原因，調整目標，準備迎接下一次挑戰。

- 保持耐心與毅力：成功不會一蹴而就，初入職場的前幾年，是學習與累積經驗的關鍵時期。

5. 建立良好的人際關係

良好的人際關係，不僅能讓你的職場生活更加順利，也能為未來的發展打下良好基礎。

如何建立職場友好關係？

- 主動與同事互動：不要害怕與人交流，試著參與團隊活動、午餐時間與同事聊天，增加彼此的熟悉感。
- 尊重並學習他人：職場中，每個人都有值得學習的地方，即使是資深同事，也有可能成為你的導師。
- 展現積極態度：比起抱怨與消極，樂觀、積極且願意學習的新人，更容易受到歡迎與幫助。

6. 克服妄自尊大的心態

許多大學畢業生帶著學校的榮耀進入職場，可能會覺得自己的學歷與能力比他人優秀，但現實是，職場看重的不僅是學歷，更是你的實際能力與態度。

要有「從零開始」的心態，願意從基層做起，從小事學習。

任何成功人士都是從基礎工作做起，透過不斷學習與累積經驗，逐步提升自己的價值。

職場不單靠聰明，而是要有解決問題的能力，願意承擔責任，並展現積極學習的態度。

7. 實現情感獨立，建立獨立處事能力

如果一個人總是依賴他人，依賴家庭，缺乏獨立的情感與判斷能力，那麼在需要獨立解決問題的職場中，將難以生存與成長。

如何培養情感獨立性？

- 獨立思考：遇到問題時，先試著自己找答案，而不是一遇到困難就尋求幫助。
- 接受責任：勇於承擔工作中的錯誤，而不是推卸責任，這會讓你更快成長。
- 提升解決問題的能力：學習如何面對挑戰，而不是逃避，這是職場中最重要的能力之一。

迎接職場新挑戰，打造成功職涯

大學畢業只是人生的一個階段，而進入職場才是新的開始。從學生身分轉變為職場新人，需要調適心態、正確認識自己、培養自信、接受挫折、建立良好人際關係，並且保持學習與成長的態度。

記住，成功的關鍵不在於你是誰，而在於你如何努力與適應環境。只要你能持續學習與成長，你的職場之路將會越走越順利！

大學生如何避免擇業心理錯誤

大學生如今可以自主選擇職業，這是一件好事，但隨之而來的激烈競爭也帶來了前所未有的就業壓力。許多畢業生面臨「畢業即失業」的困

境，這往往與個人的擇業心理有關。如果能正確認識並調整自己的求職心態，將有助於更順利地找到合適的工作。

常見的擇業心理錯誤

1. 角色錯位

大學生長期習慣於校園生活，對父母和學校的依賴性較強，當進入社會後，必須獨立面對各種挑戰，包括職場規則和複雜的人際關係。一些畢業生無法適應這種轉變，產生逃避心理或抵觸情緒，這導致他們難以融入職場，更難找到理想的工作。

2. 期望值過高

有些大學生對就業市場的需求了解不足，過於理想化，追求高薪、優厚待遇與管理職位，但卻忽略了現實條件。例如，他們可能缺乏經驗或專業技能不足，與職位要求有一定落差。當求職受挫時，他們容易產生失落感，甚至喪失自信。

3. 急功近利心理

許多畢業生希望在大城市、知名企業或外資公司任職，認為這樣的選擇能帶來更高的薪資和發展機會。因此，他們可能會放棄自己的專業背景，甚至違背自己的興趣，專注於短期收益。然而，大城市的競爭壓力更大，人才密集，且不一定能夠提供長遠的職業發展，這反而可能讓求職變得更加困難。

4.「鐵飯碗」情結

受傳統觀念影響，一些大學生仍然希望能夠一次擇業，終身受用。然而，現代社會的職場環境變化迅速，「終身職業」的概念已逐漸消失。現實中，大多數人在職涯中會多次轉換職業方向，因此，擁有靈活的就業觀念才能更好地適應未來的挑戰。

5. 同伴比較心理

一些大學生在求職時，過於關注同學的工作情況，看到朋友找到高薪或體面的工作時，自己也會產生壓力，甚至盲目比較。結果，他們可能會設定過高的職業目標，但由於條件不符合，導致求職不順，陷入焦慮與不滿。

如何走出擇業錯誤

1. 知己知彼，理性評估自身條件

擇業是雙向選擇，因此應該清楚自己的優勢與不足，並了解市場需求與競爭環境。大學生應考量自己的專業背景、技能、興趣，以及對薪資、發展機會和工作環境的接受度。透過分析自身條件，能夠更有針對性地尋找合適的職位，提升求職成功率。

2. 設定合理目標，避免好高騖遠

大學生在擇業時應根據實際情況設定可行的目標。雖然大城市和知名企業具吸引力，但競爭激烈，成功機會有限。相較之下，一些中小企業、內陸地區或新興行業可能更容易提供成長機會，也更重視畢業生的發展潛力。

3. 打造良好職場形象,提升第一印象

心理學研究顯示,人與人之間的第一印象對後續發展影響深遠。在求職過程中,應注意儀容儀表、言行舉止,展現專業與自信。同時,簡歷與求職信應突出個人優勢,避免過於冗長或空泛,以便讓用人單位迅速掌握求職者的特點與優勢。

4. 學習溝通技巧,提升求職競爭力

求職不僅僅是投遞履歷,更重要的是如何在面試過程中展現個人特質與溝通能力。學習有效的表達方式,能夠幫助求職者在面試中表現更自信,也能讓雇主留下更深刻的印象。此外,在面試過程中,應學會聆聽,並適時提出問題,以展現自己的專業素養與積極態度。

5. 揚長避短,發揮自身優勢

每個人都有不同的優勢與短板,關鍵在於如何最大程度發揮自己的長處,並適當規避短處。例如,擅長溝通的人可以選擇與人際互動較多的職位,如銷售、客戶服務或公關;資料分析能力較強的人可以尋找市場研究、財務或科技類職位。

6. 建立靈活的職業規劃,接受多次擇業的可能性

現代社會的就業環境充滿變數,因此應建立靈活的職業發展觀,不必過度執著於「一次擇業定終身」。許多成功人士的職業生涯都經歷過轉變,從基層工作起步,逐步找到更適合自己的發展方向。因此,畢業生應做好多次擇業的心理準備,適時調整職業目標。

7. 樹立自主創業的觀念

傳統的就業模式是從現有職業中選擇適合自己的，但現代大學生應該具備創業精神，思考如何根據市場需求創造新的機會。隨著科技發展與產業變革，自主創業已成為許多年輕人的選擇。若條件允許，畢業生可以考慮運用自身專業知識與技能，在自由職業或創業領域尋找機會。

擇業是成長的過程，調整心態才能成功

擇業不僅是一場求職競賽，更是一場對心態與適應能力的考驗。大學生應建立正確的就業觀，避免不切實際的期望與比較心理，理性評估自身條件，設定合適的求職目標，並積極提升自身競爭力。

同時，應該接受擇業並非一蹴而就的事實，職業生涯是長遠的過程，每一次選擇都是累積經驗的機會。只要保持積極態度，不斷學習與調整，就能找到適合自己的發展道路，實現理想的職業生涯。

面試前的準備：如何成功應對求職挑戰

經過層層篩選，應徵者終於來到面試階段。可以說，面試的成功與否直接決定了應徵的結果。因此，充分的心理準備和策略性應對，是通過這最後一關的關鍵。

建立自信心

「天生我才必有用」這句話說的就是自信的重要性。自信能夠讓應徵

者展現從容不迫的風度，進而贏得面試官的認可。因此，在面試前應該先問問自己：是否相信自己的實力？是否對成功充滿信心？

一個具備自信的人，能夠展現出堅定的態度和積極的表現，這有助於獲得招聘單位的青睞。相反，缺乏自信的人，往往容易陷入過度自責，或盲目羨慕他人，甚至拿自己的短處與他人的長處相比，導致自暴自棄。這些負面心態都不利於成功求職。

當然，自信並非萬能，但它能幫助應徵者克服困難，以最佳狀態應對挑戰，並增強耐挫力，這正是求職成功的重要心理支柱。

培養競爭意識

社會就像自然界，適者生存，優勝劣汰。面試也是一場競爭，應徵者必須具備競爭意識，勇於挑戰。

首先，應該確立明確的職業目標，並持續為之努力，不因短期挫折而氣餒。其次，了解用人單位的需求，並對自己的條件充滿信心，只要符合條件，就應大膽應對挑戰。此外，應徵者需要善於揚長避短，分析自身的優勢與劣勢，充分發揮優勢，展現個人特點。在競爭過程中，還應具備抗壓性，因為競爭必然伴隨成功與失敗，能夠正確看待失敗，調整心態，才有機會成為最終的勝出者。

培養頑強意志

事業的成功不僅取決於能力，還取決於堅持到底的精神。對於求職者而言，即便所選職業與自身興趣或性格並不完全契合，也有可能透過努力取得成功，關鍵在於是否具備堅持不懈的意志力。

第六章　職場策略──運用心理學，讓工作成就夢想

一項對諾貝爾獎得主的研究發現，他們的共同特點之一，就是擁有強烈的目標意識和持久的興趣。這表明，只要擁有頑強的意志，即使起點不如人，也能在長期努力下獲得成功。

推銷自己

在求職過程中，不懂得推銷自己，很難獲得機會。許多人在應徵時盲目投遞履歷，或者急於表現，甚至過度討好面試官，結果適得其反。事實上，如果掌握技巧、善於思考，就可以大幅提升求職成功率。

不輕言放棄

在求職過程中，被用人單位拒絕是很正常的，可能是學歷、專業背景或經驗不符，也可能是年齡、工作經歷等因素造成的。除非應徵者與職位完全匹配，否則很難一試即中。因此，求職的關鍵在於保持信心，不放棄任何可能的機會。擁有堅持到底的精神，才能最終獲得理想的職位。

展示自身長處

每個人都有自己的優勢與短板，關鍵在於如何放大優勢，弱化短板。例如，有人學歷不高，但擁有卓越的口才與談判能力；有人年齡較大，但擁有豐富的行業經驗和管理才能。應徵者應該清楚自己的優勢，並在面試中有效展現，這樣才能吸引招聘單位的注意。

提前進入職業角色

在面試前，應徵者應事先蒐集應徵單位的相關資訊，了解公司的業務模式、發展方向以及可能的挑戰。面試時，可以主動提出對企業經營的建

議，或分享個人的發展計畫，以展現出自己的職業素養和專業度。如果能讓面試官感受到「你已經準備好成為公司的一員」，成功機率將大幅提升。

求職失敗後，學會反思

如果求職失敗，與其怨天尤人，不如進行深度反思，以便從錯誤中學習，提高下一次的成功率。

1. 是否對企業了解不足？

許多應徵者在求職前沒有做好功課，導致面試時一問三不知。例如，一家化妝品公司在面試時，要求應徵者列舉該公司代理的品牌，結果許多應徵者無法回答，最終未能獲得錄取。這表明，求職者應提前研究應徵企業，了解其業務與市場定位，展現對該公司的興趣與專業態度。

2. 目標過高，錯失機會？

一些畢業生對職業期望過高，只想進入大公司或高薪行業，而忽略了自身條件是否符合要求，結果陷入「高不成、低不就」的困境。適當調整求職目標，才有助於更快找到合適的職位。

3. 是否錯誤理解職位內容？

有些應徵者僅憑職位名稱來判斷工作內容，結果可能錯失良機。例如，一家公司曾招募「營業服務部」的職位，但許多應徵者誤以為這是客服類工作而未投履歷，後來公司更改名稱後，才吸引到大量求職者。因此，求職者應詳細了解職位描述，並在不清楚時主動詢問，以免錯過機會。

4. 是否對基層工作缺乏耐心？

一些剛畢業的年輕人進入企業後，希望直接進入管理或專業職位，當發現需要從基層做起時，就選擇放棄。然而，許多成功人士都是從基層起步，透過實踐累積經驗，最終晉升到更高層級。因此，畢業生應該調整心態，願意從基礎工作開始學習與成長。

5. 是否過度依賴父母？

有些畢業生在求職時過於依賴父母，不僅讓父母參與應徵決策，甚至在面試或簽約時也由父母出面談條件。這種行為會讓企業對應徵者的獨立性產生質疑，影響錄取機會。企業期望招聘的是能夠獨立思考、負責任的成年人，因此，應徵者應該學會自己決定職業方向，展現成熟度與主動性。

求職是成長的過程

求職不僅是一場競爭，更是一個提升自我的過程。除了專業能力，應徵者還需要具備良好的心態、競爭意識與適應能力。成功的關鍵在於自信、準備充分、善於推銷自己，並能從失敗中學習與成長。只要調整心態、勇敢面對挑戰，並持續提升自己，就一定能找到適合自己的職業發展道路，實現人生價值。

職場壓力與心理健康：上班族不可忽視的隱憂

在辦公室裡總是感到壓力沉重、不開心、鬱悶，或者覺得自己在工作中沒有發揮應有的價值⋯⋯這些狀況是否讓你感同身受？一項針對在職人士的調查顯示，將近四分之一的上班族有類似的心理健康問題，對他們而言，工作場所幾乎與負擔劃上等號。

上班族心理健康問題不容忽視

全球職場員工的心理健康狀況如何？一項國際調查顯示，約有25%的受訪者存在不同程度的心理健康問題。換句話說，每四位受訪者中，就有一人可能面臨壓力、焦慮或其他心理困擾。其中，有2.2%的受訪者被認為患有嚴重的心理健康問題，另外22.8%則屬於中度心理健康問題。

女性較容易產生職場焦慮

相較於男性，女性的壓力承受能力較低，因此更容易出現心理健康問題。調查結果顯示，約27.4%的女性受訪者有心理健康困擾，而男性的比例則為22%。

許多職場女性坦言，她們比男性更容易感到不開心、鬱悶，甚至會產生對未來發展的迷惘感。其中一個主要原因在於，女性在面對問題時較容易產生猶豫，缺乏果斷的決策能力，進而承受更大的心理壓力。

第六章　職場策略—運用心理學，讓工作成就夢想

職場五年之癢，心理健康的轉捩點

有人認為，工作時間越長，適應能力應該越強，但事實並非如此。心理學家研究發現，心理健康問題的發生與工作年資呈現特定趨勢，特別是在進入職場約五年後，心理壓力往往達到高峰。

數據顯示，工作五年的受訪者中，有30.4%的人存在心理健康問題，比例較其他年資者更高。然而，一旦工作年限超過六年，這一比例便逐漸下降，尤其是工作超過16年以上者，心理健康問題的比例更降至20%以下。

高壓職位與心理健康

不同職位的心理壓力程度也有所差異。調查顯示，物流與運輸相關職位的心理健康問題最為普遍，約36.5%的受訪者表示自己有壓力過大的情況。相較之下，從事諮商與顧問行業的人則較少出現心理健康問題，比例僅約14%。

此外，企業行銷、貿易與採購、技術研發、財務、行政文書、教育、網站與市場策劃、管理層與人力資源等職位的壓力指數也相對較高。

金融業員工最容易產生心理壓力

不同產業的工作強度、壓力來源與環境氛圍皆有不同，因此，各行各業的心理健康狀況也存在顯著差異。根據國際調查數據，金融業是心理壓力最高的產業，將近40%的受訪者表示他們有心理健康問題。

其次，家電產業、公共服務業的員工也較容易面臨壓力，而醫療與生物工程領域則是心理健康問題最少的產業，相關問題比例低於 20%。

千禧世代之後的職場新挑戰：Z 世代心理健康問題更受關注

隨著 2000 年後出生的 Z 世代（約 1997 年至 2012 年出生）逐漸步入職場，心理健康問題成為企業管理中不可忽視的議題。與千禧世代相比，Z 世代成長於數位科技全面普及的時代，長期受社群媒體、高度競爭與快速變遷的職場環境影響，面臨更大的心理壓力與適應挑戰。

國際調查顯示，約 35% 的 Z 世代上班族有不同程度的心理健康問題，比例高於千禧世代。此外，Z 世代對於職場環境的期待與前幾代有所不同，他們更重視工作與生活的平衡，並希望企業提供更多心理健康資源。然而，由於工作經驗尚淺、職場適應期較長，再加上現今職場環境變數較大，他們比前幾代人更容易感到焦慮與不確定性，甚至可能因此影響工作表現與職涯規劃。

值得注意的是，Z 世代對心理健康的關注度也遠高於前幾代。他們願意主動尋求幫助，對心理健康話題持開放態度，並希望企業能提供更多相關支持措施，如心理諮商、彈性工作制度及壓力管理培訓。因此，企業若能順應趨勢，提供更完善的心理健康支援，不僅能降低員工流動率，還能提升整體工作效率與職場滿意度。

關注心理健康，打造正向職場

職場壓力與心理健康問題日益受到重視，這不僅影響員工的個人幸福感，也與企業的生產力密切相關。企業應積極營造健康的工作環境，提供

■ 第六章　職場策略—運用心理學，讓工作成就夢想

心理支持與壓力管理機制，而個人則應學習適當的紓壓方法，建立正向的工作態度。唯有心理健康，才能在職場與生活中找到真正的平衡與成就感。

■ 職場心理雷區：如何避免常見的心理陷阱

沒法安定，跳槽成習慣

對象：年輕上班族

症狀：頻繁跳槽，短時間內換工作成為常態。一份工作甚至做不到一個合約期，甚至不到一個月就離職。有些人還為自己設定了「三要」標準：一要有發展，二要高薪，三要能隨時跳槽。他們認為這樣能尋找更好的機會，但實際上，這樣的做法可能對職涯發展帶來負面影響。

案例：一位從事銷售工作的職員，三年間換了六次工作。每次他都認為自己是在為未來鋪路，尋找更好的起點。然而，當他偶然遇到曾經共事的同事時，才發現對方雖然學歷和能力不如他，卻因為持續深耕同一家公司，現在已經升任高階主管。他這才意識到，當年如果能耐心發展，或許那個位置就是他的。

對策：從心理學角度來看，頻繁跳槽的原因通常來自於對個人成就的強烈渴望，以及對短期利益的過度追求。然而，每一次跳槽都需要重新適應新的環境和團隊，這會影響專業深耕與穩定發展。與其不斷追逐「更好的機會」，不如靜下心來審視自己是否具備長遠發展的條件。跳槽前要評估自己的核心競爭力，避免因短視而錯失長期發展的機會。

害怕老闆，壓力過大

對象：適用於所有職場人士

症狀：每天上班看到老闆就感到緊張，做事畏首畏尾，深怕犯錯。一旦老闆不在公司，整個人就變得放鬆、表現出色。

案例：有位高階執行祕書，每次與董事長見面時都倍感壓力，彙報工作時總擔心自己會出錯，甚至會緊張得出汗。這種焦慮影響到她的睡眠和精神狀態，導致長期疲憊，最後不得不尋求心理專業協助。

對策：這種心理源自於對老闆的過度解讀，許多人將老闆的權威形象無限放大，導致恐懼感加劇。其實，老闆也是普通人，也有優缺點，甚至有時會依賴員工的專業知識。因此，可以試著將老闆視為合作夥伴，逐步適應與上級的互動，調整心態，減少不必要的焦慮。

自我表現欲過強

對象：以 30 歲以下的年輕人為主

症狀：這類員工通常充滿衝勁，事事搶先，渴望在老闆面前證明自己。但有時候，過度強調自我表現，反而會忽略細節，導致工作出錯。

案例：一位從美國 MBA 畢業的年輕人，順利進入一家跨國企業上海辦事處工作。然而，由於過度自信，他對上司交辦的瑣碎工作不屑一顧，常常馬虎應對。結果，在一次標案計畫書中，他錯將「進口」當作「出口」，導致公司在利益和信譽上受到雙重損失，最終被解僱。

對策：過度自信可能來自於對自身能力的錯誤評估。成功的職場表現

不僅在於搶占風頭,更需要穩健發展。應該先把本職工作做到極致,再尋求額外的發揮空間,這樣才能真正獲得上司與同事的認可。

總覺得背後有人盯著自己

對象:新進職員、管理階層

症狀:無論是剛進職場的新鮮人,還是剛晉升的主管,這類人往往會有一種「被監視」的錯覺。他們時刻擔心別人在評價自己,害怕外界的眼光,導致過度焦慮。

案例一:一位IT產業的年輕創業者,剛成立公司時,總覺得員工在背後評論他的決策。有時候,當與員工視線相遇時,他就會內心不安,懷疑對方是否在批評他的領導能力。

案例二:一位剛踏入職場的女新人,原本不愛化妝,但開始上班後,卻對外表過度關注。她甚至會因為同事瞟她一眼,就擔心自己的妝容或服裝是否不合適。

對策:這類問題通常來自於對自身的不自信與過度敏感。事實上,別人的目光未必真的針對自己,很多時候只是無意識的掃視。因此,應學會放鬆心態,不要過度解讀別人的行為,避免因過度焦慮而影響工作表現。

感覺壓力過大,無法排解

對象:各種行業與職位皆可能發生

症狀:現代職場競爭激烈,長時間高壓工作導致許多人身心俱疲。有些人因無法釋放壓力,導致精神不濟、工作效率下降,甚至出現焦慮或易

怒的情緒反應。

對策：企業可以透過提供心理諮商、健康活動、彈性工時等方式，幫助員工緩解壓力。但從個人層面來說，學會適時調整心態更為關鍵。例如，可以透過運動、培養興趣愛好、旅行、冥想等方式來舒壓。此外，也可以適當與信任的同事或朋友分享自己的感受，避免壓力過度累積，影響身心健康。

穩健心態，迎戰職場挑戰

職場充滿各種挑戰，每個人在不同階段都可能面臨心理上的困擾，無論是頻繁跳槽、害怕老闆、過度自我表現，還是無法擺脫別人的眼光、承受過度壓力，這些問題都可能影響個人的職業發展與心理健康。然而，這些「心理雷區」並非無法克服，只要能夠正確認識自己，適時調整心態，並學會尋求有效的應對策略，就能夠在競爭激烈的職場中保持穩定發展。穩定的心態不僅有助於提升職場表現，也能幫助個人建立更健康的人際關係與長遠職涯規劃。唯有培養堅定的職場心態，才能在職場道路上走得更遠、更穩。

上班族心理健康問題不容忽視

根據相關研究估算，全球約有10%的人口存在不同程度的心理障礙，而城市人口中，更有高達25%的人面臨顯性或隱性的心理困擾，其中又以上班族最為突出。以下是幾種常見的心理問題，若你能從中對號入座，或許該提高警覺，正視自身的心理健康狀況。

第六章　職場策略─運用心理學，讓工作成就夢想

成功人士更需心理調適

一位負責銷售的副總經理，為企業全心投入十年，付出無數努力。然而，他總覺得自己的回報與付出不成正比，特別是當他與總經理比較時，更感心理不平衡。但另一方面，他又沒有足夠的信心獨立創業，因此陷入矛盾與痛苦之中。

專家解析：上班族往往容易受到人際關係、情緒管理、感情困擾、工作壓力、個性特質等因素影響，進而引發心理困擾。這些問題無法單靠親友傾訴或服藥解決，因此適時尋求心理諮商或專業協助，將有助於改善心理狀態。

男性上班族壓力更大

許多身著名牌西裝、開名車的男性上班族，表面上看似風光，實際上卻背負著極大的心理壓力。

專家解析：

- 難耐高壓 ── 長期處於高強度競爭環境，心理常處於高度緊繃狀態，容易感到焦慮、沮喪，甚至影響工作表現。
- 極度失落 ── 面對生活與事業中的不如意，部分男性上班族無法有效應對，導致嚴重的失落感。
- 過度工作 ── 許多男性上班族每天工時超過 12 小時，遠超身心負荷，長期下來容易產生壓力與健康問題。
- 健康問題 ── 當身體出現疾病時，心理壓力也隨之加重，甚至可能影響對生活的信心。

- 家庭壓力 —— 家庭關係的衝突與價值觀落差，可能使男性上班族面臨額外的心理負擔，進而影響整體生活品質。
- 過度追求財富 —— 對金錢和地位的過度渴望，可能導致焦慮、長期緊張，影響身心健康。

女性上班族心理負擔沉重

許多職場女性擁有穩定的收入與優渥的生活條件，但內心卻未必感到快樂。常見的心理問題包括：難以維持良好的人際關係、過度與他人比較、自信心不足、財富充裕卻缺乏親密關係、極端減重行為等。此外，許多女性在婚戀關係中也面臨挑戰，如害怕親密關係、婚姻不和諧，甚至婚外情問題。

專家解析：當心理壓力超過個人可承受範圍時，不僅可能導致心理疾病，還可能影響身體健康，如內分泌失調、月經不規律、乳腺增生等。專家建議，女性應更深入了解自身特質，適時進行心理調適，必要時可尋求專業心理諮商。

警惕「第三狀態」

長期高壓工作可能導致精神疲憊，甚至出現類似亞健康的「第三狀態」，即介於健康與疾病之間的心理狀態。這類狀況常見於上班族，表現為情緒低落、持續疲勞、不願運動、失眠、頭痛、注意力不集中等症狀。

專家解析：當個人感到精神倦怠、目標模糊時，應重新評估自身能力與價值觀，並尋找更具挑戰性或成就感的目標。同時，透過學習新知、培養興趣或短期進修，能有效刺激大腦，重拾工作與生活的熱情。

中年上班族的「年齡焦慮」

隨著年齡增長，中年上班族容易產生「年齡恐慌症」，擔心自己的競爭力下降，甚至面臨職場淘汰的危機。

專家解析：儘管年齡增長帶來一定挑戰，但中年上班族相較於年輕人，擁有更豐富的經驗與專業知識，這正是他們的競爭優勢。與其擔心未來，不如積極發揮自身經驗價值，持續學習與適應職場變化，以穩健步伐迎接職涯發展。

關注心理健康，提升職場韌性

無論是高階主管、職場男性、女性專業人士，還是面臨職涯轉折的中年上班族，心理健康問題都是不容忽視的挑戰。然而，壓力並非無法克服，關鍵在於了解自身情緒狀態，學會調適壓力，並適時尋求支援。

透過心理調適、良好的人際互動、健康的生活習慣，以及專業心理諮商的幫助，上班族可以在高壓環境中保持心理穩定，提升職場競爭力。唯有維持身心平衡，才能在競爭激烈的職場中走得更長遠，並讓生活更加充實與美好。

老闆不是職場的上帝，理性看待職場關係

在職場上流傳一句話：「職場守則第一條：老闆永遠是對的；第二條：如果發現老闆錯了，請參照第一條。」這句話生動地描述了職場中對老闆的敬畏心理，彷彿老闆就是至高無上的存在。然而，這種觀念是否合理？

老闆不是職場的上帝，理性看待職場關係

隨著資訊時代的發展，職場工作者對老闆的認知不再僅限於傳統的權威形象，而是透過個人經驗與社會觀察形成不同看法。然而，許多人仍然抱持著「老闆就是上帝」的想法，認為老闆擁有無可挑戰的權威，導致員工對其言聽計從，甚至害怕表達異議。

盲目順從並非職場生存之道

在傳統的工作環境中，許多人為了保住飯碗，選擇屈從於老闆，即使內心有所不滿，也不敢表達意見。他們害怕一旦對老闆抱怨，將可能面臨職涯風險，甚至被解雇。因此，他們習慣將憤怒壓抑，或在工作以外的地方尋找發洩出口。然而，長期的壓抑與不滿，可能會導致員工喪失工作熱情，甚至影響心理健康。

老闆的確在企業中擁有決策權，但這並不代表員工必須毫無條件地順從。現代職場更重視員工的價值與貢獻，與老闆建立良好的溝通橋梁，勇於表達自己的看法，才能讓雙方達成更好的合作。

理性看待老闆，擺脫職場迷思

許多員工對老闆抱有過度的敬畏，彷彿老闆是一種高不可攀的存在。然而，就如同早期人類對雷電懷有敬畏之心，隨著科學的發展，人們逐漸理解了雷電的本質，也不再將其視為神祕的力量。同理，當我們理解老闆的本質時，就能以更平常的心態面對，尊重而非盲目敬畏。

一則寓言故事提供了有趣的啟示：

有位青年歷經千辛萬苦爬上山頂，虔誠地向上帝祈禱：「主啊！我願一生臣服於您，為您膜拜。」然而，上帝沒有回應。三年後，他來到海

邊，再次向上帝祈禱：「主啊！請讓我成為您的僕人。」但依然沒有回應。又過了三年，他再次站在山頂，終於領悟：「原來，我才是自己的主宰！」

這則故事點出了一個關鍵——個人應當主導自己的職業生涯，而不是將老闆視為職場的神祕力量。員工與老闆的關係應該是互惠互利，透過雙方的努力來共同達成企業目標，而非單方面的屈從與服從。

老闆的類型與應對策略

不同類型的老闆，有不同的管理風格。了解老闆的特質，能夠幫助員工在職場上更好地適應與應對。

1. 直率型老闆

這類老闆坦率直接，情緒容易表現在臉上。當員工表現優異時，他們會毫不吝嗇地給予讚美；相反地，若出現錯誤，也會直接指出。因此，面對這種老闆，員工應該誠實表達自己的想法，並且迅速回應他的指示，以贏得信任。

2. 沉穩型老闆

這類老闆不輕易表露情緒，習慣深思熟慮後再行動。他們可能不會經常表揚員工，但並不代表他們沒有注意到員工的努力。對於這種老闆，員工應該展現穩健的工作態度，並透過數據與事實來支持自己的觀點，以贏得認同。

3. 創新型老闆

這類老闆具有高度的創造力與開拓精神，樂於接受新事物。他們重視員工的創意與想法，期待團隊能夠帶來創新的解決方案。與這類老闆共事時，員工應該勇於表達自己的想法，並積極參與討論，以獲得更多發展機會。

4. 女性老闆

隨著女性在職場上的影響力提升，許多企業由女性領導。女性老闆通常具備敏銳的直覺，對於員工的忠誠度與態度特別敏感。因此，員工應該展現專業態度，並且避免心存僥倖或不夠誠懇，因為女性老闆往往能夠迅速察覺員工的動機。

老闆與員工的互惠關係

老闆並不是職場的上帝，而是企業運作中的一部分。員工與老闆的關係應建立在互利互惠的基礎上，而非單方面的屈服與敬畏。在職場中，員工應當以專業的態度面對挑戰，提升自身價值，同時也應該學會如何與不同類型的老闆相處，從而在職場上取得更好的發展。

職場並非單純的權力遊戲，而是一個相互合作的環境。當我們打破對老闆的迷思，理解自己的價值，便能在工作中保持更健康的心態，找到真正適合自己的職業道路。

第六章　職場策略—運用心理學，讓工作成就夢想

職場不公平是常態，學會適應才是關鍵

現今社會強調公平、公正、公開的商業原則，但這樣的準則是否適用於職場呢？答案未必如此。老闆也是人，他們有自己的情感與偏好，能夠完全做到對所有員工一視同仁並不容易。有些企業主可能會盡力維持公平，但現實中，許多決策仍受個人因素影響。因此，職場上的「公平」往往只是相對的，而不是絕對的。

不要輕易與「不公平」較勁

林小晶剛升任一家圖書發行公司的編輯部主管時，薪資雖然提升，但其他福利待遇並無太大改變。一次，她偶然得知財務部主管李小姐的手機費能夠報帳，這讓她感到極度不平衡。畢竟，李小姐的工作性質似乎不需要頻繁使用手機，而她自己每個月的通訊費用卻得自掏腰包。於是，她鼓起勇氣向老闆提出申請，卻發現老闆對此事感到意外，並表示除了發行部人員，其他部門並不能報帳手機費。然而，當她進一步指出李小姐的例外時，老闆只淡淡回應：「是嗎？我會了解一下。」

這一「了解」持續了兩個月，沒有任何進展。林小晶感到又氣又無奈，最終忍不住向同事抱怨，結果卻被對方一語道破：「妳不知道嗎？李小姐報帳的手機費其實是老闆特助的，只是借她的名字來申報，避免老闆娘查帳。妳怎麼會天真到想拿這件事和老闆爭論？」

這讓林小晶頓時恍然大悟，也明白了自己的處境。她的「爭取」不僅沒有得到結果，反而讓老闆對她產生了不滿。從那之後，她不再過問這件事，也不再對李小姐的特殊待遇感到不公平。

這個案例說明了一個職場現實──許多時候，老闆自有考量，而員工未必能理解其中的細節。即便某些政策看似不公，實際上可能涉及更高層的決策邏輯，執著於爭論反而容易讓自己陷入不利的境地。

為何升遷總輪不到自己？

李小姐在一間知名企業工作四年，一向兢兢業業，對公司忠誠。然而，當原部門主管離職後，公司決定由總經理的一位親戚接任，而她的升遷希望瞬間破滅。她感到極度不滿，覺得自己被不公平對待。工作壓力過大讓她將情緒帶回家，與家人頻頻發生爭執，最終影響到整體生活品質。

在職場上，這類情況相當常見。許多人辛勤工作多年，卻在升遷機會到來時，輸給了「關係」或「背景」更勝一籌的競爭者。這時，我們應該如何調適心態？

應對職場不公平的三大策略

1. 解決問題導向：與上司及同事溝通

與其憋在心裡，不如勇敢與上司或同事溝通，表達自己的想法。例如，李小姐若能早些與主管表達自己的期待，並在工作中主動爭取機會，也許結果不會這麼令人失望。若擔心言語表達有難度，也可以透過書面方式向上級提出建議，例如：針對工作負擔過重，可以正式要求增聘人員或調整薪資待遇，而不是選擇默默承受壓力。

2. 調整心態：接受現實，順勢而為

職場就像一場馬拉松，不是每次比賽都能獲得第一名。面對不公平待遇，與其不斷糾結，不如調整心態，專注於自己的職業規劃。如果環境真的無法讓你施展才華，或許轉換跑道也是一個選擇。世界很大，機會也很多，不必因一次挫折而否定自己的價值。

3. 培養自信心與職場影響力

許多職場人遭遇不公平時，選擇默默忍受，甚至不敢拒絕額外的工作要求。然而，每個人都有權利為自己爭取合理待遇。當工作壓力過大時，不妨學習適當拒絕他人，以一種得體且讓對方容易接受的方式表達自己的立場。

職場公平只是理想，適應才是生存之道

無論在哪個職場，「人人平等」都只是理想狀態，因為上級與下屬之間本就存在權力落差。雖然法律賦予員工「言論自由」，但這並不代表可以無限制地挑戰公司的制度或領導的決策。在職場上，應該先學會適應環境，再尋找發揮個人優勢的空間。

如果你動不動就對公司的政策提出質疑，甚至頻繁向高層投訴，那麼最終很可能適得其反，甚至影響到自己的職場發展。職場並非一個純粹講求公平的地方，而是一個強調生存與適應的環境。當你在職場上累積更多經驗、站上更高的位置時，你會發現，公平從來都是相對的，而有時候，決策者本身也難以做到絕對公正。

與其抱怨不公平，不如提升自己，讓自己成為在職場中更有競爭力的人。唯有如此，才能在這個競爭激烈的環境中，為自己找到一席之地。

忠誠不是盲從，職場更需堅守原則

在職場上，忠誠固然是一種值得推崇的美德，但它並不意味著對上司唯命是從，更不能讓自己淪為違法行為的工具。當老闆的指示違背道德甚至觸犯法律時，員工應該如何應對？這不僅關乎個人職業道德，更可能影響一生的命運。

當老闆要你撒謊，該怎麼辦？

在職場中，我們時常遇到老闆要求「善意的謊言」——例如，老闆不想見某人，便指示祕書或助理告知對方：「老闆今天不在辦公室。」這類謊言雖然違背誠信原則，但通常不會造成實質傷害，因此大多數人選擇順從。然而，當老闆要求員工偽造帳目、隱匿財報、甚至參與違法行為時，問題的嚴重性便截然不同了。

有些員工可能會因為害怕失去工作，選擇服從，甚至自我安慰：「大家都這麼做，我只是按照指示行事。」但事實上，一旦違法行為曝光，承擔法律責任的往往是執行者，而非發號施令的老闆。職場中不乏員工因協助公司做假帳而被究責，甚至背上刑事責任，最終失去自由與前途。

因此，當老闆要求你做出不道德或違法的行為時，最好的做法是理性拒絕，並委婉提醒老闆這樣的決策可能帶來的法律風險。如果老闆仍然堅持，則應該考慮離開這樣的環境，以保護自己。

盲目忠誠的可怕下場

在一樁國際商業競爭案例中，某企業老闆 A 原本計畫與國外公司合作，卻被競爭對手老闆 B 捷足先登，導致合作機會落空。憤怒之下，老闆 A 找到忠心耿耿的員工小偉，暗示他「教訓」對手。年輕氣盛的小偉毫不猶豫地接受了這項「任務」，結果在一次衝突中，老闆 B 意外喪命。

警方介入調查後，小偉交代了一切，然而老闆 A 卻矢口否認自己曾經指使這起事件，甚至裝出一副無辜的樣子。儘管最終老闆 A 也受到了懲罰，但小偉卻因此失去了人生最寶貴的自由。

這個案例的悲劇，在於小偉誤以為「忠誠」就是對老闆言聽計從，卻忽略了是非對錯的基本判斷。他若能當時保持冷靜，理智地拒絕老闆的要求，即便因此丟了工作，也不至於毀了一生。

忠誠不是盲從，職場更需堅守底線

真正的忠誠，應該是基於道德與法律的前提，而非毫無保留地服從上級。以下是幾個維護自身職場安全的原則：

1. 保持獨立思考

當老闆要求你執行某項指令時，不要僅僅因為對方是權威人物就盲目服從，而是應該先分析指令是否合理、合法。如果指令違背職業道德或法律，就應該拒絕執行，並理性與老闆溝通。

2. 記錄關鍵對話

在職場上，若發現老闆可能涉及違法行為，建議保留書面或語音紀錄，以免日後被誣陷成「幕後主使」。這不僅是自保的方法，也是避免自己無辜受害的關鍵。

3. 學會勇敢拒絕

如果老闆要求你做假帳、隱匿資訊或進行其他違法行為，你必須堅持自己的底線，明確告知對方：「這樣做可能會違法，我無法配合。」如果老闆因此對你不滿，甚至威脅開除，請記住——這樣的公司並不值得你留戀。

4. 為自己留後路

如果你發現公司文化充滿違法或不道德的行為，應該趁早做好離開的準備，例如尋找新的工作機會，避免未來被捲入法律糾紛。

職場不是江湖，正直才能長久

職場確實充滿挑戰，但它並不是無法無天的江湖，真正能夠在職場中長久生存並獲得尊重的人，從來不是那些唯命是從、毫無底線的員工，而是那些懂得堅持原則、保持專業與誠信的人。

忠誠不代表盲從，職場中最可貴的，是對正確價值觀的堅持。面對不合理的要求，我們不僅要懂得拒絕，更應該知道如何在保護自己的同時，為自己的人生負責。

第六章 職場策略─運用心理學，讓工作成就夢想

擇業即人生選擇，如何走出矛盾與迷惘

人生是一連串選擇的過程，而職業選擇無疑是其中極為關鍵的一環。擇業不僅影響個人的前途與幸福，更關係到未來的發展方向。然而，在現實生活中，許多人在擇業時常感到困惑，反覆比較不同的機會，害怕選錯，最終陷入內心焦慮與煎熬之中。

擇業的矛盾與挑戰

許多大學生在擇業時，常面臨理想與現實的落差。例如，他們希望能夠自主決定職業，但又害怕承擔風險；一方面渴望專業發展，另一方面又受到同儕影響，容易產生比較心理。他們想透過努力實現自我價值，卻又缺乏獨立面對挑戰的勇氣與經驗。

此外，由於成長環境與個人生活經歷的不同，每個人的擇業心態也大不相同。有些人重視穩定，寧願選擇待遇較好的傳統職業；有些人則追求挑戰，希望透過高風險高回報的機會快速成長。這些矛盾心態，使得許多畢業生在就業市場上舉棋不定，甚至錯失良機。

影響擇業心理的因素

1. 心理發展的不穩定

大學生處於人生心理矛盾最突出的階段，容易在擇業時產生不確定感。由於心理發展尚未完全成熟，對自我認知不清，可能過度自信或過度自卑，導致難以做出理性的選擇。

2. 職場期待過高

許多畢業生受到社會期待影響，認為第一份工作必須要符合自身的理想標準，薪資待遇、公司規模、產業前景都要完美無缺。然而，現實世界中，職場競爭激烈，機會並不總是與期待相符，過於執著於「完美選擇」反而會讓自己錯失成長的機會。

3. 傳統就業觀念的影響

許多家庭仍抱持著「一次就業定終身」的觀念，認為擇業應該追求穩定，而非冒險創新。這使得部分畢業生在擇業時過於謹慎，不敢嘗試新的領域或創業機會，錯失探索自身潛能的可能性。

4. 抗壓性不足

在現今競爭激烈的職場環境中，挫折與壓力是無可避免的。然而，由於獨生子女世代成長於相對優渥的環境，許多人缺乏應對壓力的經驗，一旦面臨職場挑戰，容易感到挫敗與焦慮，進而影響職涯發展。

擺脫擇業焦慮，走向成功的關鍵

1. 擴展擇業視野，彈性思考

過於狹隘的擇業標準，容易讓自己錯失成長機會。許多畢業生認為「地點太遠的不去、薪資低的不願去、公司規模太小不考慮」，但事實上，第一份工作最重要的是累積經驗，而非立即獲得高薪與舒適的環境。只要願意學習並培養專業能力，未來仍然有無限可能。

2. 強化自身競爭力

在校期間應積極培養職場必備技能,例如語言能力、專業證照、團隊合作經驗等。此外,參與實習、社會實踐活動,能夠幫助自己更早適應職場環境,提高就業競爭力。

3. 轉換思維,勇於接受挑戰

擇業不只是選擇一份工作,更是選擇一種生活方式。與其等待「完美機會」,不如積極尋找適合自己的發展道路。面對挑戰時,不要過度焦慮,而是將其視為學習與成長的機會。

4. 建立獨立決策能力

擇業是個人選擇,不應該完全依賴家人或朋友的意見。學會獨立思考,根據自己的興趣、能力與長遠目標來做決定,才能真正找到適合自己的職業發展方向。

5. 探索創業可能性

近年來,創業已成為年輕人實現夢想的重要途徑之一。如果對自身能力有信心,不妨嘗試創業,發展個人品牌或進入新興產業。即便創業過程充滿挑戰,也能累積寶貴的經驗,為未來職涯發展奠定基礎。

擇業是旅程,不是終點

擇業並非單次決定,而是一個不斷調整與發展的過程。現代職場已不再是「一份工作做到退休」的時代,而是強調彈性與適應力的競爭環境。

因此，與其糾結於「最完美的選擇」，不如積極行動，在實踐中探索真正適合自己的職涯道路。

每一次選擇，都是成長的契機。只要持續學習、勇於挑戰，無論起點如何，最終都能走向成功。

職場壓力無所不在，學會管理才能持續前進

適度的壓力能激發個人潛能，促使我們更專注、更勤奮地投入工作。然而，當壓力超過負荷，卻可能讓人身心俱疲，導致效率低落，甚至影響健康。許多上班族都有這樣的感受——疲憊、不安，甚至找不到適當的紓解方式。

壓力的來源與影響

心理學專家指出，現代職場人士的壓力主要來自以下幾個方面：經濟環境變動、技術革新的需求、激烈的市場競爭，以及社會對於專業表現的期待。此外，壓力的成因還與個人工作內容、角色職責、人際關係、組織文化、薪資待遇以及工作環境息息相關。

無論職位高低，壓力都是不可避免的。以李曼的例子來看，她身為機械設備銷售經理，不僅要帶領團隊達成業績，還得兼顧家庭責任。隨著公司銷售目標逐年提高，她的壓力越來越大，甚至影響到家庭生活。這樣的情況，對許多職場人士來說並不陌生。

從醫學角度來看，當人長期處於高壓狀態，身體會分泌大量壓力荷爾

第六章　職場策略—運用心理學，讓工作成就夢想

蒙，如交感神經素與腎上腺皮質類固醇。這些激素會讓心跳加快、血壓升高，影響免疫系統，增加罹患心血管疾病、胃潰瘍，甚至癌症的風險。根據國際研究，美國每年因壓力造成的經濟損失高達 3,000 億美元，而歐盟每年也有 20% 的勞動力因壓力問題而影響工作效率。

有效管理壓力的策略

1. 建立個人支持系統

無論是家人、朋友還是同事，強大的社交支持系統可以幫助我們在壓力來臨時找到情緒出口。當感到壓力過大時，不妨與信任的人聊聊，分享內心的煩惱與不安。對方的鼓勵與建議，不僅能幫助我們釐清問題，還能讓我們感受到關懷與支持，減輕心理負擔。

2. 透過寫作釋放壓力

美國心理學會推崇寫作作為減壓方式。寫日記或記錄當下的感受，有助於整理思緒，將壓力具象化，從而降低焦慮感。即使只是簡單地列出一天的工作心得，也能幫助我們更理性地面對問題。

3. 養成運動習慣

規律運動不僅能釋放壓力，還能促進身體分泌多巴胺，使人產生愉悅感。無論是瑜伽、慢跑、游泳，甚至拳擊運動，只要能讓身體出汗，都有助於紓解壓力，提升抗壓能力。

4. 透過飲食管理壓力

某些食物能有效減少壓力，如富含 DHA 的魚類（鮭魚、鮪魚、鯖魚），以及含有硒元素的巴西堅果、大蒜等。此外，維生素 B 群（如 B1、B6、B12）對於穩定情緒與減少焦慮也有幫助，因此可以多攝取全穀類食物。透過飲食調整，長期養成健康習慣，也能提高抗壓能力。

5. 提升專業能力

許多人的工作壓力來自於能力與職責的落差。當技能不足時，工作效率降低，壓力自然倍增。透過持續學習與進修，例如參加專業課程、提升時間管理能力，或培養問題解決能力，能讓自己更勝任工作，進而減少來自工作的壓力。

壓力可控，關鍵在於調適

壓力無法完全消除，但我們可以學會管理它，讓它成為推動我們成長的動力，而非阻礙我們前進的負擔。透過建立支持系統、運動、寫作、健康飲食與提升專業能力，每個人都能找到最適合自己的減壓方式。當我們能夠平衡工作與生活，就能在職場中保持穩定與成長，迎接更具挑戰的未來。

擺脫職業倦怠，讓工作重拾熱情

職場中，許多上班族都曾有過這樣的感受——每天早上醒來想到要去辦公室便頭痛欲裂，拿著公文卻提不起勁，對工作毫無興趣，甚至開始

質疑自己的職業選擇。如果你有這些症狀，那麼，你可能已經陷入了「職業倦怠期」。

什麼是職業倦怠？

職業倦怠（Burnout Syndrome）又稱職業枯竭症，是一種由於長期承受工作壓力而引發的心理與生理疲勞。它不僅影響工作效率，還可能導致人際關係惡化，甚至演變成憂鬱症或焦慮症。根據美國研究，每年因職業倦怠造成的經濟損失高達 3,000 億美元。

為什麼會產生職業倦怠？

職業倦怠的成因複雜，主要可以歸納為以下幾點：

1. 長期的工作壓力

持續高壓的工作環境，使人無法適時放鬆，長時間處於緊繃狀態，最終導致身心俱疲。

2. 喪失對工作的興趣

如果對職位安排不滿、工作內容過於單調重複，或本身對工作性質沒有興趣，長期下來容易產生倦怠感。

3. 疾病因素

某些身心疾病，如憂鬱症或焦慮症，也可能導致對工作失去熱情，即使換了新環境也無法改變這種狀態。

許多人對職業倦怠不以為意，認為只是一時的厭倦，會隨時間自行消退。但如果不正視這個問題，可能會讓自己陷入持續的低落情緒，甚至影響整體生活品質。因此，學會管理職業倦怠至關重要。

如何走出職業倦怠？

1. 嘗試轉換工作環境

如果倦怠感來自於工作內容、薪資待遇、辦公環境或人際關係，不妨考慮是否需要換個跑道。有時，一個新的挑戰或不同的工作氛圍，能夠重新燃起對工作的熱情。

2. 讓心情放個假

當壓力過大時，適時休息能幫助我們恢復能量。不妨在工作之餘，找個能讓自己放鬆的場所，如公園、書店、咖啡廳，或利用週末進行戶外活動，如泡溫泉、釣魚、健行等，讓自己遠離工作帶來的緊繃感。

3. 調整工作時刻表

如果每天的工作內容過於單調，不妨改變一下節奏。例如，原本週一全天跑客戶、週二在辦公室整理報告，可以調整為上午跑客戶、下午回公司處理文書工作，讓日程變得更有變化，減少單調感。

4. 運動紓壓

規律運動能夠促進身體分泌血清素與腦內啡，不僅能提升睡眠品質，還能改善心情。建議遵循「333 運動原則」——每週運動 3 天，每次至

少 30 分鐘,讓心跳達到 130 下,例如快走、游泳、瑜伽等,都是不錯的選擇。

結語:擁抱改變,找回工作熱情

職業倦怠不是無法克服的問題,而是一種需要被正視的警訊。當你開始對工作感到厭倦,請嘗試改變自己的節奏、適時休息,並找回對工作的熱情。透過調整環境、規律運動、紓解壓力,每個人都可以在職場中找到新的動力,讓職業生涯更具價值與成就感。

高薪打工族的心理困境:選擇與壓力的拉鋸戰

在國際大都市,如紐約、倫敦、東京等,活躍著一群高薪上班族。他們通常擁有國際名校高學歷,工作經驗豐富,年薪可觀,但並非企業擁有者,而是受僱於企業高層的專業經理人或高階主管。外界看來,他們財務穩定,過著優渥的生活,然而,這群人卻面臨著難以言喻的心理壓力,長期處於職業選擇的矛盾與困惑之中。

壓力之一:繼續打工,還是創業?

許多高薪打工族身邊不乏創業成功的朋友,因此,「要不要自己創業?」成了他們內心反覆掙扎的問題。創業的自由與財務回報令人嚮往,但風險卻極高,讓人望而卻步。

通常,他們會選擇以下兩條路:

1. 繼續打工,穩定發展

由於不是企業擁有者,他們難免會有「寄人籬下」的心理落差,對公司的認同感不高,甚至對老闆的言行舉止格外敏感,生怕稍有差池就影響自身前途。「戰戰兢兢,如履薄冰」成為日常工作狀態。

2. 嘗試創業,但風險難測

有些人選擇「雙管齊下」,在工作之餘暗中籌備創業,希望兩邊兼顧,降低風險。然而,這種模式不僅可能違反公司規範,還容易陷入利益衝突,最終兩邊都無法兼顧。另一類人則乾脆辭職創業,但缺乏適當的創業技能與經驗,導致事業失敗,甚至賠上多年積蓄,承受巨大的心理壓力。

壓力之二:等待晉升,還是跳槽求發展?

「不想升遷的員工不是好員工。」對於高薪上班族來說,升遷不僅意味著薪資提升,更是對個人價值的肯定。然而,隨著職位層級越高,競爭越發激烈,能夠晉升者終究是少數。

1. 主動競爭,甚至不擇手段

有些人為了晉升,會刻意經營職場關係,甚至誇大成就、排擠競爭對手。然而,這種方式往往讓人寢不能寐,心理負擔沉重,內心充滿孤獨感與焦慮。

2. 跳槽尋找新機會

另一部分人選擇轉換跑道,希望在新環境獲得更好發展。然而,高薪

人士的跳槽成本較高，每換一次工作，都意味著要重新適應新的企業文化與人際關係，帶來更大的不確定性。

3. 保持低調，靜觀其變

有些人則選擇「明哲保身」，既不刻意爭取，也不輕易跳槽，而是順應環境變化，等待適當的機會。然而，這種被動等待的方式，往往導致職業生涯停滯不前，也可能錯過更好的機會。

壓力來源：社會環境影響深遠

高薪打工族的心理壓力不僅來自個人選擇，也受到社會環境的影響。研究顯示，當一個國家或地區的經濟成長率介於 5%～15% 之間時，社會競爭最為激烈，機會雖然存在，但並不充裕，導致焦慮與浮躁的氛圍蔓延。高薪打工族夾在「穩定」與「成長」之間，時刻面臨選擇的壓力，無法真正安定下來。

如何紓解高薪打工族的壓力？

- 客觀評估自身能力：創業固然吸引人，但並非所有人都適合。應透過專業測評或向成功創業者請益，了解自己的優勢與不足，避免盲目行動。
- 設定明確的職業目標：不論是選擇繼續打工還是創業，都應該有明確的長期規劃，而非受外界影響而草率做決定。
- 學習適應變化：職場競爭激烈，高薪人士應不斷提升自己的專業能力與管理技能，以應對可能的市場變動。

- 建立心理韌性：學會調適壓力，透過運動、冥想、心理諮商等方式，維持心理健康，避免過度焦慮影響決策能力。

平衡心態，穩健前行

高薪打工族看似光鮮亮麗，但實際上，他們所面臨的心理壓力不亞於任何人。無論是選擇繼續打工、創業，還是等待晉升、跳槽，都需要理性評估自身條件，避免因衝動決策而讓自己陷入更大的困境。唯有在職涯規劃中保持穩健心態，不斷學習與適應，才能真正掌握自己的未來，讓職業生涯更有價值與成就感。

擺脫「心理奴隸」：掌控自己的人生

在現代社會，有許多人無意間成了「心理奴隸」，讓外界的眼光、環境和過去的經歷決定了自己的一切。他們從事著自己不喜歡的工作，過著違心的生活，甚至不敢追求真正想要的目標。以下是五種常見的「心理奴隸」類型，以及如何擺脫這些束縛，找回自主權。

「別人怎麼想」的奴隸

這類人過於在意他人的評價，害怕被嘲笑、批評，甚至連自己的選擇都要依賴別人的意見。他們可能會反覆思考：「如果我多說話，別人會不會覺得我愛出風頭？」或「如果我做這件事，會不會被笑話？」這種心理不僅限制了個人成長，也影響了創造力與自信心。

第六章　職場策略—運用心理學，讓工作成就夢想

擺脫方法：

- 若模仿他人能讓你感到快樂，那就盡情去做；但如果這讓你壓抑自己，就該嘗試按照自己的方式生活。
- 學會理智地面對批評，因為職位越高，被討論和批評的機率也越高。
- 結交樂於助人、志同道合的朋友，遠離過度消極或總是批評你的人。

「為時已晚」的奴隸

這類人認為某些事情必須在特定年齡完成，否則就來不及了。例如，覺得 26 歲再去進修已經太晚，40 歲無法再婚，50 歲無法轉行。這種思維讓人錯失許多可能的機會。

擺脫方法：

擺脫年齡限制，從生活中尋找成功的晚成榜樣。例如，肯德基創辦人桑德斯 60 多歲才創立品牌，仍然大獲成功。

不要只為了安穩而選擇不適合自己的路，應當有計畫地朝夢想努力，無論年齡如何。

「注定失敗」的奴隸

這類人過於自卑，總是認為自己無法成功，周圍的人都在與自己作對。他們可能經常抱怨：「我沒有好機會」、「主管不欣賞我」、「這件事我一定會失敗」等。然而，心理學研究表明，一個人若不斷暗示自己會失敗，確實會影響行動，使失敗成為現實。

擺脫方法：

- 經常使用正向語言,例如「我可以做到」、「我值得成功」,培養自信心。
- 把焦點放在「如何成功」上,而非「為什麼會失敗」,並尋找實際的方法來提升成功機率。

「安全感」的奴隸

這類人過於害怕變化,寧願固守安穩的環境,即便現狀並不理想,也不願冒險改變。他們害怕創新、害怕風險,因此錯失了許多機會。

擺脫方法:

- 讓自己的生活更加多元化,參與不同的活動,嘗試新事物,逐步適應變化。
- 了解到風險是成長的一部分,沒有挑戰就沒有突破,學會在不確定中尋找成長機會。

「過去錯誤」的奴隸

這類人因過去的失敗而喪失信心,害怕再犯錯,導致不敢再嘗試新事物。他們可能因曾經的錯誤選擇或經歷,對未來充滿恐懼與懷疑。

擺脫方法:

- 理解錯誤是學習的一部分,只要能從錯誤中學習,那就不算真正的錯誤。
- 將失敗視為一種投資,而非損失。例如,愛迪生曾說:「我沒有失敗,而是找到 9,999 種行不通的方法。」

第六章　職場策略—運用心理學，讓工作成就夢想

成為自己人生的主人

許多人一生都在受限於他人的看法、過去的經歷或對風險的恐懼。然而，只有當我們學會擺脫這些「心理奴隸」的枷鎖，才能真正主導自己的人生。試著培養自信，勇於嘗試新事物，並將錯誤視為成長的一部分。當你開始為自己做決定，而不是被環境或他人牽制時，才真正擁有自由與成功的機會。

職場中的「出頭鳥」法則：如何融入而不迷失自我

在職場上，展現個性和能力固然重要，但若過於突出，可能會引起同事的排斥，甚至成為「槍打出頭鳥」的目標。中國有句俗話：「木秀於林，風必摧之。」這在職場環境中同樣適用。如何在保持個性的同時，又能融入團隊，是許多職場新人的必修課。

適度收斂，避免過度突出

小西是一位剛進入新公司的職場女性，向來熱愛時尚的她，在公司裡總是穿著搶眼的服裝，希望以此展現自信和個人風格。然而，兩個月過去了，她卻發現自己始終難以融入團隊，甚至感受到同事對她的異樣眼光。

直到有一天，一位資深同事點出關鍵：「我們公司的人都比較保守，你的穿著太過吸引目光，讓人覺得難以親近。」小西恍然大悟，隨即調整了自己的服裝風格，選擇較為正式且低調的套裝。果然，沒過多久，她與同事的距離拉近了，關係也變得更融洽。

職場中的「出頭鳥」法則：如何融入而不迷失自我

這個例子說明了一個重要的職場生存法則：在某些情境下，你的能力和個性是否優秀並不那麼重要，關鍵是你是否能讓大多數人接受和認同。

學會與環境「同流」，但不「合汙」

新進職場時，許多人會遇到一個兩難抉擇：是堅持自己的風格，還是盡快融入團隊？如果選擇與同事保持距離，過於獨立，可能會讓自己變得格格不入，甚至遭到排擠。因此，適度「同流」是職場中重要的生存技巧。

然而，「同流」並不代表要毫無底線地迎合他人。例如，如果同事們習慣於抱怨公司、排擠某些人、甚至想方設法從公司撈好處，那麼你應該保持距離，避免捲入這種「合汙」的行為。

職場「隨大流」的原則

與團隊保持一致，但不刻意迎合

適應公司文化，調整自己的行為，但不必為了討好他人而違背自己的原則。例如，在公司聚餐時適當參與，但不需要刻意去迎合某些人的興趣。

不對其他圈外的同事排擠或刻意疏遠

參與團隊互動不代表要「拉幫結派」，對非自己小圈子的人保持禮貌和尊重，才能維持職場的良好關係。

與小團體保持距離，避免捲入不必要的麻煩

如果小圈子開始涉及違規行為，例如虛報加班費、串通舞弊等，就應該果斷遠離，以免陷入道德和法律風險。

在職場中找到平衡點

在職場上，不必刻意壓抑自己的個性，但也不應該讓自己過於突出而影響團隊關係。適度「同流」能讓你更快適應新環境，建立良好的人際關係；但保持原則，避免「合汙」，則能確保你在職場上的長遠發展。學會這種平衡，才能真正立足於職場，走得更遠。

職場派系生存法則：不選邊站，專注於實力

在職場中，無論企業大小、體制如何，派系問題幾乎無所不在。這些派系可能是因利益結合、理念一致，或是單純的情感連結所形成。然而，對於職場人來說，無論加入哪種派系，都可能成為一場風險投資，甚至導致職涯受阻。因此，如何在派系鬥爭中全身而退，甚至游刃有餘，是每個人都應該學習的生存技巧。

不加入派系，真的比較安全嗎？

許多人認為，不參與派系鬥爭，就能獨善其身，避免捲入辦公室政治風暴。但事實上，選擇不站隊，有時反而會讓自己成為眾矢之的。張奇的故事就是一個典型案例。

張奇畢業於名校，剛進入一個大型機關工作時，便發現裡面存在嚴重的派系問題，主要是依照地域區分。雖然他對這種「拉幫結派」的行為深感不屑，但也因為沒有選擇站隊，而陷入兩難的境地。無論是老鄉情誼，還是利益交換，他都選擇敬而遠之，但最後發現，這樣的立場反而讓自己成了派系夾縫中的「局外人」，無法適應環境，最後只能選擇辭職。

他後來進入報社工作，卻發現同樣的情況再次發生。報社內部的各個部門以學校背景、地緣關係等分為不同派系，彼此爭權奪利，導致工作推進困難，內耗嚴重。雖然張奇一心想做好自己的工作，但由於不願意站隊，他被排擠、冷落，最終再次選擇離開。

直到後來進入了一家業績導向的私營企業，他才發現這裡並沒有複雜的派系鬥爭，公司的成敗完全取決於個人能力與表現。他終於能夠憑藉實力立足，發揮自己的才能。

職場中如何避免派系鬥爭，又能保護自己？

專注於工作，提升自身實力

在派系林立的職場中，最好的生存方式就是讓自己變成「誰都不能忽視的人」。當你的能力足夠突出，沒有哪個派系能夠輕易打壓你，甚至各派都會想要爭取你的支持。

保持中立，低調行事

若辦公室的派系鬥爭已經成為常態，最好的做法是避免公開表態，不對任何一方表現出明顯的傾向。與各方保持良好的工作關係，但不深入涉入，避免捲入不必要的紛爭。

不參與八卦與流言

派系鬥爭中,流言往往是一種武器,別人可能會利用你的話來攻擊對手。無論是對公司、同事或上司的不滿,都應該謹言慎行,不要讓自己成為流言的源頭。

與所有人保持專業合作關係

在職場中,避免與任何一個派系過度親密,反而應該與所有人維持專業的合作關係。即便不同派系之間爭鬥激烈,也不要因個人情感而影響到工作上的合作。

選擇適合自己的公司文化

如果某家公司內部派系鬥爭嚴重,影響到你的職涯發展,那麼最好的解決方案可能就是尋找一個更適合自己的環境。像張奇一樣,他最終找到了一家更看重業績而非關係的企業,才得以真正發揮自己的實力。

遠離派系鬥爭,走實力派路線

職場上的派系問題無法完全避免,但我們可以選擇如何應對。與其浪費時間捲入辦公室政治,不如將精力放在提升自身的專業能力上。真正優秀的人,無論在哪裡,都能成為被重視的對象。只要實力足夠強,無論在什麼樣的環境中,都能夠立於不敗之地。

人力資源管理中的六大心理效應

在企業管理中，了解並靈活運用不同的心理效應，能夠有效提升組織運作效率，激勵員工，並打造更具競爭力的職場環境。以下是六大影響深遠的心理效應，企業管理者可善加利用，以實現最佳的管理效果。

1. 鯰魚效應：競爭帶來活力

「鯰魚效應」源於挪威漁業的一個故事。漁民發現，在沙丁魚的魚槽裡放入一條鯰魚，會讓沙丁魚因為緊張而保持活力，成功存活至漁港。這個效應在管理學上的啟示是：適度的競爭能夠激發團隊的積極性，避免員工陷入舒適圈。

應用方式：

- 在組織內部引進高能力的「鯰魚型員工」，促使其他人員提升自我。
- 設立績效獎勵機制，讓表現優異者獲得更多機會與資源。
- 鼓勵員工之間的良性競爭，提升整體工作效率。

2. 貝爾納效應：領導者要甘於作「人梯」

英國學者貝爾納雖然提出許多偉大的學術構想，但往往未能親自完成，因此許多研究成果最終由他人發表，這種現象被稱為「貝爾納效應」。它提醒企業管理者應該發掘並培養人才，而非事事親力親為。

應用方式：

- 伯樂精神：具備識才之眼，發掘有潛力的員工。

- ◈ 人梯精神：給予部屬充分發展空間，而非只追求個人功勞。
- ◈ 授權管理：讓專業的人做專業的事，提高組織運作效率。

3. 馬太效應：強者愈強，弱者愈弱

來自《新約聖經》的故事，馬太效應指出：「凡是有的，還要加給他；沒有的，連他所有的也要奪去。」這個效應強調強者將獲得更多機會，而弱者若不積極成長，則可能被淘汰。

應用方式：

- ◈ 優勝劣汰機制：獎勵表現卓越的員工，淘汰表現不佳者。
- ◈ 資源傾斜策略：將更多資源投放到高績效團隊，確保企業競爭優勢。
- ◈ 績效導向文化：建立績效考核制度，激發員工進步動力。

4. 海潮效應：企業如何吸引與留住人才

海潮的起伏受天體引力影響，人才流動亦同。當社會與企業對人才的需求高，人才就會被吸引；當待遇與機會減少，人才則會外流。因此，企業若希望吸引與留住優秀人才，必須提供適當的激勵與發展空間。

應用方式：

- ◈ 競爭性薪酬制度：提供行業內具吸引力的薪資待遇，以留住人才。
- ◈ 提升企業文化與願景：讓員工對公司產生歸屬感與認同感。
- ◈ 發展與晉升機會：提供明確的職涯發展路徑，吸引有志向的員工留下來。

5. 奧卡姆剃刀效應：去蕪存菁，提高效率

奧卡姆‧威廉主張「如無必要，勿增實體」，意即在解釋問題時，應選擇最簡單的方案，不應複雜化。這一原則在企業管理中，也能幫助決策者避免陷入無謂的繁瑣程序，提高組織運作效率。

應用方式：

- ◆ 簡化流程：避免過度官僚，提升決策速度。
- ◆ 精簡管理層級：讓資訊流通更順暢，避免層層上報的低效問題。
- ◆ 聚焦核心目標：將資源集中在最重要的業務發展上，不盲目擴張。

靈活運用心理效應，提升組織競爭力

成功的企業管理者，除了掌握專業知識外，還需善於運用心理學的原理來激勵團隊、優化管理。透過「鯰魚效應」引入競爭、「貝爾納效應」培養人才、「馬太效應」獎勵強者、「海潮效應」吸引人才、「奧卡姆剃刀效應」提升效率，企業將能打造更具活力與競爭力的組織文化。

辦公桌上的飾品，透露你的個性

在職場中，許多人喜歡在自己的辦公區域擺放一些小飾品，以增添個人風格和調節工作氛圍。然而，心理學研究發現，這些不經意的裝飾其實透露了你的個性特質。無論是飾品的形狀還是顏色，都可能反映出你的行事風格與價值觀。

第六章 職場策略—運用心理學，讓工作成就夢想

形狀決定你的個性特質

- 圓形飾品 —— 傳統且重視家庭，性格溫和，依賴性較強，但知足常樂。男性則具有親和力，責任感強，給人安全感。

- 橢圓形飾品 —— 具有獨立性與創造力，工作能力突出，容易獲得上司賞識。男性則富有正義感，領導能力強，擅長團隊管理。

- 心形飾品 —— 細膩、體貼且浪漫，感情豐富，富有女人味。男性則熱情大方，擅長社交，對愛情執著。

- 長方形或方形飾品 —— 認真嚴謹，做事有條理，個性坦誠且堅強。男性則精力充沛，擅長理性分析，決策果斷。

- 梨形飾品 —— 熱衷時尚，勇於嘗試新事物，適應能力強，對新環境接受度高。男性則外向坦誠，尊重他人。

- 橄欖形飾品 —— 事業心強，勇於挑戰。男性則獨創性高，喜歡標新立異，追求刺激。

顏色揭示你的價值觀

- 灰色飾品 —— 你重視自己的工作責任，對細節要求高，不喜歡推卸責任，但有時過於執著，可能缺乏彈性與周詳的考慮。

- 藍色飾品 —— 你是典型的實踐家，執行力強，喜歡參與實際行動，但可能不擅長領導，且容易因為工作過度投入而忽略生活品質。

- 綠色飾品 —— 你熱愛新鮮事物，喜歡旅行與大自然，對朋友熱心過度，有時可能會讓人覺得你過於好管閒事。

- 黃色飾品──你追求成功與勝利，充滿自信與魄力，能夠獨當一面，但可能缺乏長遠規劃能力，需要多聽取他人意見。
- 紫色飾品──你喜愛挑戰與刺激，擅長展現個人魅力，追求精彩生活，熱情且充滿好奇心。
- 咖啡色飾品──你是個重視名譽與尊嚴的人，待人寬厚，低調務實，雖然生活平凡，但你是個值得信賴的夥伴。
- 黑色飾品──你的思維邏輯清晰，理性且務實，樂於服務他人，但內心有許多未完成的夢想，期待透過努力工作來實現它們。

小細節反映大個性

無論是飾品的形狀還是顏色，都能透露出一個人的心理狀態與價值觀。當你在布置自己的辦公空間時，不妨留意一下這些細節，或許可以幫助你更好地理解自己，也能讓你在人際互動中，更加游刃有餘！

辦公桌透露你的職場個性

辦公桌是現代職場中不可或缺的「助手」，無論你的老闆、上司或同事是否特別關注你的桌面，它都在無形中透露出你的個性與工作風格。從辦公桌的擺設，可以看出你在職場上的態度、處事方式，甚至是人際關係的處理方式。

整齊乾淨的辦公桌：重視秩序的完美主義者

這類型的辦公桌井然有序，所有物品都被精確地擺放好，讓人一看就覺得賞心悅目，並不禁讚嘆：「我要是能這麼整齊就好了！」這類人的特點是腳踏實地、做事有條不紊，給人值得信賴的感覺。他們工作時嚴謹、講求計畫，對細節極為重視。

可能的缺點：對自己要求嚴格，也可能對他人過於挑剔，容易斤斤計較，看到他人缺點多於優點。

建議：學會欣賞同事的努力與貢獻，適時給予鼓勵，而非一味批評，這樣能讓自己在團隊中更受歡迎。

雜亂無章的辦公桌：靈活多變的行動派

這類辦公桌通常給人一種「混亂」的感覺，桌面上擺滿了文件、筆記、辦公用品等，讓人忍不住提醒：「別太辛苦了，要多注意休息！」但這類人的優勢在於靈活變通、思維活躍，擅長即興發揮，尤其在面對突發狀況或需要快速決策時，能夠展現極佳的應變能力。

可能的缺點：因為事情繁多，容易遺漏細節，做決策時可能顯得猶豫不決，給人一種「隨興而為」的印象。

建議：試著設定更清晰的工作計畫，將短期目標與長期發展結合，避免被眼前的瑣事困住。

雜亂卻有序的辦公桌：高效率的戰略家

這類人的辦公桌雖然東西很多，看似混亂，但若涉及到工作相關的文件，卻能井然有序地擺放，每一份資料都能快速找到。這種人通常對完美有高度追求，對自己的要求極高，也會敏銳地察覺他人的不足，並且勇於挑戰權威，尋求更高層次的成就。

可能的缺點：因為對自己和他人的要求都很高，可能讓同事感到有距離感，甚至覺得壓力大，不敢親近。

建議：學會欣賞團隊合作，適時給予同事正向回饋，而非只關注改進空間，這樣能讓團隊更加融洽，也能減少自己的孤立感。

充滿個性的辦公桌：熱情洋溢的理想主義者

這類人的辦公桌上擺滿了個性化的裝飾，例如個人照片、藝術擺設、紀念品等，處處展現自我風格。他們通常熱情洋溢、人際關係良好，容易受到同事喜愛，是團隊中的「開心果」。他們對物質回報較不在意，反而更重視別人的認可與讚美，這使得他們經常保持活力與動力。

可能的缺點：情緒化較重，容易因外界評價影響自己的心情，導致工作效率起伏不定。一旦熱情消退，可能會迅速對工作失去興趣。

建議：培養更穩定的情緒管理能力，學會在必要時提出批評與建議，而不是一味迎合他人。

第六章　職場策略─運用心理學，讓工作成就夢想

你的辦公桌反映你的職場形象

　　辦公桌不僅僅是工作區域，它也無形中影響著別人對你的印象。無論是有條不紊、雜亂無章，還是充滿個性，都展現出你在職場上的風格。透過適當的調整，你可以讓自己的辦公桌既符合個性，又能展現最佳的專業形象，進而在職場中更加如魚得水！

■ 眼神 ── 打開上級心門的鑰匙

　　在職場中，上級就像一把大鎖，而員工若想獲得上級的認可，關鍵在於找出那把「鑰匙」── 讀懂上級的心思。許多員工埋頭苦幹，業績不錯，卻總是被忽略；相反，有些員工對上級的一舉一動都能精準解讀，懂得察言觀色，往往更容易獲得青睞。因此，了解上級的心思是職場成功的重要一步，而「眼神」就是一種無聲卻關鍵的溝通方式。

讀懂上級的眼神，勝過千言萬語

　　有些上級會直接傳達指示，但更多時候，他們可能只是暗示，而非明說。這並非刻意隱瞞，而是因為他們假設下屬應該能理解。若你無法解讀上級的言外之意，可能會錯失許多機會，甚至影響職涯發展。

案例分析：眼神決定職場關係

　　某公司的一位年輕經理，發現下屬頻繁犯相同的錯，便將他叫到辦公室談話。為了顧及對方自尊，經理沒有直接指責，而是以關心的語氣詢問對方的近況。然而，該名下屬始終低頭不語，甚至不願直視經理的眼睛，

這讓經理感到惱火，最後直接要求對方抬頭。然而，對方仍然迴避視線，讓經理誤以為他態度不佳。事後經理才得知，這位下屬認為直視上司是不尊重的表現，才刻意低頭。這種眼神交流的誤解，導致雙方溝通不順暢，進而影響了工作表現。

為何眼神交流如此重要

從生物學角度來看，眼睛是大腦的外部延伸，能直接反映一個人的思維、情緒與態度。心理學研究發現，人的瞳孔會隨著情緒變化自動放大或縮小，無法透過意志控制。例如：

一、瞳孔放大代表興奮、喜悅、驚訝或高度關注。

二、瞳孔縮小表示不信任、厭惡、憤怒或戒備。

眼神是職場中最有力的無聲語言，透過觀察上級的眼神變化，我們可以解讀他的真實想法，避免錯誤的判斷。

如何解讀上級的眼神

以下是一些常見的眼神訊號及其可能的含義：

一、友善、信任的眼神，坦率地看著你，甚至輕輕點頭或眨眼，表示對你有好感，可能想鼓勵你或給予正面評價。

二、銳利、直視的眼神、目不轉睛地盯著你，代表他正在評估你的表現，或對你的說詞有所懷疑。

三、快速移開目光，如果上級在談話中突然移開視線，可能是不想正面回應你的問題，或對話題感到不耐煩。

第六章　職場策略──運用心理學，讓工作成就夢想

四、低頭避開視線，可能表示他對某個話題不感興趣，或不想正面回答問題。

五、邊說話邊看手錶或時鐘，這通常意味著他想結束談話，可能你已經占用了太多時間。

六、閉眼或望向遠方，可能代表他對你的表現不滿，但不想直接指責你，也可能是他感到疲倦或煩躁。

上級常說的你看著辦其實有不同含義

當上級對你說你看著辦時，你能否讀懂他的眼神，就決定了這句話的真正含義。

一、若伴隨微笑與肯定的眼神，代表你的想法不錯，按情況決定吧。

二、若帶著嚴肅或略顯不悅的表情，暗示上次沒做好，這次務必謹慎。

三、若眼神帶有疲憊或無奈，可能意味著這件事沒有希望了，你隨便處理吧。

四、若眼神透露出焦急與不安，代表事情緊急，我也不確定，你自己斟酌。

如何提升解讀眼神的能力

一、多觀察上級的習慣：每位上級的表達方式不同，有些直來直往；有些則較為含蓄，你可以透過日常觀察，找出他的眼神訊號與實際行動之間的對應關係。

二、避免低頭閃躲：適當的眼神交流能展現你的專注與尊重，避免讓上級誤會你不在乎或態度消極。

三、配合表情與肢體語言：除了眼神，上級的肢體語言，如手勢、坐姿，也能透露許多訊息，綜合這些資訊，有助於更準確地解讀他的想法。

讀懂眼神職場更順利

在職場中，善於察言觀色，讀懂上級的眼神，能幫助你更快地理解上級的期待，提升自己在組織中的價值。眼神是最直覺的溝通方式之一，當你能準確解讀它，你就掌握了與上級相處的關鍵。記住！上級的話可以有多重解釋，但眼神不會說謊，讀懂它！你的職場之路將更加順遂。

第六章　職場策略──運用心理學，讓工作成就夢想

第七章

談判心理──
善用話術與情報，掌握談判主導權

　　談判是一場心理賽局，資訊的掌握與運用是決定談判結果的關鍵因素。談判高手深知，資訊並非完全透明，適當的「真真假假、虛虛實實」策略，能夠有效影響對方的判斷，進而導向有利於自己的決策。然而，這種策略必須謹慎運用，一旦被對方識破，可能會導致談判破裂，甚至影響長遠合作關係。

第七章　談判心理—善用話術與情報，掌握談判主導權

資訊的不對稱 —— 談判中的制勝武器

在談判中，雙方掌握的資訊往往不對稱。資訊多的一方擁有更大的優勢，可以主導談判節奏；資訊少的一方則容易受制於人。因此，談判者應該盡可能蒐集有利資訊，同時適當隱藏關鍵資訊，以保持優勢。

例如，在薪資談判中，求職者如果提前掌握市場薪資標準、企業預算範圍，便能更有信心地開價；反之，若企業掌握求職者的就業壓力，則可能藉機壓低薪資。因此，誰掌握更多資訊，誰就擁有更多主導權。

真假資訊交錯 —— 迷惑對方的策略

談判過程中，適當釋放一些「虛假但無害」的資訊，可以讓對方誤判形勢，進而做出對己方有利的決策。以下是幾種常見的心理戰術

一、模糊關鍵資訊

在價格談判時，若己方掌握一定讓步空間，但不希望對方獲悉，便可模糊表達：「我們的預算確實有限，這已經是我們能接受的極限範圍。」這樣既不透露真實底線，又給對方一種「再壓價就沒機會了」的錯覺。

二、製造緊迫感

若希望對方盡快做出決策，可以強調：「這個方案是限時優惠，今天

不決定，明天可能就沒有這個機會了。」這種策略利用人性中「害怕錯失機會」的心理，促使對方加快談判進程。

三、營造競爭態勢

如果想讓對方提高出價，可以暗示：「我們還有其他潛在合作夥伴，目前正在比較條件。」讓對方誤以為自己若不提高條件，可能會失去合作機會。

運用心理戰術時的注意事項

雖然適當的心理戰術可以提升談判優勢，但過度使用或被對方識破，可能適得其反。因此，談判時應注意以下幾點

一、避免明顯的謊言

過度誇大或完全捏造事實的謊言，若被拆穿，將嚴重損害信譽，甚至影響未來合作。例如，若對方發現你的「限時優惠」其實根本沒有時效性，便會降低對你的信任度。

二、掌握對方的心理特徵

不同談判對象的性格與談判風格不同，有些人敏銳機警，容易識破虛假資訊；有些人則傾向直覺判斷，較易受到暗示影響。因此，在談判前，應先評估對方的談判風格，調整策略。

■ 第七章　談判心理──善用話術與情報，掌握談判主導權

三、適時釋放誠意

談判的最終目標是達成雙方都能接受的協議，而不是純粹的競爭或欺騙。在適當時機，主動釋放一些真實資訊，能夠增加對方的信任感，提升談判成功率。例如，在價格談判中，當對方展現出足夠的誠意時，適度讓步反而能促成交易。

談判是資訊與心理的較量

談判不僅是數字與條件的較量，更是一場資訊與心理的較勁。靈活運用「真真假假、虛虛實實」的策略，能夠讓談判更具優勢，但這種策略必須拿捏得當，確保不影響長期信任關係。真正的談判高手，懂得在資訊操控與誠信經營之間取得平衡，既能掌控談判局勢，又能讓對方心甘情願地達成協議。

運用心理學提升說服力

從潛意識中說服對方，能夠有效影響與自己擁有相同目標、興趣或背景的人。同時，與不同經歷的人交流，也能啟發新的想法，拓展視野。

卡內基曾說過：「將對方視為重要人物並以誠相待，縱使是敵對者也會成為友人。」這句話道出說服的關鍵：站在對方的立場，才能真正影響他人。

以同理心建立共鳴

日本某家電視臺每週播出一檔探討人生問題的節目，收視率長期高於同時段的其他節目。其中一個主要原因是，節目主持人能夠巧妙回應觀眾的疑問，並與觀眾建立共鳴。

許多觀眾在節目中提出自己的困境，起初對主持人給出的建議常抱持懷疑態度，甚至有所反駁。然而，隨著討論深入，他們逐漸認同對方的觀點，並點頭表示接受。這樣的互動，讓觀眾在觀看節目時獲得極深的印象，甚至勝過看一場電影所帶來的感受。

這類電視節目的主持人通常是經過嚴格篩選的專業人士，他們熟悉如何有效地影響觀眾。例如，當一名來賓因感情問題而陷入糾結時，主持人不會直接給出指令，而是說：「如果我是你的話，我會選擇原諒，並試著挽回這段關係。」這樣的假設語句讓對方感受到理解，進而降低防備，促使其重新思考自身處境。這家電視臺正是透過迎合觀眾的心理，成功在競爭激烈的市場中脫穎而出。

觸動對方的自尊心

每個人都希望獲得尊重，尤其是那些自尊心強的人，他們更難被說服。然而，如果能夠巧妙地讓對方感受到自身的重要性，那麼，即便是最棘手的對象，也可能因此改變態度。

在談判中，若希望對方接受一個較為繁瑣或艱難的條件，最有效的方法便是激發其自尊心。一般而言，自尊心強的人往往對自己充滿信心，並認為自己與眾不同。他們不願與普通人相提並論，而是希望被視為特別、

第七章 談判心理──善用話術與情報，掌握談判主導權

有影響力的存在。因此，若想說服他們，應讓對方意識到：「為何這麼多選擇，偏偏找上他？」

例如，一句「這種棘手的問題，只有您才能徹底解決」，往往能夠有效地激發對方的榮譽感，使其更願意接受提議。這樣的說話技巧，能夠迅速拉近彼此距離，讓對方願意站在自己的立場思考。

滿足對方的虛榮心

心理學家威廉・詹姆士曾說：「人類最深層的驅動力之一，是希望自己具有重要性。」每個人都渴望得到肯定，這種心理需求促成了豐富的人類文化，也影響了人際互動的方式。

現實中，許多說服失敗的案例，往往是因為話術使用不當，忽略了對方的自尊。例如，一些人習慣在成功後過度誇耀自己的貢獻，無形之中讓他人覺得自己不被重視，甚至因此產生敵意。因此，提升影響力的關鍵，在於讓對方感受到自身的重要性，而非單純強調自己的成就。

舉例來說，若在餐廳點了炸薯條，卻被送上馬鈴薯泥，這時如果客氣地說：「對不起，麻煩您了，但我比較喜歡炸薯條。」服務生可能會回應：「沒問題，一點都不麻煩。」並愉快地為你更換餐點。這樣的溝通方式，不僅展現禮貌，也讓對方感受到被尊重，進而樂於提供協助。

同樣地，歷史上許多成功人士也深諳此道。例如，知名小說家霍・凱恩出身於鐵匠家庭，學歷僅止於小學。但他因為在文章中讚揚了著名詩人羅賽諦的作品，成功引起對方注意，最終獲邀成為羅賽諦的私人祕書，進而展開了自己的文學事業。這個故事再次證明，承認對方的價值並表達由衷的讚美，能夠促進彼此的關係，甚至改變人生軌跡。

運用心理學，提高說服力

人類的心理既有共通點，也有個別差異。如果能夠針對人類普遍的心理需求，運用適當的說服技巧，就能夠大幅提升影響力。以下幾種方法，可以有效應用於各種人際互動場合：

- 讚揚法：人們都希望獲得認可。真誠的讚揚不僅能夠提升對方的情緒，還能讓對方更願意與你互動。
- 激勵法：每個人都希望在自己擅長的領域取得成就。如果你能夠適時給予鼓勵，對方就會產生感激心理，並願意與你建立更深的連結。
- 求教法：大多數人都希望自己擁有獨特的技能，並樂於向他人展示。向對方請教問題，不僅能夠滿足他的自豪感，也能夠迅速拉近彼此關係。
- 欣賞法：人們往往對自己喜歡的事物抱持高度認同。如果能夠表達對對方興趣或觀點的欣賞，便能夠贏得信任與好感。
- 青春法：大多數人都希望自己保持年輕與活力。如果能夠讚美對方的朝氣與活力，就能營造出良好的互動氛圍，讓溝通更加順暢。

掌握心理技巧，提升說服力

成功的說服並非僅靠強勢論點，而是巧妙運用心理學，透過建立共鳴、滿足自尊心、讚揚對方價值等方式，使對方自然而然地接受你的觀點。當你能夠理解並靈活運用這些技巧，無論是在職場、談判、社交，甚至日常生活中，都能夠顯著提升自身的影響力與人際關係品質。唯有真正懂得人心，才能讓說服變得更加高效且富有成效。

■ 第七章　談判心理─善用話術與情報，掌握談判主導權

▌談判的最高境界 ── 雙贏策略

談判並非一場你死我活的對決，而是尋找雙方共同利益的藝術。成功的談判不僅是為了自身利益，更是創造雙贏，讓彼此都能從中獲得最大價值。

讓我們從一個簡單的故事談起 ── 兩個孩子為了一顆柳丁而爭論不休，最終選擇平分。但他們並未先了解彼此的需求，結果一個孩子只想果肉榨汁，卻丟棄了柳丁皮，而另一個孩子則只需要柳丁皮來烘焙，卻丟掉了果肉。若他們事先溝通，便能各取所需，達到更好的結果。這正是談判的精髓 ── 先了解對方的需求，才能真正滿足自己的利益。

真正高明的談判者，並不只關注當下的勝利，而是著眼於長遠合作。例如，1978 年的大衛營談判，以色列與埃及對西奈半島的主權爭議看似無解，然而，在美國的協調下，談判者發現雙方的核心需求不同 ── 以色列關心的是安全，而埃及則重視領土完整。最終，雙方達成協議，西奈半島歸還埃及，但部分區域非軍事化，以保障以色列的安全，實現了雙贏局面。

在談判中，我們應該學會：

◈ 深入了解對方的需求 ── 許多談判的對立，並非因為爭奪相同的資源，而是雙方對利益的理解不同。透過詢問與傾聽，可以發掘真正的關鍵點。

◈ 建立信任，創造長期合作 ── 如果只顧眼前利益，不考慮對方的需求，那麼即使短期內獲勝，也可能失去長遠的合作關係。

◆ 讓對方也覺得自己贏了 —— 一場成功的談判，應該是雙方都能帶著滿足感離開談判桌，而非讓對方感到被迫妥協。

談判的最高境界不是「你輸我贏」，而是「雙方共贏」。唯有在追求自身利益的同時，也考量對方的需求，才能創造可持續的合作關係，讓彼此都獲得最大利益。

■ 談判中的以退為進 —— 巧妙應對劣勢局面

談判中，當對方占據優勢並咄咄逼人時，弱勢一方可以選擇退讓，但退讓的方式至關重要。一味退卻只會導致失敗，而「以退為進」則能在表面讓步的同時，實現自身利益最大化。

晏子出使楚國的故事便是一個經典的「以退為進」案例。面對楚王的羞辱，晏子並未正面對抗，而是藉著「自貶」巧妙回擊，讓楚王啞口無言。這種策略表面上妥協，實則扭轉局勢，為自己贏得主導權。

在商業談判中，以退為進的策略同樣能發揮奇效。例如，若談判對手對價格斤斤計較，不妨先表面讓步，然後在服務、附加條款或長期合作機會上爭取更多回報，這樣即便價格上有讓步，總體收益仍可能提高。

然而，以退為進的關鍵在於誠信與計算，絕不能過度誇大或掩蓋事實，如案例中的銷售員凱思，他在談判時為了促成交易，誇大自己公司的員工技能，結果導致客戶不滿，最終失去合作機會。這正是失敗的談判策略 —— 過度承諾但無法兌現，反而讓自己陷入更大的劣勢。

第七章　談判心理—善用話術與情報，掌握談判主導權

如何運用「以退為進」策略？

理解對方真正的需求 ── 透過傾聽和提問，找出對方真正關心的點，適時調整策略，以滿足其關鍵需求。

表面讓步，實則獲利 ── 在可控範圍內做出看似退讓的調整，但同時確保自己獲得核心利益。

誠信為本，避免過度承諾 ── 切勿誇大其詞，否則可能短期內獲益，但長遠來看，會失去對方的信任。

創造雙贏局面 ── 尋求能讓雙方都滿意的解決方案，確保談判後仍能維持良好合作關係。

談判不是爭鋒相對的零和賽局，而是智慧的較量。靈活運用「以退為進」策略，才能在逆境中扭轉局勢，為自己爭取最大利益。

談判中的以柔克剛 ── 以智慧應對強勢對手

在談判過程中，對手的性格與策略各異，有些人沉默寡言，讓人難以捉摸；有些則鋒芒畢露，咄咄逼人，試圖掌控談判節奏。面對後者，直接對抗可能會使談判陷入僵局，而「以柔克剛」的策略則能化解對方的攻勢，讓談判朝著有利於己方的方向發展。

如何運用以柔克剛策略？

1. 沉默冷靜地觀察對手

強勢的談判者往往希望主導局勢，因此，他們會滔滔不絕地發表意見，試圖掌控話語權。此時，最好的應對方式並非急於反駁，而是保持沉默，耐心傾聽，甚至適當地讓談判進入冷場，以測試對方的忍耐力。當對手再次闡述觀點時，便能找到其邏輯漏洞或態度變化的跡象，為後續談判創造機會。

需要注意的是，沉默應控制在適當的範圍內，以確保談判能夠繼續進行，而非陷入僵局。關鍵在於，在對方講述時表現出專注和思考的姿態，讓對方感受到你的存在與影響力。

2. 巧妙轉移話題，避其鋒芒

面對強勢對手，直接對抗可能導致談判陷入對立，因此，適時轉移話題可以發揮分散對方注意力、削弱其攻勢的作用。當對方執著於某個不利於己方的議題時，可以將話題引向其他方面，例如討論合作前景、共同利益，或是拋出新的議題來重新掌控談判方向。

這種策略不僅能讓對方的攻勢減弱，也能給自己爭取時間，找到更有利的切入點。

3. 抓住機會提問，削弱對方氣勢

許多強勢談判者容易自信過頭，導致言語中出現邏輯矛盾或不合常理的地方。這時，適時拋出問題，請對方回答，可以讓對方陷入思考，甚至

第七章 談判心理—善用話術與情報，掌握談判主導權

暴露出破綻。例如：

◆ 「剛才您提到 X，但之前又說 Y，這兩者是否有矛盾？」

◆ 「您的方案確實不錯，但如果遇到 Z 的情況，您會如何應對？」

透過連續性的提問，不僅能讓對方的氣勢逐漸下降，還能將談判重新拉回到一個更理性的對話模式，為己方創造更好的談判空間。

以柔克剛：談判中的智慧與策略

談判並非單純的對抗，而是心理與策略的較量。當遇到強勢的談判對手時，與其正面衝突，不如運用「以柔克剛」的方法，透過冷靜觀察、巧妙轉移話題、適時提問等方式，逐步削弱對方的氣勢，讓談判朝著對己方有利的方向發展。這樣，不僅能化解對方的攻勢，還能在不經意間掌握談判的主導權，達成理想的談判結果。

巧妙轉圜：談判中的智慧與策略

松下幸之助是一位極具智慧的企業家，在他的領導下，松下公司逐步壯大，成為世界知名的電器製造企業。某次，他前往歐洲與當地一家大型企業談判，對方仗著自身的市場地位與優勢，態度頗為傲慢。雙方為了維護各自的利益，誰也不肯讓步，談判氣氛逐漸升溫，甚至演變成大聲爭吵與拍桌怒斥的局面。眼見僵局難解，松下幸之助決定暫時中斷談判，提議先用午餐，待下午再行協商。

巧妙轉圜：談判中的智慧與策略

午餐時間，松下幸之助反覆思考上午的交鋒過程，意識到若繼續正面硬碰硬，自己未必能討得好處，甚至可能談不成這筆交易。於是，他決定改變策略，採取更為圓融的方式來突破僵局。而對方則自恃擁有「天時、地利、人和」的優勢，絲毫不願讓步，甚至打算趁機給松下一個下馬威。

下午談判重新開始，松下首先發言，而對方則個個表情嚴肅，擺出志在必得的架勢。然而，松下並未直接談及買賣，而是話鋒一轉，談論起科學與人類的發展。他說：「剛才利用午休時間，我參觀了一座科技館，深受感動。人類的鑽研精神實在令人讚嘆，至今已取得無數卓越的科研成果。例如，太空探索領域的進展便是一大突破，人類的智慧與努力功不可沒。」

對方原本緊繃的神情在聽到這段話後稍稍放鬆，因為話題似乎與談判無關。松下接著說：「然而，人際關係的發展卻遠遠落後於科技的進步。世界各地仍充斥著不信任與爭鬥，無論是個人還是國家之間，都時常因誤解與敵意而產生衝突。即使我們身處和平環境，但彼此內心的對立卻無處不在。」他稍作停頓，觀察對方的反應，發現更多人開始專注聆聽。他繼續說：「如果人類能將相互對立的心態轉化為理解與合作，將會帶來更大的發展與共榮。我認為，無論在哪個領域，唯有建立互信，才能攜手共創更美好的未來。」

此時，對方已完全被松下的談話吸引，會場陷入沉思。隨後，松下巧妙地將話題轉回談判內容，氣氛已與上午截然不同，雙方開始以夥伴的角度來看待合作，而非敵對競爭。最終，這家歐洲企業接受了松下公司的條件，談判順利達成協議。關鍵時刻，松下成功地運用話語轉圜，巧妙化解了僵局，為談判鋪陳出一條通往成功的道路。

第七章　談判心理──善用話術與情報，掌握談判主導權

靈活應對，轉化僵局

另一個有趣的案例也展現了機智應對的力量。

某間高級西餐廳內，一位客人將餐巾繫在脖子上用餐，這在注重西餐禮儀的環境中顯得格外突兀，讓其他顧客感到不適，並向餐廳經理投訴，希望能勸說該客人遵循基本禮儀。經理便請一名機靈的服務生處理此事。

如果是你，會如何開口？

這位聰明的服務生並未直接指正，而是微笑走向該名客人，恭敬地問：「請問先生，您是要剪頭髮還是修臉呢？」客人一聽，愣了一下，隨即意識到自己的舉動確實與用餐環境格格不入，於是立刻把餐巾拿下，全場尷尬化為幽默，一場潛在的衝突就此圓滿落幕。

這個案例充分說明，解決問題並非只能用強硬方式，有時轉個彎，以委婉、風趣的方式點出對方的錯誤，反而更容易讓對方接受，避免發生衝突。相較於直接指責或強硬糾正，這種方式不僅能達成目的，還能維護對方面子，甚至帶來正面的互動效果。

談判的關鍵：共創雙贏

將此概念延伸至談判技巧，真正聰明的談判者，不會將自己與對手置於敵對立場，而是模糊雙方界限，轉化成「共同解決問題」的夥伴關係，降低對立心理，從而提升溝通的成功率。

此外，談判時也應避免過度強調己方利益，而忽略對方的需求。若能巧妙地將雙方利益結合，創造共贏局面，談判成功的機率將大大提升。以西餐廳的案例為例，站在客人的立場，將餐巾繫在脖子上是個人自由，若

服務生直接要求他拿下，客人可能會覺得受到約束，甚至認為自己遭到羞辱。但透過機智幽默的提醒，不僅讓客人自覺地改變行為，也避免了可能的爭執，達成雙方皆滿意的結果。

談判亦然，若只是單方面強勢推動己方條件，對方必然產生抗拒心理，使談判陷入僵局。相反地，若能在談判中適時站在對方角度思考，創造讓對方也能獲益的條件，對方更願意合作，談判自然水到渠成。

談判的藝術：靈活應變，創造雙贏

談判並不僅僅是利益的爭奪，而是智慧與策略的較量。懂得換位思考、靈活應變，才能在關鍵時刻化解僵局，促成雙贏的結果。無論是松下幸之助透過哲理談話來緩和對立，還是服務生以幽默的方式解決客人問題，都展現了靈活應對的重要性。談判的真正成功，不在於誰贏誰輸，而是在於雙方都能在合作中獲得最佳利益。

以剛制剛：談判中的強硬策略

談判桌上，強硬的對手時常出現。面對這樣的對手，應該選擇硬碰硬，還是尋找其他策略來化解對方的壓力？事實證明，當對手態度強硬時，若輕易退讓，反而可能陷入更不利的局面。因此，適時展現強硬立場，往往能夠在談判中掌握主導權。

以下是一場發生在歐洲的商業談判，完美展現了如何以剛制剛，最終贏得優勢。

■ 第七章　談判心理─善用話術與情報，掌握談判主導權

堅守立場，應對壓力

　　1990年代，一家總部位於法國的汽車零件製造商正與美國某大型汽車公司談判，討論是否成為該公司的主要供應商。這家美國企業在全球擁有極大的市場影響力，然而，其談判風格強勢，試圖壟斷零件供應權，要求法國公司簽署獨家供應協議，並限制其向其他汽車品牌供貨。

　　法國製造商的執行長深知，如果接受這項條款，公司將失去市場競爭的自由，未來將完全受制於美方企業。因此，他當場拒絕。然而，美方代表並未就此罷休，而是改變策略，施加更大的壓力。

　　美方代表語帶威脅地說：「如果貴公司不接受這項協議，我們將大幅削減訂單數量，甚至完全終止合作。這對貴公司而言，將是沉重的打擊。」

　　接著，美方高層進一步表示：「我們可以選擇兩種合作方式。第一種是，我們提供技術支援、資金、供應鏈整合，條件是貴公司必須簽署獨家供應協議；第二種是，貴公司可自由尋找其他客戶，但我們將轉向德國或日本的供應商，而不再採購貴公司的產品。請問你們要選擇哪一種？」

　　這種「軟硬兼施」的施壓戰術，顯然是想讓法國製造商在擔憂損失的情況下讓步。然而，法國執行長沉著應對，堅定地回應：「根據國際貿易慣例，我們有權自主決定產品的銷售渠道。我們重視與貴公司的合作，但我們的策略是開放市場，不會接受獨家供應協議。」

　　美方高層聽後，憤怒地起身離席，甚至揚言將全面終止合作。然而，法國執行長冷靜地回應：「我們隨時歡迎貴公司回來重新洽談合作。」

強硬立場換來更大機會

美方代表離開後,開始對法國製造商施加更大的壓力,例如拖延付款、提高產品檢驗標準,甚至削減原訂的採購數量,試圖迫使其讓步。然而,法國執行長依然不為所動,而是積極開拓其他市場,陸續與德國、日本和義大利的汽車品牌建立合作關係,迅速填補了美方減少的訂單缺口。

法國製造商憑藉優良品質與穩定供應,很快贏得了更多國際客戶的信任。德國某大型汽車公司在參觀工廠後,當場簽下了一份包含 20 萬套零件的長期供應合約,使法國企業的市場版圖更上層樓。

反敗為勝,重新掌握談判主導權

幾個月後,美方企業發現,法國製造商的產品不僅沒有因為拒絕獨家協議而遭受損失,反而拓展了更多市場,使自身競爭力進一步提升。這讓美方高層重新評估合作價值,決定重新與法國企業接洽。

當美方代表再度來到法國時,他們的態度明顯有所轉變,不再強硬,而是誠懇地提出新的合作條件。為表誠意,他們還贈送一座象徵美國企業精神的銅鷹雕像,並表示:「我們敬佩貴公司堅定的策略,也希望我們的合作能夠像雄鷹一樣飛得更高、更遠。」

此後,雙方的合作關係不僅恢復,更在平等互惠的基礎上邁向更穩固的發展。

第七章　談判心理─善用話術與情報，掌握談判主導權

以剛制剛，談判的關鍵策略

這場談判展現了一個重要原則：當遇到強硬的談判對手時，若選擇退讓，對方的要求只會不斷增加，最終使己方陷入更被動的局面。相反，若展現比對方更堅定的立場，對方反而會重新考慮策略，甚至在後續談判中讓步。

談判的成功不僅依賴於技巧，更取決於談判者的決心與堅持。真正有經驗的談判者明白，在關鍵時刻，唯有堅守立場，才能為企業爭取最大的利益。

如何應對強硬蠻橫的談判對手

在談判過程中，遇到強硬、蠻橫的對手是常有的事。此時，若沒有適當的應對策略，很容易陷入被動。然而，談判並非只是強勢對抗，而是一場智慧與策略的較量。以下幾種方法，可以幫助談判者化解對方的壓力，掌握談判的主導權。

1. 反擊 ── 出其不意，打破對方的強硬態度

當對方提出不合理的要求時，若談判者擁有充足的資訊，就可以採取突如其來的反擊戰術，出乎對方意料之外地強硬回應，甚至製造短暫的僵局，讓對方感受到壓力，進而為後續談判鋪路。

這種策略的關鍵在於充分準備，如果沒有足夠的情報與底氣，就無法做到沉著應對，也難以讓對方感受到真正的威脅。

此外，還可以配合「黑臉與白臉」的策略。先由高層代表（黑臉）表現出強硬立場，甚至中斷談判，讓對方感受到壓力。隨後，等對方在這段時間內回去請示、評估利害關係後，再由較溫和的代表（白臉）出面，尋找雙方都能接受的妥協點。這樣的搭配，不僅能震懾對方，也能為談判創造更有利的條件。

2. 迴避 —— 以靜制動，削弱對方的攻勢

當對方態度過於強勢，直接正面交鋒可能會讓局面更為緊張，因此適當的「迴避」戰術可以讓對方無法順利推進其計畫，進而軟化立場。

(1) 沉默戰術

美國談判專家經常使用「沉默」策略，當對方開出條件後，買方不急於回應，而是保持沉默，讓賣方因不確定性而焦慮，甚至開始自我調整條件。例如，當賣方報價時，買方僅用「嗯……是嗎？」或「這價格似乎還是有點高」來回應，對方很可能因為無法判斷買方態度，而主動降低價格。

(2) 轉移話題

當談判陷入僵局時，談判者可以刻意轉移話題，暫時避開敏感議題。例如，當對方堅持談價格時，可以引導話題轉向物流方式、產品細節或付款條件，讓對方一時無法專注於原本的強硬立場。當對方注意力被分散後，再回到主要議題，這時談判的氣氛可能已經有所緩和。

(3) 休息與社交互動

如果談判現場的氣氛過於緊張，談判者可以主動建議休息，甚至邀請對方進行一些社交活動，如共進晚餐、參觀工廠、或安排娛樂活動。透過非正式場合的互動，可以降低對方的防備心，並尋找更具彈性的談判空間。

3. 發問 —— 用問題削弱對方的強硬立場

發問是一種較為內斂但極具攻擊性的談判策略，能夠讓對方暴露弱點，並讓己方掌握主導權。

在談判中，談判者可以不斷提出問題，要求對方解釋其立場，並利用專業知識拆解對方的論點。例如：

◆ 「您提到這是市場最低價格，那請問其他供應商的報價是多少？」
◆ 「貴公司認為這樣的條件是公平的，那麼我們是否可以探討更合理的選擇？」

這樣的提問不僅可以讓對方意識到己方的專業能力，也能讓對方在反覆解釋的過程中，逐步露出破綻，甚至讓其在不知不覺中做出讓步。

以智取勝，掌握談判主導權

談判從來不是單純的對抗，而是一場策略與心理的較量。面對強硬的對手，談判者必須事先做好充分準備，掌握足夠的資訊，並靈活運用反擊、迴避、發問等策略，使對方的態度逐步軟化，進而為己方爭取最有利的條件。

當對方試圖施壓時，千萬不能輕易讓步，否則對方的要求只會變本加厲。唯有冷靜應對、靈活變通，才能在關鍵時刻掌握談判主導權，達成理想的雙贏結果。

談判中的尊重與體諒

　　某公司與一位外商洽談業務。談判時間一到，公司經理帶著團隊進入會議室，外商代表與他的女祕書早已等候。當雙方握手寒暄時，公司經理意外發現外商代表的臉頰上清楚地印著一彎鮮紅的唇痕，這顯然是一個相當尷尬的狀況。

　　外商的女祕書也注意到了這個細節，頻頻向上司使眼色，希望他能擦掉印記，然而對方似乎毫無察覺，仍舊若無其事地準備開始談判。眼見場面變得僵硬，公司經理的下屬靈機一動，立即說道：「真不好意思，我們有份重要文件落在辦公室，請稍候片刻，我們馬上取來。」說完，公司談判團隊便心領神會地集體退出，給對方一個整理儀容的機會。

　　當談判重新開始時，外商代表的臉頰已經乾乾淨淨，整個會議氣氛也顯得輕鬆許多，談判出奇地順利。或許，這也是外商代表對公司經理善意掩飾尷尬的一種回報。

給對方面子，談判更順利

　　想要達成成功的談判，不僅要考量利益，更要重視人際互動與尊重。尊重對方的自尊心，適時給予臺階，不僅能緩和氣氛，更能為雙方建立良好的合作基礎。

　　國際零售業界曾發生這樣一件事：某顧客將已經穿過一段時間的衣物拿到專櫃要求退換，店員察覺到衣服有明顯的洗滌痕跡。若直接拒絕，可能會讓顧客感到難堪，甚至引發爭執。然而，這位機敏的店員微笑著說：「請問是否家中有其他人不小心把這件衣服送洗了呢？我自己也曾發生過類

似情況,把新買的衣服與舊衣服放在一起,結果家人沒注意,就一起送去洗了。如果您仔細比對這件衣服和我們架上的新品,應該能看出不同。」

顧客聽完後,雖然明白自己的行為已經無法掩飾,但由於店員用委婉的方式給了她一個臺階,反而能夠欣然接受不予退貨的決定,避免了一場可能發生的爭執。

職場管理中的尊重與包容

不僅在商業談判中需要顧及對方面子,在職場管理上亦然。上級若能給予下屬適當的尊重,便能激勵員工更努力地工作,甚至贏得忠誠。

美國某家食品公司有位業務經理彼得,一向工作勤奮,為公司創造了不錯的業績。然而,一次他代收貨款時,由於家中母親急需醫療費,他情急之下擅自挪用了公司資金。當彼得回到公司時,內心十分不安,主動向老闆坦承錯誤,並做好接受懲處的準備。

然而,出乎意料的是,老闆並未直接斥責他,而是在公司全體會議上,先向彼得表達歉意,表示自己對員工的家庭狀況關心不夠,隨後才向大家說明彼得的困境。最後,老闆拿出一筆款項,表示這筆錢是他個人借給彼得的,並請彼得簽下借據,每月從薪資中扣除。這樣一來,彼得的行為不再是挪用公款,而是與老闆之間的私人借貸。

全場員工被老闆的做法深深感動,紛紛鼓掌。從此,彼得更加努力工作,並將公司視為自己的家。而其他員工也因為擁有一位體恤下屬的老闆,而更積極投入工作。兩年內,這家公司從僅十幾名員工的小型企業,迅速成長為擁有上百名員工、集研發、生產與銷售於一體的大型公司,這或許也是老闆當初未曾預料到的成果。

給對方面子，就是給自己機會

「人活一張臉，樹活一張皮」，這句話充分說明了尊重與面子的價值。在談判中，若能適時給對方臺階下，不僅能緩解僵局，還可能促成更理想的合作關係。

尊重並不代表妥協，而是一種高明的策略。學會理解對方的立場，給予適當的緩衝與體面，才能讓彼此在談判或合作中建立更長遠的關係。而這樣的做法，不僅適用於談判桌上，也適用於人際關係與職場管理之中。

談加薪的技巧與策略

對於上班族來說，薪資無疑是工作中最重要的因素之一。當員工在職場上累積了一定的資歷與貢獻後，向公司爭取加薪可說是理所當然的。然而，許多人在考慮加薪時，會遇到以下問題：該不該主動向老闆提出？什麼時機最合適？如果被拒絕會不會影響自己的職場發展？應該如何開口才不會讓老闆產生反感？這些問題都是每位希望獲得加薪的上班族應該仔細思考的。

學會選對時機與表達方式

畢業後，亞當進入了一家國際消費品公司，這是他的第一份工作，因此他格外珍惜，並且兢兢業業地投入每一項任務。老闆對他的工作態度十分肯定，甚至多次公開表揚。然而，亞當發現，與自己同時進公司的同事薪資已經是他的兩倍，這讓他感到相當不平衡。他憤憤不平地直接找到老

第七章 談判心理—善用話術與情報，掌握談判主導權

闆，開門見山地表達了自己的不滿，並要求加薪，否則就辭職。

然而，老闆並未接受他的請求，甚至對他的態度感到不悅。亞當對工作的熱情也因此大幅下降，開始敷衍了事。不久後，他的工作被逐步轉交給其他同事，明顯感受到自己已被邊緣化。最終，他選擇遞交辭呈，離開了這家公司。

到了新公司，亞當仍然十分努力，不僅在部門內的考核中名列前茅，但薪資依舊沒有變動。這次，他吸取了上次的教訓，開始思考自己的職場表現是否還有改進空間。他發現，自己雖然工作努力，但在辦公室裡顯得過於低調，沒有展現出積極的職場形象。因此，他開始調整策略，除了持續提升業績外，還主動幫助同事、適時加班，甚至在工作中尋找可以優化的環節，讓老闆對他的表現感到驚喜。

過了一段時間，亞當準備好了一份詳細的工作報告，完整記錄了自己的貢獻與成果，並主動向老闆提出加薪的請求。這一次，亞當不僅獲得了薪資調整，還順利升遷。這個經驗讓他深刻體會到，與其消極等待，不如主動創造機會，並以合適的方式向公司表達自己的價值。

加薪不是請求，而是談判

加薪不是一種施捨，而是基於個人成就與公司貢獻的合理回報。因此，在向公司提出加薪請求之前，應該做好充分的準備，包括了解公司的薪資結構、業界平均薪資水準，以及自身的實際貢獻。如果公司薪資制度明確且嚴格按照標準發放，員工可以在適當時機（如升遷、績效考核後）提醒人資部門。但如果公司沒有固定的薪資調整機制，就需要更加主動地爭取自身權益。

此外，除了基本薪資，還需留意公司的「隱性薪資」，如各類補助、績效獎金、津貼報銷等，這些都應納入整體薪資考量範圍。當你的加薪要求符合市場價值，並能夠合理展現個人的貢獻，老闆自然更難以拒絕。

如果老闆拒絕加薪，千萬不要立刻失望或憤而離職。相反地，可以禮貌地詢問：「請問目前有哪些方面我還可以改進，以達到加薪的標準？」如果老闆提出具體的改進方向，那麼你可以將這些意見視為下一次談判的準備。如果老闆僅是敷衍了事，則可考慮用「離職」作為談判籌碼。然而，使用這個策略時務必謹慎，若沒有其他後路，貿然提出離職反而可能讓自己陷入困境。

打造加薪的「內涵」與「外在」

在職場上，能力與業績固然重要，但「職場形象」同樣影響著加薪的機率。就像商品需要包裝來提升價值，員工的專業形象也會影響老闆對其價值的評估。若一個員工看起來總是精神不濟，或衣著邋遢，即便能力再強，老闆也難以將其視為可升遷的重要人才。因此，提升個人專業形象，讓自己在視覺上也符合「可升遷」的標準，絕對是加分關鍵。

讓老闆「看見」你的價值

要成功爭取加薪，關鍵在於讓老闆具體看見你的貢獻，而非單靠口頭表達。以下幾點可以幫助你累積加薪的籌碼：

◆ 記錄貢獻：平時就應養成習慣，將自己對公司的貢獻記錄下來，並整理成報告，讓數據來說話。

- 額外任務與成果：除了本職工作，若能主動承擔額外任務，並為公司帶來實質利益，將大幅提升加薪成功率。
- 用數字證明價值：例如，你促成了哪些交易？這些交易為公司帶來多少利潤？是否幫助公司降低成本、提高效率？這些都是有力的談判依據。
- 提升效率與創新能力：工作量的增加不代表價值提升，唯有透過更高效、更有創意的方式來完成工作，才能讓老闆真正認可你的價值。
- 保持積極態度：若加薪被拒絕，不要以此為理由開始怠工，這樣只會降低自己的競爭力。相反地，應該藉此機會進一步強化自己的能力與職場定位，讓自己成為「無法取代」的人才。

讓自己變得不可或缺

談加薪是一門策略，而非單純的請求。在公司營運的前提下，薪資的提升往往不是基於「努力」這一單一因素，而是取決於個人的價值、影響力及不可替代性。

若想成功獲得加薪，不僅需要在工作上持續創造價值，更要學會適時展現自己的貢獻，並以專業的方式與老闆進行談判。當你能夠讓公司發現你的不可或缺性，加薪與升遷將只是時間問題。

換位思考 —— 談判中的致勝關鍵

在談判中，我們經常聽到「換位思考」這個詞，但真正能做到的人卻不多。多數情況下，談判雙方通常只考慮自身利益，忽略對方的需求。如

果雙方都能嘗試站在對方的角度思考，理解彼此的立場，談判將更容易達成雙贏的結果。

然而，談判中的換位思考與日常生活中的不同。生活中的換位思考強調互相理解，以促進人際關係的和諧；而談判中的換位思考則是策略性地「理解對方，爭取己方最大利益」。換句話說，真正高明的談判者，會讓對方以為他在為自己著想，但實際上最終獲利的還是自己。

換位思考的實戰應用

一間國際網路服務公司得知某所大學計畫建置校園網路，於是派出業績最好的銷售經理拜訪校方負責人。然而，經理在第一次談判中發現，競爭對手除了他們公司外，還包括政府推薦的企業，以及校長關係戶所屬的公司。

在第二次談判時，公司提出最優質的設計方案，校方十分滿意，但認為價格過高，遲遲無法決定。經理迅速分析情勢，發現校方的顧慮有三點：

- 政府推薦的公司不好拒絕 —— 學校仍需仰賴政府資助，因此不能輕易推翻政府的建議。
- 校長的關係戶需要照顧 —— 長久的關係讓校長不願意讓關係戶失望。
- 專案品質必須有所保障 —— 學校希望確保網路建設的高品質，避免影響未來發展。

如果經理一味強調自家公司的技術與品質，校方的顧慮仍然無法解除，談判結果可能不盡理想。因此，他決定換個方式思考，提出一個符合所有人利益的方案：

第七章　談判心理─善用話術與情報，掌握談判主導權

「不如將這個專案分為三部分：第一部分是校園內的教育與辦公網路系統，這部分最為關鍵，建議交由我們公司負責，以確保最高品質。第二部分是財務系統，涉及機密，建議交由校長推薦的公司負責。第三部分是安全監控系統，則可以交給政府推薦的公司。這樣，每間公司都能參與其中，校方也不會得罪任何人。如果其他公司需要我們的技術支援，只需支付部分設計費即可。」

這個提議完美解決了校方的難題，讓所有利害關係人都能獲得好處，最終促成了交易。而這位銷售經理的公司，儘管讓出了部分利潤，卻成功拿下了專案中最核心、最具價值的部分。

這正是換位思考的藝術 —— 讓所有人都感覺自己「贏了」，但實際上最終的贏家仍然是自己。

換位思考的優勢

- ◈ 降低談判阻力 —— 當對方發現你的方案能滿足他的需求時，他更容易接受你的提案。
- ◈ 促進合作關係 —— 透過站在對方立場思考，能讓談判對手覺得受到尊重，從而建立更長遠的合作關係。
- ◈ 創造雙贏局面 —— 避免讓談判變成零和賽局，而是讓雙方都能有所收穫，使合作更具可持續性。

創造良好談判氛圍

良好的談判環境能影響談判結果，使雙方更容易達成共識。以下幾點有助於營造正面的談判氛圍：

1. 以誠取信 ── 建立互信基礎

誠信是談判的基石，能影響對方對你的評價。談判者應展現專業與誠懇，例如保持良好姿態、專注聆聽、避免閃爍其詞等，以此營造可靠的形象。

2. 迴避衝突 ── 以溝通化解分歧

談判初期可先從輕鬆的話題切入，例如天氣、興趣、近期新聞等，以降低雙方緊張感，建立互信。例如：「今天天氣很好，這應該是個好兆頭，預示我們的合作會很順利。」這類對話雖然與談判無直接關係，但卻能有效拉近距離。

3. 非正式交流 ── 場外建立關係

在正式談判前，雙方通常會有非正式接觸機會，如餐敘或禮節性拜訪。許多企業會在這些場合試探對方態度，建立更融洽的合作氛圍。例如，日本企業經常安排訪客在會談前參觀公司或共進晚餐，使對方放鬆心情，進而提高談判成功率。

第七章　談判心理—善用話術與情報，掌握談判主導權

換位思考，締造雙贏

真正高明的談判者，懂得換位思考，並透過策略性讓步來換取長遠利益。只要能站在對方立場思考，了解他的需求與顧慮，就能更有效地化解談判僵局，讓談判結果朝著雙贏方向發展。

談判不是戰爭，而是一場智慧與策略的較量。當你能夠掌握換位思考的技巧，並善用談判氛圍來引導對方，你將不僅能達成交易，更能建立長期的合作關係，讓自己的事業與人脈更上一層樓。

捨小利，取大局 —— 談判中的智慧選擇

在談判桌上，許多人往往過於關注眼前的得失，而忽略了更大的戰略目標。然而，真正高明的談判者懂得「有捨才有得。」的道理，願意適時放棄一些小利益，以換取長遠的成功。這種策略，不僅體現在商業談判中，在市場營銷、客戶經營甚至個人職場發展上，都有極大的應用價值。

捨小利，取長遠成功

有一位年輕的企業家，剛進入市場時選擇銷售玻璃魚缸，希望能藉此賺取第一桶金。然而，數日過去，魚缸銷量寥寥無幾，他意識到需要改變策略。

他靈機一動，購買了大量金魚，並將牠們放入當地的公共水塘中。不久後，當地居民發現水塘裡出現許多活潑的小金魚，紛紛前來捕捉。人們一旦成功捕魚，便需要一個合適的容器來飼養，於是，他們蜂擁而至，購

買這位企業家的魚缸。短短半天，原本滯銷的魚缸便銷售一空。

這位企業家看似「白白送出金魚」，但實際上卻巧妙運用了「捨小利，取大利」的策略。他利用人們「免費得到東西後，願意為相關產品付費」的心理，不僅促成了銷售，更讓自己迅速在市場上建立起知名度。

讓利策略的應用

這種策略在各種商業模式中都能看到。例如，一間新開的二手書店，為了吸引顧客，初期以極低價格出售書籍，甚至只收原價的 20%。這讓許多愛書人趨之若鶩，店內人氣迅速上升。一年後，當書店累積了穩定的客源與口碑後，店主逐步提高價格至原價的 40%～50%，甚至開始販售新書，而顧客的購買意願依舊不減，讓書店的生意蒸蒸日上。

這正是「讓利」的典型策略──初期以低價吸引顧客，當市場穩定後再調整價格，確保長遠的收益最大化。

談判中的讓步藝術

在談判中，讓步並不代表示弱，而是一種策略性的選擇。許多成功的談判者，在談判初期會給予對方較寬鬆的條件，以換取對方的信任與承諾。當對方已經進入合作階段後，即便條件稍作調整，對方也更難以拒絕，因為心理上已經產生了「既然已經承諾，就應該履行」的責任感。

然而，我們也需要注意，並非所有的「讓步」都是明智的。談判者必須能夠判斷對方的讓步是否只是表面上的利益，實際上卻隱藏著更大的損失。例如，一些談判對手可能會以「先給小利，再索取更大利益」的方式

第七章　談判心理──善用話術與情報，掌握談判主導權

來引誘我們落入陷阱，因此，在接受對方的優惠條件時，應該仔細評估是否真的對自己有利，而非落入「糖衣砲彈」的圈套。

眼光放遠，才能掌握談判主導權

在談判中，勇於捨棄眼前的小利益，以換取更長遠的成功，這是一種戰略智慧，也是一種談判藝術。然而，這並不意味著盲目讓步，而是要在明確自身目標的前提下，判斷哪些利益可以適當讓出，以換取更有價值的成果。

當你能夠掌握這種思維模式，不論是在商業談判、職場升遷，甚至是日常生活中，你都能夠做出更聰明的決策，確保自己的長期利益最大化。

營造良好談判氣氛的藝術
── 以誠相待，互利共贏

在談判中，許多人會把對手視為競爭者，甚至敵人，結果導致談判變得緊張、對立。然而，真正高明的談判者，會先把對方視為「有不同立場的朋友」，而非「你死我活的對手」。建立友善的談判氣氛，不僅有助於促成共識，也能讓雙方更順利地達成互利的協議。

談判從「建立關係」開始

在談判開始前，了解對方的背景、興趣與個性，是非常重要的一環。與「陌生人」談判，容易產生冷漠、對立的態度；但若能在談判開始前，

就與對方建立基本的熟悉感,談判的氣氛會更加輕鬆。

許多成功的談判者,會利用談判前的時間,主動與對方建立私下交流機會。例如,在正式談判前,約對方喝杯咖啡、共進午餐,或是透過閒聊、寒暄來化解初次見面的尷尬。甚至在談判結束後,也會留一些時間與對方聊聊非正式的話題,讓雙方關係更加緊密。

這種策略並非刻意逢迎,而是透過真誠的互動,讓彼此產生信賴感,使談判進行得更加順利。

以人性為本,讓談判更順暢

美國前總統羅斯福,以其親民的作風聞名。有一次,他來到白宮拜訪當時的塔夫脫總統,剛好總統與夫人不在。他不僅熱情地與白宮的僕人們打招呼,還記得每位員工的名字,甚至問廚房女僕愛麗絲:「妳還在烘焙玉米麵包嗎?」當她表示這些麵包通常只有僕人吃時,羅斯福幽默地回應:「那些樓上的人真是不懂品味啊!」這樣的親切互動,讓僕人們深受感動,甚至有人表示:「這是我兩年來唯一快樂的一天。」

這個故事充分說明了,人最關心的是自己。如果你能在談判前或談判過程中,適時展現對對方的關心,不僅能讓對方卸下心防,也能讓談判變得更加順利。

例如,在談判開始時,先別急著進入正式話題,可以先聊聊對方的興趣、最近的時事、共同的經歷等,讓氣氛變得輕鬆。當談判者感受到對方的誠意,便更願意聆聽對方的提案,甚至做出讓步。

第七章　談判心理──善用話術與情報，掌握談判主導權

誠實與尊重，建立談判的信任基礎

　　談判的核心不只是利益交換，更是信任的建立。誠信是談判的關鍵，若談判者在過程中試圖隱瞞、誇大或操縱資訊，即使短期內成功，長遠來看仍可能失去對方的信任。

　　例如，有些人犯了錯誤後，會想辦法推卸責任，試圖降低自己的損失。然而，這樣的行為不僅無法真正挽回利益，還可能讓對方產生敵對情緒，堅持與你抗衡到底。反之，若能誠實認錯，反而能促使對方以寬容的態度對待，並願意與你繼續合作。

　　同樣地，當對方犯錯時，談判者也應展現適度的寬容。畢竟，談判的目的不是「打敗對方」，而是「創造雙贏局面」。若能以包容的態度與對方交流，將有助於建立更長遠的合作關係。

營造良好談判氣氛的實用技巧

1. 進入談判場時，展現開放、友善的態度

　　談判開始時，談判者的第一印象至關重要。步入會場時，應展現自信、誠懇的肢體語言，例如放鬆肩膀、保持目光接觸、微笑等。這些細節雖小，但能有效傳遞「我是來合作，而非對抗」的訊息。

2. 以輕鬆的對話作為開場

　　談判前，可以先從一些輕鬆的話題開始，如：「你最近有沒有關注某場體育賽事？」、「這次旅途還順利嗎？」或是「這家餐廳的咖啡很不錯，

你覺得呢?」這些話題雖然與談判無關,卻能幫助雙方找到共同話題,消除初次見面的緊張感。

3. 注意服裝與儀態

談判時,穿著應大方得體,不宜過於隨便或過於隆重。西方談判專家認為,服裝能影響談判者的第一印象,也可能影響談判結果。因此,應根據談判場合的正式程度來選擇合適的服裝,以展現專業形象。

4. 掌握握手與肢體語言

握手是一種重要的社交禮儀,適當的握手能展現自信與友善。一般來說,握手應該堅定但不過於用力,時間約 2～3 秒即可。此外,避免雙手抱胸、低頭不語等消極姿勢,這些舉動可能會讓對方產生「你並不尊重我」的感覺。

5. 避免一開始就提出要求

談判剛開始時,不宜馬上進入核心利益問題,因為這可能讓對方產生防備心,導致談判變得對立。相反地,應先建立和諧的氣氛,再逐步引導進入正題,讓對方更願意接受你的提案。

以人為本,讓談判更有溫度

談判不只是利益的交換,更是人與人之間的溝通與互動。成功的談判者,懂得在人性與利益之間找到平衡點,透過建立信任、展現誠意、關心

第七章　談判心理──善用話術與情報，掌握談判主導權

對方的需求，來創造雙贏的局面。

當我們在談判中能夠尊重對方的立場、避免過度對抗，並適時展現真誠的態度，便能有效提升談判的成功率，甚至建立起長期合作的夥伴關係。

因此，下一次當你坐上談判桌時，記得先把對方當成一個值得尊重的夥伴，而非必須戰勝的敵人。這樣，你不僅能談得更順利，還能贏得更多寶貴的合作機會。

談判開局策略 ── 奠定成功的基礎

談判的開局階段至關重要，它不僅決定了談判的基調，也影響著最終的結果。無論雙方是否曾經合作過，選擇合適的開場方式，創造良好的談判氣氛，都是談判成功的關鍵之一。

談判開局策略應考慮的因素

過去合作關係良好

若雙方過去曾有過良好的合作關係，那麼開局應以此為基礎，強調雙方的默契與信任。例如：「過去我們雙方一直合作得很愉快，我想，這次我們仍然會合作愉快。」

這樣的表達方式能讓對方產生親切感，願意更順利地進入談判主題。

過去有合作，但關係一般

如果雙方有業務往來，但關係尚未深厚，則開局應著重於建立更緊密的夥伴關係。例如：「我們希望透過這一次的交易磋商，將雙方的關係提

升到一個新的高度。」

這樣的表達方式能讓對方感受到誠意，並願意展開更深入的合作討論。

過去合作關係不佳

若雙方曾有過不愉快的合作經驗，開局應以專業、嚴肅的態度展開，並展現改善關係的誠意。例如：「過去我們雙方有過一段合作關係，但遺憾的是並不那麼令人愉快。千里之行，始於足下。讓我們從這裡開始吧。」

這樣的開場，既展現了專業態度，也釋放了修復關係的訊號。

首次合作

若雙方過去未曾有過業務往來，則應努力創造真誠、友好的氣氛。例如：「這次合作是我們雙方的第一次業務往來，希望能夠成為長期合作的良好開端。」

這樣的開場方式能夠減少雙方的不確定感，並營造開放的談判氛圍。

提出談判目標的策略

談判的核心在於解決彼此的需求，因此在開局階段明確表達談判目標，能夠幫助雙方更有效率地達成共識。然而，提出目標的方式需要策略，以下是幾種有效的談判技巧：

1. 坦誠率直 —— 開誠布公策略

開誠布公是最直接的談判方式，適用於雙方關係良好，或已建立足夠信任的情況。這種方式能夠節省時間，避免過多的猜測與試探。例如：「我

第七章　談判心理—善用話術與情報，掌握談判主導權

們這次談判的核心目標是提高合作效率，並達成雙方都滿意的協議。」

然而，坦誠率直的策略並不適用於所有場合，若雙方尚未建立足夠的信任，過於直接可能讓對方產生防備心。

2. 委婉細膩 —— 旁敲側擊策略

有時候，直接表達目標並非最佳方式，透過間接暗示的方式，能讓對方在不知不覺中接受你的提案。例如：

- 透過場外交流，試探對方態度：「我們最近有意擴大某項業務，希望能找到合適的合作夥伴……」如果對方有興趣，自然會進一步詢問。
- 利用價格或條件試探：「我們近期提供的優惠方案，對您的業務應該很有幫助……」若對方對此感興趣，便會願意繼續談判。
- 事先交換意見，降低正式談判的壓力：「如果這個條件稍作調整，您覺得是否可行？」這樣的方式能讓對方在非正式場合先行考慮，減少正式談判時的對抗性。

3. 調查對手興趣 —— 刺激引誘策略

了解對方的需求與興趣，並在談判中善加利用，是提升談判成功率的有效方法。例如：

- 利用非正式場合建立關係：邀請對方共進午餐或參加活動，在輕鬆的環境下交流，往往能讓對方更容易接受你的提案。
- 提供吸引人的條件：如果對方對某項優惠或附加價值有興趣，可以適時釋出條件，以促成合作。例如：「如果我們能夠提供更彈性的付款條件，是否能夠進一步討論合作方案？」

4. 尊賓敬主 —— 協商謙讓策略

尊重對方的立場，適當展現謙遜態度，往往能讓談判更順利。例如：

- 耐心傾聽對方的觀點：即使對方的意見與己方不同，也應給予尊重，讓對方感受到被重視。
- 提供圓滿的解釋：當雙方發生分歧時，應用理性、溫和的語氣化解。例如：「我們理解您的考量，希望能夠找到對雙方都有利的解決方案。」
- 讓對方有臺階可下：避免讓對方陷入無法妥協的困境，例如：「我們可以再調整一些細節，看看是否能讓雙方都滿意。」

談判開局的成功決定後續發展

談判開局階段的策略，將直接影響談判的成敗。無論雙方過去是否有過合作，談判者都應根據具體情況選擇合適的開場方式，營造友善、專業的氣氛。

此外，提出談判目標時，應根據談判對象的特點與情境，靈活運用開誠布公、旁敲側擊、刺激引誘、協商謙讓等策略。

最重要的是，談判並非一場對抗，而是一場合作。只要能夠抓住對方的需求，創造雙贏局面，便能讓談判更順利地達成共識。

第七章　談判心理——善用話術與情報，掌握談判主導權

談判細節決定成敗 —— 從小動作讀懂對方心理

談判是一門心理戰，而在這場無聲的角力中，肢體語言往往比言語更誠實。許多談判代表只關注對方的言語表達，卻忽略了肢體動作所透露的真實訊息，這可能導致誤判，甚至影響談判結果。理解並掌握這些非語言訊號，將有助於談判者更精確地解讀對方的立場，並做出即時應對。

小動作透露的真實心理

1. 頭部與手部的訊號

- 摸頭、撫額：代表思緒混亂、猶豫不決，可能對你的提案不太確定。
- 觸碰眼睛或嘴巴：表示內心不安或可能在隱瞞事實，尤其是當對方眼神閃爍、不敢直視時，謊言的可能性大幅提高。
- 拉扯衣領：若現場溫度適宜，對方仍頻繁拉衣領，代表內心焦慮、壓力過大或對談判內容感到不安。

2. 握手的方式透露談判態度

- 有力且熱情的握手：通常代表開放、積極的談判態度，對合作持正面看法。
- 輕輕點握且保持距離：顯示對方態度冷淡，可能對這次談判興趣不高。
- 過度親密或長時間握手：可能代表對方過於熱情，須警惕是否另有目的。

3. 腳部的真實訊號

- ◈ 雙腳不停振動或來回晃動：顯示不耐煩、不安或對談判內容缺乏興趣。
- ◈ 雙腿交叉緊閉：代表戒心強，可能對你的提案存疑。
- ◈ 腳尖指向出口：顯示對方想要儘快結束談判。

談判中的禮儀與文化細節

在商務談判中，除了精準的策略與談判技巧，合宜的商務禮儀同樣是決定談判成敗的重要因素。不同國家、不同文化背景的人對談判細節的要求有所不同，因此談判者必須提前了解對方的文化，避免因無心之過而影響合作機會。

1. 初次見面時的介紹與名片交換

見面時，應由主談人介紹雙方成員，若有中間人，也可請其代為介紹。

按國際慣例，介紹順序通常為職位低的介紹給職位高的，年齡小的介紹給年齡大的，男性介紹給女性。

握手時應適度用力，避免過於用力造成不適，或太輕顯得敷衍。

與外國商人談判時，最好準備雙語名片，並根據對方文化選擇適當的名片遞交方式（例如，亞洲文化習慣雙手遞名片，而歐美商業習慣單手遞交）。

2. 舉止禮儀與行為細節

站立時要筆直，不靠牆或門框，避免顯得懶散或無精打采。

坐姿要端正，雙腳自然放置地面，避免翹腳或抖腳，這些動作可能被

第七章　談判心理—善用話術與情報，掌握談判主導權

視為不尊重對方。

吸菸時須事先徵得對方同意，若談判場合有女性，應避免在室內吸菸。

在與國際客戶會面時，遵循「女士優先、尊重年長者」的原則，這不僅是禮儀，也是對他人尊重的表現。

3. 避免談判中的失禮行為

時間觀念極為重要，談判應準時開始，若因故無法準時到場，應提前通知對方並致歉。

尊重對方的文化禁忌，例如某些國家習慣擁抱或貼面禮，而另一些文化則認為這樣的行為過於親密，因此事前了解對方的文化習慣至關重要。

交談時應避免打斷對方發言，適時點頭回應，展現尊重與專注。

避免過度炫耀自己的成就或財富，這可能會讓對方感到不適，甚至產生防備心理。

如何透過小動作影響談判氣氛

談判不僅是言語上的交鋒，也是肢體語言的較量。透過適當的動作與行為，可以引導談判走向更有利的局面。

1. 用小動作迷惑對方，掌控談判節奏

◈ 在關鍵時刻皺眉或輕搖頭，讓對方不確定你的立場，進而使他們主動釋出更多讓步空間。

◈ 說話時刻意抬高頭部，展現自信並影響對方的心理預期，讓對方認為你的立場較為強勢。

◆ 當對方提出條件時，稍作停頓，露出若有所思的表情，讓對方誤以為你正在衡量其他更好的選擇，可能促使他們自願修改條件。

2. 調整自身肢體語言以影響談判氛圍

當希望對方放鬆時，可適當微笑，並使用開放的手勢，如雙手攤開，避免交叉雙臂，這樣能營造友善的談話環境。

當談判進入關鍵階段時，可稍微前傾身體，展現專注態度，讓對方感受到你的重視。

在對方發言時，適時點頭或微笑回應，這能讓對方感到被尊重，從而降低其防備心。

細節決定談判成敗

談判不僅是言辭的較量，更是一場心理與細節的較勁。透過觀察對方的小動作，我們能夠更精確地洞察對方的真實想法，及時調整談判策略。

此外，掌握談判禮儀與文化細節，不僅能夠避免因文化差異而造成的誤解，還能夠建立專業、可信賴的形象，進一步提升談判成功的機率。

最後，談判者自身的肢體語言同樣關鍵，透過適當的動作與表情，不僅能夠影響談判氣氛，也能有效地引導對方的決策方向。成功的談判，往往取決於這些不易察覺但至關重要的細節。

思維博弈：
從言談細節到潛意識操控，拆解心理戰術的運作法則

編　　　著：	梁興宇	
發 行 人：	黃振庭	
出　版　者：	財經錢線文化事業有限公司	
發　行　者：	崧燁文化事業有限公司	
E - m a i l：	sonbookservice@gmail.com	
粉　絲　頁：	https://www.facebook.com/sonbookss/	
網　　　址：	https://sonbook.net/	
地　　　址：	台北市中正區重慶南路一段61號8樓	

8F., No.61, Sec. 1, Chongqing S. Rd., Zhongzheng Dist., Taipei City 100, Taiwan

電　　　話：	(02)2370-3310
傳　　　真：	(02)2388-1990
印　　　刷：	京峯數位服務有限公司
律師顧問：	廣華律師事務所 張珮琦律師

-版權聲明-

本書作者使用 AI 協作，若有其他相關權利及授權需求請與本公司聯繫。
未經書面許可，不得複製、發行。

定　　　價：450元
發行日期：2025年04月第一版
◎本書以 POD 印製

國家圖書館出版品預行編目資料

思維博弈：從言談細節到潛意識操控，拆解心理戰術的運作法則 / 梁興宇 編著．-- 第一版．-- 臺北市：財經錢線文化事業有限公司, 2025.04
面；　公分
POD 版
ISBN 978-626-408-208-2(平裝)
1.CST: 應用心理學
177　　　　　　114003315

電子書購買

爽讀 APP　　臉書